여러분의 합격을 응원하는
해커스공무원의 특별 예택

FREE 공무원 한국사 **특강**

해커스공무원(gosi.Hackers.com) 접속 후 로그인 ▶ 상단의 [무료강좌] 클릭 ▶
좌측의 [교재 무료특강] 클릭

 합격예측 **모의고사 응시권 +
해설강의 수강권**

623A8C484FCEFF5T

해커스공무원(gosi.Hackers.com) 접속 후 로그인 ▶
상단의 [나의 강의실] 클릭 ▶ 좌측의 [쿠폰등록] 클릭 ▶
위 쿠폰번호 입력 후 이용

* ID당 1회에 한해 등록 가능

📄 **시대별 막판 암기 점검**
(PDF)

해커스공무원(gosi.Hackers.com) 접속 후 로그인 ▶
상단의 [교재·서점 → 무료 학습 자료] 클릭 ▶
본 교재의 [자료받기] 클릭

 해커스공무원 온라인 단과강의
20% 할인쿠폰

CFF453BA226A8WJU

해커스공무원(gosi.Hackers.com) 접속 후 로그인 ▶
상단의 [나의 강의실] 클릭 ▶ 좌측의 [쿠폰등록] 클릭 ▶
위 쿠폰번호 입력 후 이용

* 쿠폰 등록 후 7일간 사용 가능(ID당 1회에 한해 등록 가능)

🎫 해커스 회독증강 콘텐츠
5만원 할인쿠폰

B3B789DEE5DE52YE

해커스공무원(gosi.Hackers.com) 접속 후 로그인 ▶
상단의 [나의 강의실] 클릭 ▶ 좌측의 [쿠폰등록] 클릭 ▶
위 쿠폰번호 입력 후 이용

* 쿠폰 등록 후 7일간 사용 가능(ID당 1회에 한해 등록 가능)
* 특별 할인상품 적용 불가
* 월간 학습지 회독증강 행정학/행정법총론 개별상품은 할인쿠폰 할인대상에서 제외

 모바일 자동 채점 + 성적 분석 서비스

교재 내 수록되어 있는 문제의 채점 및 성적 분석 서비스를 제공합니다.

* 세부적인 내용은 해커스공무원(gosi.Hackers.com)에서 확인 가능합니다.

바로 이용하기 ▶

쿠폰 이용 관련 문의 **1588-4055**

단기 합격을 위한
해커스 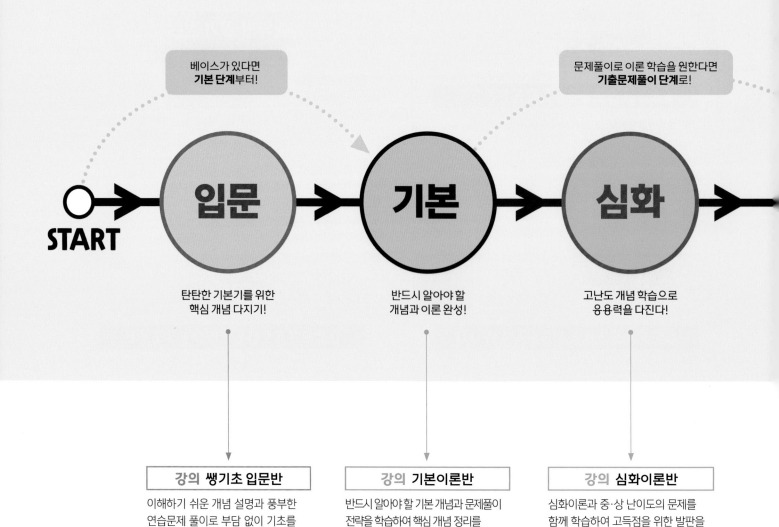 커리큘럼

베이스가 있다면 **기본 단계부터!**

문제풀이로 이론 학습을 원한다면 **기출문제풀이 단계로!**

START → **입문** → **기본** → **심화** →

탄탄한 기본기를 위한
핵심 개념 다지기!

반드시 알아야 할
개념과 이론 완성!

고난도 개념 학습으로
응용력을 다진다!

강의 쌩기초 입문반

이해하기 쉬운 개념 설명과 풍부한
연습문제 풀이로 부담 없이 기초를
다질 수 있는 강의

강의 기본이론반

반드시 알아야할 기본 개념과 문제풀이
전략을 학습하여 핵심 개념 정리를
완성하는 강의

강의 심화이론반

심화이론과 중·상 난이도의 문제를
함께 학습하여 고득점을 위한 발판을
마련하는 강의

* 커리큘럼은 과목별·선생님별로 상이할 수 있으며, 자세한 내용은 해커스공무원 사이트에서 확인하세요.

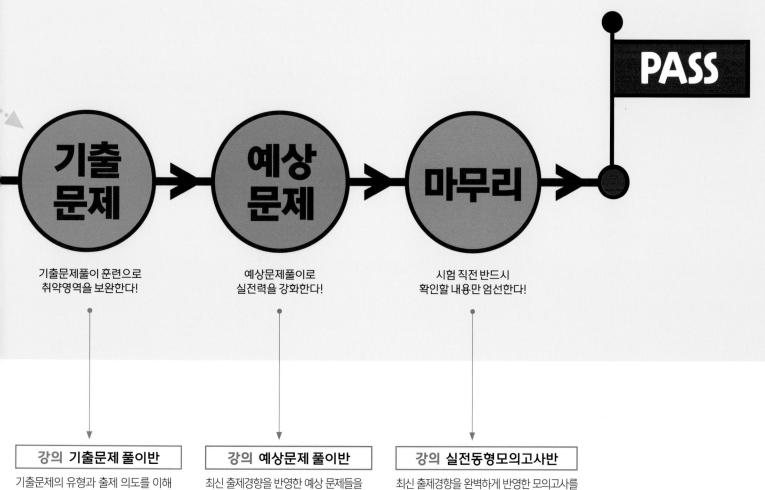

기출문제

기출문제풀이 훈련으로
취약영역을 보완한다!

예상문제

예상문제풀이로
실전력을 강화한다!

마무리

시험 직전 반드시
확인할 내용만 엄선한다!

PASS

강의 기출문제 풀이반

기출문제의 유형과 출제 의도를 이해
하고, 본인의 취약영역을 파악 및 보완
하는 강의

강의 예상문제 풀이반

최신 출제경향을 반영한 예상 문제들을
풀어보며 실전력을 강화하는 강의

강의 실전동형모의고사반

최신 출제경향을 완벽하게 반영한 모의고사를
풀어보며 실전 감각을 극대화하는 강의

강의 봉투모의고사반

시험 직전에 실제 시험과 동일한 형태의
모의고사를 풀어보며 실전력을 완성하는 강의

나의 목표 달성기

나의 목표 점수

_____ 점

나의 학습 플랜

☐ 막판 2주 학습 플랜
☐ 막판 1주 학습 플랜

* 일 단위의 상세 학습 플랜은 p.10에 있습니다.

각 모의고사를 마친 후 해당 모의고사의 점수를 아래 그래프에 ●로 표시하여 본인의 점수 변화를 직접 확인해 보세요.

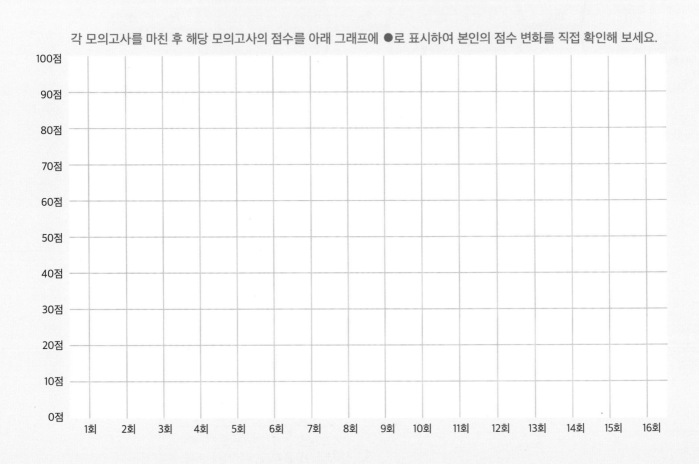

해커스공무원

실전동형
모의고사

한국사 **1**

"공무원 시험 책을
처음 펼쳤던 날을 기억하시나요?"

공무원 시험 준비를 하면서
때로는 커다란 벽에 부딪혀 앞이 캄캄해졌던 때도 있었을 겁니다.
또 때로는 그 벽 앞에 주저앉아 포기하고 싶었던 때도 있었을 겁니다.

하지만, 기억하시나요?
새로운 도전에 대한 떨림과 각오로 책을 처음 펼쳤던 날.

이제 그 도전의 결실을 맺을 순간을 앞두고 있습니다.
합격의 길, 마지막까지 해커스가 함께하겠습니다.

최신 출제경향을 철저히 반영하여 적중률을 높인 16회분의 모의고사와
공무원 한국사 시험에 출제되는 핵심 키워드를 복습할 수 있는 <핵심 키워드 마무리 체크>
시험 직전 시대별로도 최종 점검을 할 수 있는 <시대별 막판 암기 점검>까지

『해커스공무원 실전동형모의고사 한국사 1』로 함께하세요.

공무원 합격을 위한 여정,
해커스 공무원시험연구소가 여러분과 함께 합니다.

: 목차

실전동형 문제집

약점 보완 해설집 [책 속의 책]

OMR 답안지 [부록]

시대별 막판 암기 점검 [PDF]

해커스공무원(gosi.Hackers.com) 접속 후 로그인
▶ 상단의 [교재 · 서점 → 무료학습자료] 클릭
▶ 본 교재의 [자료받기] 클릭하여 이용

⁝합격으로 이끄는 이 책의 특징 및 구성

최신 출제경향을 철저히 반영한 모의고사로 합격 실력 완성!

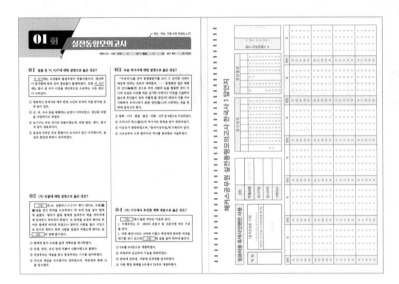

① **공무원 한국사 시험 경향을 철저히 반영한 모의고사 16회분 수록**

실제 공무원 한국사 시험과 동일한 난이도와 문제 유형으로 구성된 실전동형모의고사 16회분으로 철저하게 실전에 대비할 수 있도록 하였습니다.

② **OMR 답안지 제공**

실제 시험처럼 문제를 풀면서 정답 체크까지 할 수 있도록 OMR 답안지를 제공하였습니다. 이를 통해 실전 감각을 극대화할 수 있습니다.

취약시대 분석부터 심화 학습까지 아우르는 입체적 해설!

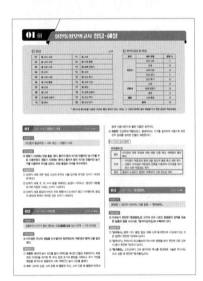

① **정답표 & 취약시대 분석표**

모든 문제의 시대가 표시된 정답표를 제공하여, 맞거나 틀린 문제의 시대를 바로 확인할 수 있습니다. 또한 취약시대 분석표를 통해 자신의 취약한 시대를 확인하고 집중 보완할 수 있도록 하였습니다.

② **상세한 정답 분석과 오답 해설**

정답의 근거는 물론 자료의 키워드 분석, 오답에 대한 상세한 해설을 제공하여 한 문제를 풀더라도 여러 문제를 푼 것과 같은 효과를 얻을 수 있습니다.

③ **이것도 알면 합격!**

출제 포인트 및 문제와 관련해 또 출제될 가능성이 높은 핵심 이론을 정리하여, 만점 달성에 필요한 심화 학습을 할 수 있도록 하였습니다.

목표 수립부터 달성까지, 합격을 향한 특별 구성!

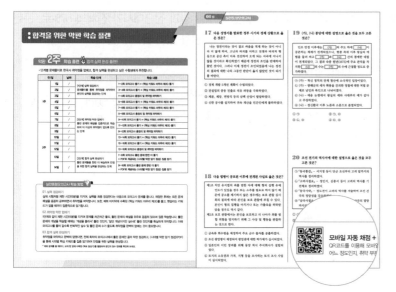

① 막판 학습 플랜

목표 달성기에 기입한 학습 계획에 맞춰서 16회분 모의고사를 2주 동안 풀 수 있도록 구성한 막판 2주 학습 플랜과, 시험 직전 단기간에 문제풀이를 끝낼 수 있는 막판 1주 학습 플랜을 제공하였습니다.

② 모바일 자동 채점 + 성적 분석 서비스

매회 모의고사 풀이 후 QR코드로 접속하여 간편하게 채점할 수 있으며, 성적 분석 서비스를 통해 나의 취약점과 현재 위치를 점검할 수 있습니다.

시험 직전까지 완벽하게, 최종 마무리할 수 있는 학습 구성!

① 핵심 키워드 마무리 체크

매회 모의고사에 출제된 문제들 중 빈출 선택지의 핵심 키워드를 빈칸으로 제공하였습니다. 이를 통해 꼭 알아두어야 할 중요한 핵심 키워드를 복습하면서, 보다 철저히 한 회를 마무리할 수 있습니다.

② 온라인 무료 〈시대별 막판 암기 점검〉 제공

해커스공무원 사이트(gosi.Hackers.com)에서 각 회차 모의고사에 수록된 빈출 선택지를 OX/빈칸 문제로 구성한 〈시대별 막판 암기 점검〉(PDF)을 제공합니다. 이를 통해 시험 직전까지 반드시 알아 두어야 할 핵심 키워드만 최종 암기할 수 있습니다.

최신 출제경향과 학습 전략

공무원 한국사 시험 시대별 출제 비율

공무원 한국사 시험은 보통 총 20문항으로 구성됩니다. 최근 3개년 공무원 시험을 분석한 결과 전근대사가 전체의 57%로, 근현대사(38%), 시대 통합(5%)보다 출제 비율이 높았습니다. 그러나 대부분 모든 시대에서 큰 편차 없이 골고루 출제되고 있습니다.

시험 구분	시대별 출제 문항 수									
	전근대사					근현대사			시대 통합	합계
	선사	고대	고려	조선 전기	조선 후기	근대	일제 강점기	현대		
국가직	1	3	3	2	1	3	3	2	2	20
지방직	1	3	3	2	2	3	3	2	1	20
서울시	1	3	4	2	3	3	2	2	0	20
출제 비율	5%	15%	17%	10%	10%	15%	13%	10%	5%	100%

분류사별 최신 출제경향 및 학습 전략

📁 최신 출제경향

- 정치사의 출제 비중이 가장 높으며, 최근에 주요 국왕의 업적 및 재위 시기의 사실을 묻는 문제가 많이 출제됨
- 한 시대의 정치·경제·사회·문화를 알아야 풀 수 있는 분류 통합형 문제가 출제되고 있음
- 문화사는 승려와 조선 후기 실학자, 역사서와 문화유산을 묻는 문제가 꾸준히 출제되고 있음
- 사회사는 최근 출제 비중이 낮아지고 있는 추세이며, 주로 분류 통합형의 선택지로 출제되고 있음

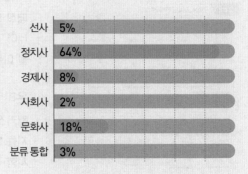

선사	5%
정치사	64%
경제사	8%
사회사	2%
문화사	18%
분류 통합	3%

[최신 3개년 분류사별 출제 비율]

학습 전략

① 정치사의 흐름을 파악하고 주요 국왕의 정책과 사건의 배경·내용·결과 등을 정리합니다.

② 문화사에서는 승려와 조선 후기의 실학자의 주요 내용을 꼼꼼히 정리하고, 역사서와 우리나라의 주요 문화유산의 특징을 구분하여 암기합니다.

③ 경제사에서는 고려의 전시과와 과전법, 조선 후기의 대동법·영정법·균역법의 경제 제도를 비교하여 정리합니다.

④ 사회사에서는 신라 하대, 고려 원 간섭기, 조선 후기를 중심으로 시대의 전반적인 사회상을 이해합니다.

시대별 최신 출제경향 및 학습 전략

1. 전근대사

📁 최신 출제경향

- 왕의 업적 또는 재위 시기의 사실을 묻는 문제나, 시기별 대외 항쟁의 전개 과정과 사건들의 전후 관계를 묻는 문제가 출제됨
- 사료를 해석하여 시대를 파악해야 하는 사료 제시형 문제가 많이 출제됨

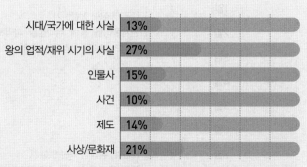

시대/국가에 대한 사실	13%
왕의 업적/재위 시기의 사실	27%
인물사	15%
사건	10%
제도	14%
사상/문화재	21%

[최신 3개년 전근대사 문제 출제 포인트 비율]

학습 전략

① 국가별 주요 왕의 업적과 재위 시기의 사실·상황을 연결시켜 암기합니다.

② 모든 국가에 대한 제도와 사건들을 구분하여 정리합니다.

③ 각 시대의 정치·경제·사회·문화를 함께 정리합니다.

2. 근현대사

📁 최신 출제경향

- 근현대의 여러 사건과 관련된 문제가 가장 많이 출제됨
- 근현대 주요 단체와 특정 인물의 활동을 묻는 문제가 출제됨
- 근현대 조약·법령의 내용 및 대한민국 개헌안에 대해 묻는 문제가 자주 출제되고 있음

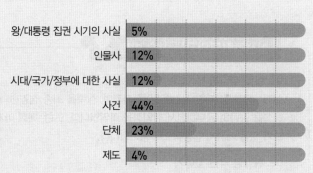

왕/대통령 집권 시기의 사실	5%
인물사	12%
시대/국가/정부에 대한 사실	12%
사건	44%
단체	23%
제도	4%

[최신 3개년 근현대사 문제 출제 포인트 비율]

학습 전략

① 근대사는 사건의 인과 관계나 전체 사건의 흐름을 이해하여 순서대로 배열하는 문제가 출제되기 때문에 사건의 배경, 전개 과정, 결과를 정리하여 개념을 이해합니다.

② 일제 강점기에서는 일제의 식민 통치 방식과 각 시기별 특징, 국내외의 독립운동 단체와 무장 독립 전쟁, 주요 독립운동가의 활동을 정리합니다.

③ 현대사에서는 광복 전후의 주요 상황, 민주화 운동, 평화 통일을 위한 남북의 노력, 시기별 경제 상황 등을 정리합니다.

⦂합격을 위한 막판 학습 플랜

막판 **2주** 학습 플랜 ✌ 합격 실력 완성 플랜!!

• 단계별 문제풀이로 한국사 취약점을 없애고, 합격 실력을 완성하고 싶은 수험생에게 추천합니다.

주/일		날짜	학습 단계	학습 내용
1주	1일	/	**[1단계] 실력 점검하기** 문제풀이를 통해 취약점을 파악하여 본인의 실력을 점검하는 단계	1~2회 모의고사 풀기 + 〈핵심 키워드 마무리 체크〉 풀기
	2일	/		3~4회 모의고사 풀기 + 〈핵심 키워드 마무리 체크〉 풀기
	3일	/		1~4회 모의고사 총정리 및 취약점 파악하기
	4일	/	**[2단계] 취약점 막판 없애기** 틀린 문제의 해설을 집중적으로 학습 하여 더 이상의 취약점이 없도록 만드 는 단계	5~6회 모의고사 풀기 + 〈핵심 키워드 마무리 체크〉 풀기
	5일	/		7~8회 모의고사 풀기 + 〈핵심 키워드 마무리 체크〉 풀기
	6일	/		5~8회 모의고사 총정리 및 취약점 파악하기
	7일	/		9~10회 모의고사 풀기 + 〈핵심 키워드 마무리 체크〉 풀기
2주	8일	/		11~12회 모의고사 풀기 + 〈핵심 키워드 마무리 체크〉 풀기
	9일	/		9~12회 모의고사 총정리 및 취약점 파악하기
	10일	/		13~14회 모의고사 풀기 + 〈핵심 키워드 마무리 체크〉 풀기
	11일	/		15~16회 모의고사 풀기 + 〈핵심 키워드 마무리 체크〉 풀기
	12일	/		13~16회 모의고사 총정리 및 취약점 파악하기
	13일	/	**[3단계] 합격 실력 완성하기** 틀린 문제들을 한번 더 복습하여 만점 을 위한 합격 실력을 완성하는 단계	1~8회 모의고사 틀린 문제 한번 더 풀기 + PDF로 제공되는 〈시대별 막판 암기 점검〉 집중 암기
	14일	/		9~16회 모의고사 틀린 문제 한번 더 풀기 + PDF로 제공되는 〈시대별 막판 암기 점검〉 집중 암기

💡 실전동형모의고사 학습 방법

01. 실력 점검하기
실제 시험처럼 제한 시간(15분)을 지키며, 실력을 최종 점검한다는 마음으로 모의고사 문제를 풉니다. 채점한 후에는 모든 문제 해설을 꼼꼼히 공부하면서 취약점을 파악합니다. 또한, 매회 마지막에 수록된 〈핵심 키워드 마무리 체크〉를 풀고, 헷갈리는 키워드가 없을 때까지 집중적으로 암기합니다.

02. 취약점 막판 없애기
1단계와 같이 제한 시간(15분)을 지키며 문제를 차근차근 풀되, 틀린 문제의 해설을 위주로 꼼꼼히 읽으며 집중 학습합니다. 틀린 문제의 개념을 학습할 때에는 '개념을 몰라서' 틀린 것인지, '알던 개념이지만 실수로' 틀린 것인지를 확실하게 파악합니다. 이때 모의고사를 풀어 갈수록 반복적인 실수 및 틀린 문제 수가 줄도록 취약점을 완벽히 없애는 것이 중요합니다.

03. 합격 실력 완성하기
취약점을 파악하고 완벽히 없앴다면, 전체 회차의 모의고사에서 틀린 문제만 골라 막판 점검하고, 〈시대별 막판 암기 점검〉(PDF)을 통해 시대별 핵심 키워드를 집중 암기하여 만점을 위한 실력을 완성합니다.

* 매회 문제를 풀 때마다, 교재 맨 앞에 수록된 〈목표 달성기〉를 활용하여 본인의 점수 변화를 확인해 보세요.

막판 1주 학습 플랜 👆 실전 감각 극대화 플랜!!

• 시험 직전 막판 1주 동안 문제풀이에 집중하여, 실전 감각을 극대화하고 싶은 수험생에게 추천합니다.

주/일		날짜	학습 내용
1주	1일	/	**1~4회 모의고사 풀기** ① 모의고사를 풀고 해설을 꼼꼼히 학습하기 ② 〈핵심 키워드 마무리 체크〉 풀기
	2일	/	**5~8회 모의고사 풀기** ① 모의고사를 풀고 해설을 꼼꼼히 학습하기 ② 〈핵심 키워드 마무리 체크〉 풀기
	3일	/	**1~8회 모의고사 총정리하기**
	4일	/	**9~12회 모의고사 풀기** ① 모의고사를 풀고 해설을 꼼꼼히 학습하기 ② 〈핵심 키워드 마무리 체크〉 풀기
	5일	/	**13~16회 모의고사 풀기** ① 모의고사를 풀고 해설을 꼼꼼히 학습하기 ② 〈핵심 키워드 마무리 체크〉 풀기
	6일	/	**9~16회 모의고사 총정리하기**
	7일	/	**시험 직전 막판 점검하기** ① 1~16회 모의고사 틀린 문제 한번 더 풀기 ② PDF로 제공되는 〈시대별 막판 암기 점검〉 집중 암기

실전동형모의고사 학습 방법 🔑

01. 각 회차 모의고사 풀기

(1) 모의고사를 풀고 해설 학습하기

① 실제 시험처럼 제한 시간(15분)을 지키며 모의고사 문제를 풉니다.

② 채점 후 틀린 문제를 중심으로 해설을 꼼꼼히 학습합니다. 해설을 학습할 때에는 틀린 문제에 나온 개념을 정리하고 반복해서 암기함으로써 이후에 동일한 개념의 문제를 틀리지 않도록 합니다. 또한, 〈이것도 알면 합격!〉에서 제공하는 심화 개념까지 완벽히 암기합니다.

(2) 〈핵심 키워드 마무리 체크〉로 한 번 더 점검하기

① 매회 마지막에 수록된 〈핵심 키워드 마무리 체크〉를 풀고, 헷갈리는 키워드가 없을 때까지 집중적으로 암기합니다.

② 잘 안 외워지는 키워드에는 체크를 해두고, 머리 속에 완벽히 입력될 때까지 반복해서 암기합니다.

02. 모의고사 총정리하기

(1) 틀린 문제를 풀어보고, 반복해서 틀리는 문제는 해설의 정답 설명, 오답 분석을 다시 한 번 꼼꼼히 읽고 모르는 부분이 없을 때까지 확실히 학습합니다.

(2) 〈핵심 키워드 마무리 체크〉에서 체크해 둔 키워드가 완벽하게 암기되었는지 최종 점검합니다.

03. 시험 직전 막판 점검하기

시험 전날에는 전체 회차의 모의고사에서 틀린 문제만 골라 막판 점검하고, 〈시대별 막판 암기 점검〉(PDF)을 통해 시대별 핵심 키워드를 집중 암기하여 만점을 위한 실력을 완성합니다.

* 매회 문제를 풀 때마다, 교재 맨 앞에 수록된 〈목표 달성기〉를 활용하여 본인의 점수 변화를 확인해 보세요.

합격으로 이끄는 공무원 한국사 학습 전략!

정치사

주요 국왕 대의 사실과 각 시대별로 시행된 정책 등을 정확하게 암기한다!

정치사는 국가별 주요 국왕의 업적 및 재위 시기의 사실과 각 시대별로 시행된 정책을 구분하여 정확하게 암기해야 하며, 주요 사건은 정치적 상황과 연관시켜 정리합니다.

경제사

제도별로 시행 시기와 내용을 정리한다!

토지 제도와 수취 제도는 각 시대에 따라 어떻게 변했는지를 물어보므로, 제도가 시행된 왕, 제도의 내용과 기준 등을 한번에 정리해야 문제를 맞힐 수 있습니다. 특히 문제를 풀 때, '몇 두'를 수취하였는지 그 숫자가 헷갈리기 때문에 내용을 정확하게 암기합니다.

사회사

흐름과 함께 각 시대의 사회 모습과 신분 계층까지 파악한다!

최근 사회사 문제의 출제 비중이 낮아지고 있으나 분류 통합 문제로 출제될 가능성이 있으니, 각 시대별 사회 모습의 주요 특징을 정치사, 경제사 등과 함께 연결 지어 학습합니다.

문화사

서적은 저자와 함께 주요 특징까지 암기한다!

서적 문제를 맞추기 위해서는 저자와 함께 주요 특징까지 암기해야 합니다. 농서, 역사서, 의학서 등으로 구분하여 문제가 출제되므로, 서적에 따라 정리를 하면 쉽게 문제의 정답을 맞힐 수 있습니다.

실전동형
모의고사

잠깐! 실전동형모의고사 전 확인사항

매 회 실전동형모의고사 전, 아래 상황을 점검하고 실전처럼 시험에 임하세요.

✔ 휴대전화는 전원을 꺼주세요.
✔ 연필과 지우개를 준비하세요.
✔ 제한시간 15분 내 최대한 많은 문제를 정확하게 풀어보세요.

01회 실전동형모의고사

제한시간 : 15분 시작 시 분 ~ 종료 시 분 점수 확인 개/ 20개

01 밑줄 친 '이 시기'에 대한 설명으로 옳은 것은?

> 이 시기에는 고인돌과 돌널무덤이 만들어졌으며, 생산력이 증가함에 따라 잉여 생산물이 발생하였다. 또한 이 시기에는 힘이 센 자가 이것을 개인적으로 소유하는 사유 재산이 나타났다.

① 대표적인 유적지로 제주 한경 고산리 유적과 서울 암사동 유적 등이 있다.

② 조, 피, 수수 등을 재배하는 농경이 시작되었고, 생산된 식량을 저장하기도 하였다.

③ 농기구는 주로 석기로 만들어졌는데, 반달 돌칼, 괭이, 홈자귀 등이 대표적이다.

④ 움집의 바닥은 주로 원형이나 모서리가 둥근 사각형이며, 움집의 중앙에 화덕이 위치하였다.

02 (가) 인물에 대한 설명으로 옳은 것은?

> ____(가)____은/는 십팔자(十八子)가 왕이 된다는 도참(圖讖)설을 믿고 반역을 도모하려고 떡 속에 독을 넣어 왕에게 올렸다. 왕비가 몰래 왕에게 일러주자 떡을 까마귀에게 던져주니 까마귀가 죽었다. 또 독약을 보내어 왕비로 하여금 왕에게 바치게 하였으나 왕비가 사발을 들다 거짓으로 넘어진 척하고 독약 사발을 엎질러 버렸는데 왕비는 곧 ____(가)____의 넷째 딸이었다.

① 왕에게 봉사 10조를 올려 개혁안을 제시하였다.

② 김생, 탄연, 유신 등과 더불어 신품사현으로 불렸다.

③ 진강후라는 벼슬을 받고 흥녕부라는 기구를 설치하였다.

④ 자신의 생일을 인수절이라 칭하였으며, 척준경과 함께 난을 일으켰다.

03 다음 역사서에 대한 설명으로 옳은 것은?

> 『구삼국사』를 얻어 동명왕본기를 보니 그 신이한 사적이 세상에 전하는 것보다 더하였다. …… 동명왕의 일은 변화의 신이(神異)한 것으로 여러 사람의 눈을 현혹한 것이 아니라 진실로 나라를 세운 신기한 사적이니 이것을 기술하지 않으면 후인들이 장차 어떻게 볼 것인가? 따라서 시를 지어 기록하여 우리나라가 본래 성인(聖人)의 나라라는 것을 천하에 알리고자 한다.

① 왕력 · 기이 · 흥법 · 탑상 · 의해 · 신주 등 9편으로 구성되었다.

② 우리나라 최고(最古)의 역사서로 왕명을 받아 편찬되었다.

③ 이규보가 편찬하였으며, 『동국이상국집』에 수록되어 있다.

④ 고조선부터 고려 말까지의 역사를 편년체로 서술하였다.

04 (가) 기구에서 추진한 개혁 내용으로 옳은 것은?

> ____(가)____에서 올린 의안은 다음과 같다.
> 1. 이제부터는 국 · 내외의 공문서 및 사문서에 개국 기년을 쓴다.
> 1. 비록 평민이라도 나라에 이롭고 백성에게 편리한 의견을 제기할 것이 있으면 ____(가)____에 글을 올려 회의에 붙인다.

① 6조를 8아문으로 개편하였다.

② 의정부와 삼군부의 기능을 회복하였다.

③ 중앙에 친위대, 지방에 진위대를 설치하였다.

④ 지방 행정 체제를 8도에서 23부로 개편하였다.

05 (가)에 들어갈 내용으로 적절하지 않은 것은?

한국사 교양 강좌

■ 강연 주제 ■
고려 시대의 사회 정책

■ 강연 내용 ■
1. 빈민을 구제하는 제위보를 설치하다.
2. 물가 안정을 위해 상평창을 설치하다.
3. _____(가)_____
4. 빈민 구제를 위해 구제도감을 설치하다.

■ 일시: ○○○○년 ○○월 ○○일 09시~12시
■ 장소: □□문화관

① 흉년에 대비하여 의창을 설치하다.
② 재난이 일어나자 구급도감을 설치하다.
③ 백성의 질병 치료를 위해 혜민국을 설치하다.
④ 유랑자 수용과 구휼을 위해 활인서를 설치하다.

06 ㉠ 지역에 대한 설명으로 옳은 것은?

겨울 10월에 백제 왕이 병력 3만을 거느리고 ____㉠____ 성을 공격해왔다. 고구려 왕이 군대를 내어 막다가 흐르는 화살에 맞아 이 달 23일에 서거하였다. 고국(故國)의 들에 장사 지냈다.

① 중국과 대외 무역을 전개한 만상의 근거지였다.
② 만월대, 선죽교 등의 고려 시대 유적이 남아있다.
③ 조만식 등을 중심으로 물산 장려 운동이 시작된 곳이다.
④ 고려 시대에 초조대장경을 보관하던 부인사가 있는 곳이다.

07 (가)와 (나) 조약 체결 사이에 발생한 사실로 옳은 것은?

(가) 대조선국 군주가 어떠한 은혜로운 정치와 법률과 이익을 다른 나라 혹은 그 상인에게 베풀 경우, 항해나 통상 무역, 상호 왕래 등의 일에서 미국 관리와 국민이 똑같이 혜택을 입도록 한다.
(나) 프랑스국 국민으로서 조선국에 와서 언어·문자를 배우거나 가르치며 법률과 기술을 연구하는 사람이 있으면 모두 보호하고 도와줌으로써 양국의 우의를 돈독하게 한다.

① 영국이 거문도에서 철수하였다.
② 경복궁에 전등이 처음 가설되었다.
③ 김홍집이 『조선책략』을 국내로 들여왔다.
④ 근대식 무기 공장인 기기창이 설치되었다.

08 (가), (나) 자료의 밑줄 친 '왕'이 실시한 정책으로 옳지 않은 것은?

(가) 왕은 직접 수군을 이끌고 백제를 쳐서 58성과 7백 촌을 획득하였고, 백제의 수도 한성을 공격하여 아신왕으로부터 "영원히 노객이 되겠다."라는 항복을 받아냈다.
(나) 왕은 지혜로우며 결단성이 있었다. …… 신라와 연합하여 고구려의 한강 유역을 공격하였는데, 백제군은 한강 하류를 점령하였다.

① (가) - 후연을 공격하여 요동 지역에 진출하였다.
② (가) - '영락'이라는 독자적인 연호를 사용하였다.
③ (나) - 22담로를 설치하여 지방 통제를 강화하였다.
④ (나) - 수도를 사비로 옮기고 국호를 남부여라고 하였다.

09 밑줄 친 '비밀 정부'에 대한 설명으로 옳지 않은 것은?

> 한국에는 비밀 정부가 조직되어 연통제를 실시하였다.
> …… 상하이, 영국, 미국, 기타 각 나라와 비밀리에 통신을 교환하며 자금을 모금하여 외국으로 보낸다. 이미 수백만 원이 압록강을 건너 멀리 만주로 갔고 중국으로도 갔다.

① 미국, 프랑스, 독일에 각각 위원부를 두었다.

② 독립 운동 자금 마련을 위해 독립 공채를 발행하였다.

③ 독립군 비행사 양성을 위해 한인 비행 학교를 설립하였다.

④ 임시 사료 편찬 위원회를 설치하여 『한 · 일 관계 사료집』을 간행하였다.

10 (가), (나) 시기에 들어갈 사실로 옳은 것은?

	(가)		(나)	
↑		↑		↑
모스크바 3국 외상 회의 개최		좌 · 우 합작 7원칙 발표		5 · 10 총선거 실시

① (가) - 경교장에서 김구가 안두희에게 암살당하였다.

② (가) - 제2차 미 · 소 공동 위원회가 개최되었다.

③ (나) - 남조선 과도 입법 의원이 설립되었다.

④ (나) - 유엔 총회에서 대한민국을 한반도 내 유일한 합법 정부로 승인하였다.

11 다음 사건 이후에 전개된 사실로 옳지 않은 것은?

> 계백은 황산의 들에 이르러 세 개의 진영을 설치하였다. 신라 병사들과 맞닥뜨려 싸우려 할 때 여러 사람에게 맹세하며 말했다. "옛날 월(越)왕 구천(句踐)은 5천의 군사로 오(吳)의 70만 대군을 격파하였다. 오늘 우리는 마땅히 각자 분발해서 승리를 쟁취하여 나라의 은혜에 보답해야 하리라!" …… 이렇게 진퇴를 네 번이나 거듭하다가, 힘이 다해 전사하였다.

① 신라가 매소성에서 당나라 군대를 크게 물리쳤다.

② 평양성 전투에서 고구려가 나 · 당 연합군에게 패배하였다.

③ 백제와 왜의 연합군이 나 · 당 연합군과 백강에서 전투를 벌였다.

④ 백제의 장수 윤충이 군사를 이끌고 신라의 대야성을 함락시켰다.

12 밑줄 친 '궁궐'에 대한 설명으로 옳은 것은?

> 남문을 열고 파루를 치니 계명산천이 밝아 온다.
> 을축 사월 갑자일에 궁궐을 이룩하세.
> 도편수의 거동을 봐라 먹통을 들고서 갈팡질팡 한다.
> 단산봉황은 죽실을 물고 벽오동 속으로 넘나든다.
> 남산하고 십이봉에 오작 한 쌍이 훨훨 날아든다.
> 왜철죽 진달화 노간죽하니 맨드라미 봉선화가 영산홍이로다.
> 우광쿵쾅 소리가 웬 소리냐 궁궐 짓는 데 회방아 찧는 소리다.

① 일제에 의해 내부에 동 · 식물원이 만들어졌다.

② 주요 건물로는 중화전, 석조전, 정관헌 등이 있다.

③ 태조 때 한양으로 천도하면서 지어진 조선 왕조의 법궁이다.

④ 조선의 궁궐 중에서 유일하게 유네스코 세계 문화유산으로 지정되었다.

13 다음 글을 저술한 인물에 대한 설명으로 옳은 것은?

> 우리 조선의 역사적 발전의 전 과정은 가령 지리적 조건, 인종학적 골상, 문화 형태의 외형적 특징 등 다소의 차이는 인정되더라도, 다른 문화 민족의 역사적 발전 법칙과 구별되어야 하는 독자적인 것이 아니다. 세계사적인 일원론적 역사 법칙에 의해 다른 민족과 거의 같은 궤도로 발전 과정을 거쳐왔다.

① 민족 정신으로 조선의 얼을 강조하였다.

② 대한매일신보에 「독사신론」을 연재하였다.

③ 「유교구신론」을 써서 유교의 개혁을 주장하였다.

④ 일제 강점기 식민 사관인 정체성론을 비판하였다.

14 밑줄 친 '이 나라'에 관련된 설명으로 옳은 것은?

> 하늘이 우리에게 명하기를, '너희들은 모름지기 산봉우리 꼭대기의 흙을 파면서, '거북아 거북아, 머리를 내밀어라. 만일 내밀지 않으면 구워먹으리.'라고 노래를 부르면서 발을 구르고 춤추어라.' …… 12일이 지난 이튿날 아침 사람들이 다시 모여 상자를 열어 보니 6개의 알이 변하여 동자가 되어 있었는데 용모가 매우 훤칠하였다. …… 처음 나타났다고 해서 이름을 수로(首露)라 하고 이 나라의 왕으로 삼았다.

① 진흥왕 대에 신라에 병합되었다.

② 대표적인 문화유산으로는 김해 대성동 고분군이 있다.

③ 신라와 결혼 동맹을 체결하여 국제적인 고립에서 벗어나고자 하였다.

④ 소백산맥 서쪽까지 세력을 확장하여 일시적으로 남원, 임실 지역을 차지하였다.

15 (가), (나) 사이 시기에 일어난 사건으로 옳은 것은?

> (가) 오라총관 목극등(穆克登)이 국경을 정하기 위해 백두산 아래에 이르렀다. 우리나라에서는 접반사 박권(朴權) 등을 보내 이들을 만나게 하였다. …… '서쪽은 압록강이며, 동쪽은 토문강이므로 분수령 위에다 돌에 새겨 표를 삼는다.' 하였다 한다.
>
> (나) 왕께서 말씀하시기를 "아! 속전이 갑자년에 완성되었으나 선왕의 왕명 중 갑자년 이후의 것이 오히려 많은데, 감히 지금과 가까운데 있는 것만 오로지 취하고 지금보다 먼 데 있는 것을 소홀하게 할 수 있는가. …… 책이 완성되었으니, 이름을 『대전통편』이라 한다."고 하셨다.

① 김육 등의 건의로 시헌력을 채택하였다.

② 공노비 6만 6천여 명을 양인으로 해방시켰다.

③ 일부 소론 세력의 주도로 이인좌의 난이 일어났다.

④ 황사영이 북경에 있는 주교에게 서신을 보내려다 발각되었다.

16 (가) 재위 시기의 사실로 옳은 것은?

> " (가) 와 창은 본디 왕씨가 아니므로 봉사하게 할 수가 없는데, 또 천자의 명령까지 있으니, 마땅히 거짓 임금을 폐하고 참 임금을 새로 세워야 될 것이다. 정창군 요는 신종의 7대손으로 가장 가까우니, 마땅히 세워야 될 것이다." 하고는 요를 맞아서 왕으로 세우니, 이분이 공양왕이다.

① 흥왕사의 변이 일어났다.

② 명이 철령위 설치를 통보하였다.

③ 탐라총관부 지역이 고려에 반환되었다.

④ 성균관을 순수 유학 교육 기관으로 개편하였다.

17 다음 성명서를 발표한 정부 시기의 경제 상황으로 옳은 것은?

> 나는 정전이라는 것이 결코 싸움을 적게 하는 것이 아니라 더 많게 하며, 고난과 파괴를 더하고 전쟁과 파괴적 행동으로 공산 측이 더욱 전진하여 오게 되는 서곡에 지나지 않을 것이라고 확신하였기 때문에 정전의 조인을 반대하여 왔던 것이다. 그러나 이제 정전이 조인되었음에 나는 정전의 결과에 대한 나의 그동안 판단이 옳지 않았던 것이 되기를 바란다.

① 경제 개발 5개년 계획이 수립되었다.
② 건설업의 중동 진출로 석유 파동을 극복하였다.
③ 제분, 제당, 면방직 등의 삼백 산업이 발달하였다.
④ 신한 공사를 설치하여 귀속 재산을 민간인에게 불하하였다.

18 다음 법령이 공포된 이후에 전개된 사실로 옳은 것은?

> 제1조 치안 유지법의 죄를 범한 자에 대해 형의 집행 유예 언도가 있었을 경우 또는 소추를 필요로 하지 않기 때문에 공소를 제기하지 않은 경우에는 보호 관찰 심사회의 결의에 따라 본인을 보호 관찰에 부칠 수 있다. 본인이 형의 집행을 마치거나 또는 가출옥을 허락받았을 경우도 역시 같다.
> 제2조 보호 관찰에서는 본인을 보호하고 더 나아가 죄를 범할 위험을 방지하기 위해 그 사상 및 행동을 관찰하는 것으로 한다.

① 금속류 회수령을 제정하여 주요 군수 물자를 공출하였다.
② 조선 광업령이 제정되어 광업권에 대한 허가제가 실시되었다.
③ 일본인의 이민 장려를 위해 동양 척식 주식회사가 설립되었다.
④ 토지의 소유권과 가격, 지형 등을 조사하는 토지 조사 사업이 실시되었다.

19 (가), (나) 붕당에 대한 설명으로 옳은 것을 모두 고른 것은?

> 인조 반정 이후에는 ___(가)___ 의 주도 하에 ___(나)___ 이 공존하는 체제가 전개되었으나, 현종 즉위 이후 왕실의 예법을 둘러 싸고 ___(가)___ 과 ___(나)___ 간의 첨예한 대립이 전개되었다. 그 결과 숙종 원년(1675)에 주요 관직을 차지한 ___(나)___ 의 수는 ___(가)___ 의 수에 근접할 정도로 증가하였다.

㉠ (가) - 척신 정치의 잔재 청산에 소극적인 입장이었다.
㉡ (가) - 광해군의 세자 책봉을 건의한 정철에 대한 처벌 문제로 남인과 북인으로 나뉘어졌다.
㉢ (나) - 예송 논쟁에서 왕실의 예와 사대부의 예가 같다고 주장하였다.
㉣ (나) - 경신환국 이후 노론과 소론으로 분열되었다.

① ㉠
② ㉠, ㉢
③ ㉡, ㉣
④ ㉢, ㉣

20 조선 전기의 역사서에 대한 설명으로 옳은 것을 모두 고른 것은?

㉠ 『동국통감』 - 서거정 등이 단군 조선부터 고려 말까지의 역사를 정리하였다.
㉡ 『고려사절요』 - 정인지, 김종서 등이 고려의 역사를 기전체로 정리하였다.
㉢ 『동국사략』 - 정도전이 고려의 역사를 저술하여 조선 건국의 정당성을 강조하였다.
㉣ 『삼국사절요』 - 노사신 등이 단군 조선부터 삼국의 멸망까지의 역사를 편년체로 정리하였다.

① ㉠, ㉡
② ㉠, ㉣
③ ㉡, ㉢
④ ㉢, ㉣

정답·해설 _약점 보완 해설집 p.02

모바일 자동 채점 + 성적 분석 서비스 바로 가기
QR코드를 이용해 모바일로 간편하게 채점하고 나의 실력이 어느 정도인지, 취약 부분이 어디인지 바로 파악해 보세요!

01회 핵심 키워드 마무리 체크

☑ 빈칸에 들어갈 알맞은 키워드를 골라 채워보세요.

성왕	기기창	백강	이인좌
서인	신석기 시대	조선 광업령	제1차 갑오개혁
신한 공사	삼백 산업	동국통감	철령위
이자겸	조선책략	영락	독립 공채

선사~조선 후기

01 _____의 대표적인 유적지로 제주 한경 고산리 유적과 서울 암사동 유적 등이 있다.

02 광개토 대왕은 '____'이라는 독자적인 연호를 사용하였다.

03 백제 ____은 수도를 사비로 옮기고 국호를 남부여라고 하였다.

04 백제와 왜의 연합군이 나·당 연합군과 ____에서 전투를 벌였다.

05 _____은 자신의 생일을 인수절이라 칭하였으며, 척준경과 함께 난을 일으켰다.

06 우왕 재위 시기에는 명이 _____ 설치를 통보하였다.

07 「_____」은 서거정 등이 단군 조선부터 고려 말까지의 역사를 정리하였다.

08 ____은 척신 정치의 잔재 청산에 소극적인 입장이었다.

09 영조 때는 일부 소론 세력의 주도로 _____의 난이 일어났다.

근대~현대

10 1880년에 김홍집이 「_____」을 국내로 들여왔다.

11 1883년에 근대식 무기 공장인 _____이 설치되었다.

12 _____ 때 6조를 8아문으로 개편하였다.

13 1915년에는 _____이 제정되어 광업권에 대한 허가제가 실시되었다.

14 대한민국 임시 정부는 독립 운동 자금 마련을 위해 _____를 발행하였다.

15 미 군정기에는 _____를 설치하여 귀속 재산을 민간인에게 불하하였다.

16 이승만 정부 시기에는 제분, 제당, 면방직 등의 _____이 발달하였다.

02회 실전동형모의고사

제한시간 : 15분 | 시작 시 분 ~ 종료 시 분 | 점수 확인 | 개/ 20개

01 밑줄 친 '왕'의 업적으로 옳은 것은?

○ 왕은 내신좌평을 두어 왕명 출납을, 내두좌평은 물자와 창고를, 내법좌평은 예법과 의식을, 위사좌평은 숙위 병사를, 조정좌평은 형벌과 송사를, 병관좌평은 지방의 군사에 관한 일을 각각 맡게 하였다.
○ 왕이 명을 내려 6품 이상은 자주색 옷을 입고 은화로 관을 장식하고, 11품 이상은 붉은색 옷을 입고, 16품 이상은 푸른색 옷을 입게 하였다.

① 왕위의 부자 상속을 확립하였다.
② 한강 유역을 장악하고 한 군현과 대립하였다.
③ 동진에서 온 마라난타를 통하여 불교를 수용하였다.
④ 박사 고흥으로 하여금 역사서인 『서기』를 편찬하게 하였다.

02 (가)에 대한 설명으로 옳지 않은 것은?

[(가)]은/는 창고의 병기를 꺼내서 군졸들에게 나누어 주고 성을 굳건히 지켰다. 배중손과 노영희는 (가) 을/를 이끌고 저잣거리에 모여서 승화후 온(溫)을 협박하여 왕으로 삼고 관부를 설치했는데 대장군 유존혁을 상서좌승으로 이신손을 좌우 승선으로 임명하였다.

① 일본에 외교 문서를 보내 연합을 제의하였다.
② 김통정의 지휘 아래 제주도로 근거지를 옮겼다.
③ 치안 유지를 위해 설치한 야별초에서 비롯되었다.
④ 양계 지방에서 국경 지역 방어를 맡았던 상비군이었다.

03 밑줄 친 '본회'에 대한 설명으로 옳은 것은?

본회는 한글 맞춤법 통일안을 제정하여 일반 사회에 발표한다. 이 통일안이 이루어짐에 대하여 그 경과의 개략을 말하면, 1930년 12월 13일 본회 총회의 결의로 한글 맞춤법의 통일안을 제정하기로 되어, 처음에 위원 12인으로써 2개년간 심의를 거듭하여 1932년 12월에 이르러 맞춤법 원안의 작성을 마치었다.

① 최초의 한글 신문을 제작하였다.
② 지석영, 주시경 등이 활동하였다.
③ 표준어 및 외래어 표기법 통일안을 제정하였다.
④ 잡지인 「한글」을 발간하고 가갸날을 제정하였다.

04 다음 격문이 발표된 민족 운동에 대한 설명으로 옳은 것을 모두 고른 것은?

학생 대중이여 궐기하라!
검거된 학생들을 즉시 우리 손으로 탈환하자!
사회 과학 연구의 자유를 획득하자!
식민지적 노예 교육 제도를 철폐하라!
전국 학생 대표자 회의를 개최하라!

㉠ 순종의 인산일을 계기로 전개된 운동이다.
㉡ 언론, 집회, 결사, 출판의 자유를 요구하였다.
㉢ 3·1 운동 이후 최대 규모의 항일 운동이었다.
㉣ 일제가 경성 제국 대학을 설립하는 계기가 되었다.

① ㉠, ㉡
② ㉠, ㉢
③ ㉡, ㉢
④ ㉢, ㉣

05 다음 중 을사늑약에 대한 설명으로 옳은 것을 모두 고른 것은?

> ㉠ 고종이 미국에 헐버트를 특사로 파견하는 계기가 되었다.
> ㉡ 한국 고등 관리의 임면은 통감의 동의를 거칠 것을 명시하는 내용을 담고 있다.
> ㉢ 대한 제국 주재의 외국 공사들이 철수하는 계기가 되었다.
> ㉣ 러·일 전쟁 중 체결되었으며, 일본이 독도를 불법 점령하는 근거가 되었다.

① ㉠, ㉡   ② ㉠, ㉢
③ ㉡, ㉢   ④ ㉢, ㉣

06 (가) 나라에 대한 설명으로 옳은 것은?

> ○ 신과 고구려는 조상이 모두 ▢▢(가)▢▢ 에서 나왔으므로 선조 때는 고구려가 옛 정을 굳게 존중하였는데, 그의 조상 쇠(고국원왕)가 경솔하게 우호 관계를 깨뜨리고 친히 병사를 거느리고 우리 국경을 침범하였습니다. 신의 조상 수(근구수왕)가 병사를 정비하여 번개같이 달려가 기회를 타서 공격하였습니다.
> ○ 고구려의 옛 땅을 회복하였고, ▢▢(가)▢▢ 의 유속을 잇게 되었다.

① 12월에 영고라는 제천 행사가 있었다.
② 대가들이 각기 사자·조의·선인을 거느렸다.
③ 특산물로 단궁, 과하마, 반어피가 유명하였다.
④ 사람이 죽으면 가족 공동 무덤인 목곽에 안치하였다.

07 다음 조치를 시행한 국왕에 대한 설명으로 옳은 것은?

> ○ 명나라 신종(神宗)의 은혜를 기리기 위해서 창덕궁 안에 대보단을 설치하였다.
> ○ 충청도 아산에 있는 충무공 이순신의 사우(祠宇)에 '현충(顯忠)'이란 호(號)를 내렸다.

① 왕권 강화를 위해 여러 차례 환국을 단행하였다.
② 준천사를 설치하여 청계천 준설 사업을 추진하였다.
③ 도원수 강홍립이 이끄는 원군을 명나라에 파견하였다.
④ 민간의 광산 개발을 허용하는 설점수세제를 처음 실시하였다.

08 다음 사건을 시기순으로 바르게 나열한 것은?

> ㉠ 고려가 고창에서 후백제에게 승리하였다.
> ㉡ 고려가 공산 전투에서 후백제에게 패하였다.
> ㉢ 신라의 경순왕은 스스로 나라를 고려에 넘겨주었다.
> ㉣ 고려가 일리천 전투에서 후백제군에 승리하였다.

① ㉠ - ㉡ - ㉢ - ㉣
② ㉠ - ㉡ - ㉣ - ㉢
③ ㉡ - ㉠ - ㉢ - ㉣
④ ㉡ - ㉠ - ㉣ - ㉢

09 삼국의 정치 제도에 대한 설명으로 옳지 않은 것은?

① 백제는 성왕 때 중앙 관청이 22부로 정비되었다.

② 백제는 지방에 방(方) - 군(郡) 행정 제도를 시행하였다.

③ 고구려는 관직의 등급에 따라 솔 계열과 덕 계열로 구분하였다.

④ 신라의 화백 회의는 만장일치제로 운영되었으며, 의장은 상대등이었다.

10 밑줄 친 '왕'의 재위 시기에 있었던 사실로 옳은 것은?

왕이 된 지 몇 해 만에, 유모 부호부인과 그의 남편 위홍 잡간 등 서너 명의 총신들이 권력을 마음대로 하여 정사를 어지럽히니 도적이 벌떼처럼 일어났다. 나라 사람들이 이를 근심하여 다라니(陀羅尼) 은어를 지어 길 위에 던져두었다. 왕과 권신들이 이를 얻어 보고 말하기를, "이것은 왕거인(王居仁)이 아니고는 누가 이 글을 지었겠는가"라며 곧 거인을 옥에 가두었다. 거인이 시를 지어 하늘에 호소하니 하늘이 이에 그 옥에 벼락을 쳐서 그를 놓아주었다.

① 각간 대공이 반란을 일으켰다.

② 해적을 소탕하기 위해 청해진을 설치하였다.

③ 관직과 군현의 이름을 중국식으로 바꾸었다.

④ 붉은 바지를 입은 도적인 적고적의 반란이 일어났다.

11 밑줄 친 '이 지도'에 대한 설명으로 옳은 것은?

이 지도는 태종 때 김사형, 이무, 이회 등이 제작하고, 권근이 발문을 쓴 지도로, 현존하는 동양 최고(最古)의 세계 지도이다. 현재, 원본은 전하지 않고 필사본이 일본 류코쿠 대학 도서관에 소장되어 있다.

① 유럽과 아메리카 대륙까지 묘사하였다.

② 우리나라 최초로 100리 척을 사용하였다.

③ 중국에서 들여온 곤여만국전도를 참고하였다.

④ 중국이 세계의 중심이라는 중화 사상이 반영되었다.

12 (가) 단체에 대한 설명으로 옳은 것은?

(가) 은/는 무엇 때문에 일어났는가. 완고하고 부패한 국민 생활을 개혁할 새로운 사상이 시급히 필요하며, 우둔한 국민을 깨우칠 수 있는 새로운 교육이 시급히 필요하고, 식어 버린 뜨거운 마음을 다시 살리기 위해 새로운 제창이 시급히 필요하며 …… 미약한 산업을 일으킬 새로운 모범이 시급히 필요하며, 부패한 정치를 일신할 새로운 개혁이 필요하다. …… 무릇 우리 한국인은 내외를 논할 것 없이 통일 연합으로 그 길을 정하고, 독립과 자유로 그 목적을 세워야 할 것이다. 이는 (가) 이/가 발원하는 바이며 (가) 이/가 품고 있는 바이다. 요컨대 새로운 정신을 불러 깨우치고 새로운 단체를 조직해서 새로운 국가를 건설할 뿐이다.

① 대성 학교와 오산 학교를 설립하여 민족 교육을 실시하였다.

② 국 · 한문 혼용체를 사용한 만세보라는 기관지를 발간하였다.

③ 영은문을 허물고 프랑스의 개선문을 모방하여 독립문을 건립하였다.

④ 고종 강제 퇴위 반대 운동을 주도하다가 통감부에 의해 해산되었다.

13 (가) ~ (라) 시기에 있었던 역사적 사실로 옳지 않은 것은?

	(가)	(나)	(다)	(라)
	조선 건국	제1차 왕자의 난	태종 즉위	세종 즉위	세조 즉위

① (가) – 정도전이 중심이 되어 요동 정벌을 추진하였다.

② (나) – 사병의 혁파와 함께 도평의사사가 의정부로 개편되었다.

③ (다) – 단군 조선부터 신라 말까지의 역사를 정리한『동국사략』이 편찬되었다.

④ (라) – 지방 재정과 군자의 부족을 보충하기 위해 각종 둔전이 증설 또는 신설되었다.

15 (가) 시기에 있었던 사실로 옳은 것은?

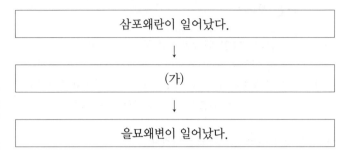

삼포왜란이 일어났다.
↓
(가)
↓
을묘왜변이 일어났다.

① 정미약조가 체결되었다.

② 이종무가 대마도를 정벌하였다.

③ 사명 대사가 일본에 파견되었다.

④ 부산포, 제포, 염포의 3포를 개항하였다.

14 ㉠ 지역과 관련된 역사적 사실로 옳지 않은 것은?

울도군수 심흥택이 보고하기를 "본국 소속 (㉠)이/가 외양 100여 리 밖에 있는데 …… 일본 관인 일행이 관사에 와서 '(㉠)이/가 지금 일본 영토가 되었으므로 시찰차 왔다.' 라고 말하온 바 ……" 이에 보고하오니 살펴보시길 엎드려 바라옵니다.
– 참정대신 박제순(1906. 5.)

①『신증동국여지승람』에 수록된 지도에 표기되어 있다.

②『세종실록』「지리지」에는 강원도 울진현에 속한 섬으로 기록되어 있다.

③ 19세기 후반에 일본 최고 통치 기관인 태정관에서 일본의 영토임을 선언하였다.

④『통항일람』에 안용복이 일본으로 건너가 우리 영토임을 확인 받은 기록이 있다.

16 밑줄 친 '나'에 설명으로 옳은 것은?

친애하는 삼천만 형제자매여! 지금 나의 단일한 염원은 삼천만 동포와 손을 잡고 통일된 조국, 독립된 조국의 달성을 위하여 공동 분투하는 것뿐이다. 이 육신을 조국이 요구한다면 당장에라도 제단에 바치겠다. 나는 통일된 조국을 건설하려다가 38선을 베고 쓰러질지언정 일신에 구차한 안일을 취하여 단독 정부를 세우는 데는 협력하지 아니하겠다.

① 제헌 국회에서 초대 대통령으로 선출되었다.

② 신탁 통치 반대 국민 총동원 위원회를 결성하였다.

③ 민족 자주 연맹을 결성하고, 남한만의 단독 선거에 반대하였다.

④ 일제의 패망과 광복에 대비하여 조선 건국 동맹을 조직하였다.

17 다음 내용이 발표된 정부 시기의 경제 상황으로 옳지 않은 것은?

> 오늘, 이제는 단일 업체가 6억 불 수출을 하게 되었는가 하면, 1억불 이상 수출한 업체만도 17개사가 넘는 등 엄청난 기록들을 세웠습니다. 그리하여 우리는 당초 목표를 4년이나 앞당겨 100억 불 수출을 무난히 실현하였습니다.

① 통일벼가 전국적으로 보급되었다.

② 저금리, 저유가, 저달러의 3저 호황을 누렸다.

③ 2차례의 오일 쇼크에 따른 경제 불황을 겪었다.

④ 마산과 익산을 수출 자유 무역 지역으로 선정하였다.

18 다음 글을 쓴 승려에 대한 설명으로 옳은 것은?

> 자기의 본성을 보면 이 성품에는 본래 번뇌가 없다. 번뇌가 없는 지혜의 성품은 본래 스스로 갖추어져 있어서 모든 부처와 털끝만큼도 다르지 않다. 이를 돈오(頓悟)라고 한다. …… 비록 본래의 성품이 부처와 다르지 않음을 깨달았지만 오랜 세월의 습기는 갑자기 제거하기 어렵다. 따라서 그 깨달음에 의지해 닦고 점차 익혀 공을 이루고, 오랫동안 성태를 기르면 성(聖)을 이루게 된다. 이를 점수(漸修)라고 한다.

① 수선사 결사를 주도하였다.

② 『천태사교의』를 저술하였다.

③ 유·불 일치설을 주장하였다.

④ 임제종을 들여와 전파하였다.

19 밑줄 친 '이 기구'에 대한 설명으로 옳지 않은 것은?

> 오늘에 와서는 큰 일이건 작은 일이건 중요한 것으로 취급되지 않는 것이 없는데, 정부는 한갓 헛 이름만 지니고 육조는 모두 그 직임을 상실하였습니다. 명칭은 '변방의 방비를 담당하는 것'이라고 하면서 과거에 대한 판하(判下)나 비빈(妃嬪)을 간택하는 등의 일까지도 모두 여기를 경유하여 나옵니다. 명분이 바르지 못하고 말이 순하지 않음이 이보다 심할 수가 없습니다. 신의 어리석은 소견으로는 이 기구를 혁파하여 정당(政堂)으로 개칭하는 것이 상책이라 생각합니다.

① 고종 때 흥선 대원군에 의하여 사실상 폐지되었다.

② 명종 때에 을묘왜변을 계기로 처음 만들어진 임시 회의 기구이다.

③ 임진왜란 이후 구성원이 확대되고, 국정을 총괄하는 역할을 담당하였다.

④ 의정부의 정승, 공조를 제외한 판서 등 고위 관리가 참여하는 합좌 기관이다.

20 다음 연설문을 발표한 정부 시기에 있었던 사실로 옳은 것은?

> 우리는 지난날 냉전 체제의 다른 한쪽 종주국이었던 소련과 국교를 열고 우호 협력하는 관계를 이루었습니다. …… 이러한 변화 속에서 이루어지는 남북한의 유엔 가입은 6·25 전쟁 이후 남북 관계의 가장 큰 전환일 것입니다.

① 서울 올림픽이 개최되었다.

② 질병관리본부가 설치되었다.

③ 경부 고속도로가 개통되었다.

④ 국민 기초 생활 보장법이 시행되었다.

정답·해설 _약점 보완 해설집 p.06

모바일 자동 채점 + 성적 분석 서비스 바로 가기
QR코드를 이용해 모바일로 간편하게 채점하고 나의 실력이 어느 정도인지, 취약 부분이 어디인지 바로 파악해 보세요!

02회 핵심 키워드 마무리 체크

☑ 빈칸에 들어갈 알맞은 키워드를 골라 채워보세요.

준천사	옥저	만세보	강홍립
비변사	6 · 10 만세 운동	고이왕	조선어 학회
대한 자강회	혼일강리역대국도지도	가갸날	광주 학생 항일 운동
영고	박정희	신민회	김통정

선사~조선 후기

01 ____에서는 사람이 죽으면 가족 공동 무덤인 목곽에 안치하였다.

02 부여에는 12월에 ____라는 제천 행사가 있었다.

03 백제 ____은 한강 유역을 장악하고 한 군현과 대립하였다.

04 삼별초는 ____의 지휘 아래 제주도로 근거지를 옮겼다.

05 ____에는 중국이 세계의 중심이라는 중화 사상이 반영되었다.

06 광해군은 도원수 ____이 이끄는 원군을 명나라에 파견하였다.

07 ____는 임진왜란 이후 구성원이 확대되고, 국정을 총괄하는 역할을 담당하였다.

08 조선 영조는 ____를 설치하여 청계천 준설 사업을 추진하였다.

근대~현대

09 ____는 고종 강제 퇴위 반대 운동을 주도하다가 통감부에 의해 해산되었다.

10 ____는 대성 학교와 오산 학교를 설립하여 민족 교육을 실시하였다.

11 천도교는 국 · 한문 혼용체를 사용한 ____라는 기관지를 발간하였다.

12 ____은 순종의 인산일을 계기로 전개된 운동이다.

13 ____은 3 · 1 운동 이후 최대 규모의 항일 운동이었다.

14 ____는 표준어 및 외래어 표기법 통일안을 제정하였다.

15 조선어 연구회는 잡지인 「한글」을 발간하고 ____을 제정하였다.

16 ____ 정부 시기에는 마산과 익산을 수출 자유 무역 지역으로 선정하였다.

정답 | 01 옥저 02 영고 03 고이왕 04 김통정 05 혼일강리역대국도지도 06 강홍립 07 비변사 08 준천사 09 대한 자강회 10 신민회 11 만세보 12 6 · 10 만세 운동 13 광주 학생 항일 운동 14 조선어 학회 15 가갸날 16 박정희

03회 실전동형모의고사

제한시간 : 15분 **시작** 시 분 ~ **종료** 시 분 **점수 확인** 개/ 20개

01 (가) 나라에 대한 설명으로 옳은 것은?

> 호암사에는 정사암이라는 바위가 있다. __(가)__ 에서 장차 재상을 뽑을 때에 후보 서너 명의 이름을 써서 상자에 넣고 봉해 이를 호암사에 있는 바위에 두었다. 얼마 뒤에 가지고 와서 열어보고 이름 위에 도장이 찍혀 있는 사람을 재상으로 삼았다.

① 수상인 대대로가 국정을 총괄하였다.

② 관리를 감찰하는 기관으로 중정대를 두었다.

③ 군사 조직으로 중앙에 9서당, 지방에 10정을 두었다.

④ 전성기에 산둥 반도와 일본의 규슈 지방까지 진출하였다.

02 다음 사건 이후에 일어난 사실로 옳은 것을 모두 고른 것은?

> 노관이 한을 배반하고 흉노로 들어가자, 만(滿)도 망명하였다. 무리 천여 명을 모아 상투를 틀고 오랑캐 복장을 하고서 동쪽으로 도망하여 변경을 지나 패수를 건너 진의 옛 땅인 상하장에 살았다. 만은 점차 주변 지역의 백성들을 복속시켜 거느리고 왕이 되었으며, 왕검에 도읍을 정하였다.

> ㉠ 연의 장수 진개의 침략을 받아 세력이 위축되었다.
> ㉡ 진국과 한 사이에서 중계 무역으로 이익을 독점하였다.
> ㉢ 활발한 정복 활동을 전개하여 진번과 임둔을 복속시켰다.
> ㉣ 부왕, 준왕 등의 강력한 왕이 등장하여 왕위를 세습하였다.

① ㉠, ㉢

② ㉡, ㉢

③ ㉡, ㉣

④ ㉢, ㉣

03 밑줄 친 '그'에 대한 설명으로 옳은 것은?

> 몽골군이 쳐들어와 충주성을 70여 일 동안 포위하자 비축해 둔 군량이 바닥나버렸다. 그가 군사들을 북돋우며 말하기를, "만약 힘을 다해 싸워 준다면 귀천을 불문하고 모두 관직을 줄 것이니 너희들은 나를 믿으라."고 설득한 뒤 관노(官奴) 문서를 가져다 불살라 버리고 노획한 소와 말도 나누어 주었다. 이에 사람들이 모두 죽음을 무릅쓰고 적에게로 돌진하니 몽골은 조금씩 기세가 꺾여 더 이상 남쪽으로 나아가지 못했다.

① 몽골군의 침략에 맞서 귀주성에서 항전하였다.

② 보현원에서 정변을 일으켜 정권을 장악하였다.

③ 우리나라 고승의 전기를 모은 『해동고승전』을 저술하였다.

④ 처인성에서 적장 살리타를 사살하여 몽골군을 격퇴시켰다.

04 (가) 시기에 있었던 사실로 옳은 것은?

> 박정희 등 일부 군부 세력이 군사 정변을 일으켰다.
> ↓
> (가)
> ↓
> 부산과 마산에서 유신 체제에 저항하는 시위가 발생하였다.

① 국회에서 신국가 보안법이 통과되었다.

② 국가 보위 비상 대책 위원회를 설치하였다.

③ 민주 헌법 쟁취 국민 운동 본부가 결성되었다.

④ 전태일이 근로 기준법 준수를 요구하며 분신 자살하였다.

05 (가), (나) 사이의 시기에 있었던 사실로 옳은 것은?

> (가) 효종이 승하하자 이조 판서 송시열, 좌참찬 송준길 등
> 이 상례를 주관하였는데, 대왕 대비에게 대행 대왕을
> 위하여 기년복을 입게 하였다.
> (나) 기사년에 인현 왕후는 사제(私第)로 물러나 살고 장씨
> 를 올려서 왕비로 삼을 것을 명하였다.

① 논공행상에 불만을 품은 이괄이 난을 일으켰다.

② 윤휴와 허적 등이 처형되고, 서인이 권력을 장악하였다.

③ 이원익 등의 건의로 대동법이 경기도에서 처음 시행되었다.

④ 청의 요구에 따라 수백 명의 조총 부대를 영고탑에 파견하
였다.

06 밑줄 친 '황상'이 실시한 정책으로 옳은 것은?

> 공주가 임진일에 사망하니, 나이는 36세였다. 이에 시호
> 를 정효 공주라 하였다. 이 해 겨울 11월 28일 기묘일에 염
> 곡의 서쪽 언덕에 매장하였으니, 이것은 예의에 맞는 것이
> 다. 황상(皇上)은 조회를 파하고 크게 슬퍼하여, 침소에 들
> 어가지 않고 음악도 중지시켰다.

① 건흥, 인안이라는 독자적인 연호를 사용하였다.

② 대부분의 말갈족을 복속시켜 요동 지역으로 진출하였다.

③ 당과 신라를 견제하기 위해 일본에 사신을 파견하여 처음 통
교하였다.

④ 전륜성왕을 자처하였으며 일본에 보낸 문서에 고려 국왕이
라는 명칭을 사용하였다.

07 고려 시대의 토지 제도에 대한 설명으로 옳지 않은 것은?

① 역분전은 후삼국 통일 과정에서 공이 있는 사람들에게 지
급되었다.

② 중앙과 지방의 각 관청에는 내장전을 지급하여 경비를 충당
하게 하였다.

③ 하급 관료와 군인의 유가족에게는 구분전을 지급하여 생활
대책을 마련해 주었다.

④ 6품 이하 하급 관료의 자제로서 관직에 오르지 못한 사람에
게는 한인전을 지급하였다.

08 다음 사건을 시기순으로 바르게 나열한 것은?

> ㉠ 프랑스군이 강화도 외규장각 도서를 약탈하였다.
> ㉡ 오페르트가 남연군의 묘 도굴을 시도하였다.
> ㉢ 미군이 강화도를 침입하여 초지진, 광성보를 공격하였다.
> ㉣ 평양의 관민이 제너럴셔먼호를 불태웠다.

① ㉠ - ㉣ - ㉡ - ㉢

② ㉠ - ㉣ - ㉢ - ㉡

③ ㉣ - ㉠ - ㉡ - ㉢

④ ㉣ - ㉠ - ㉢ - ㉡

09 밑줄 친 '이 부대'에 대한 설명으로 옳지 않은 것은?

대한민국 임시 정부는 이 부대를 조직하고 공동의 적인 일본 제국주의자들을 타도하기 위하여 연합군의 일원으로 항전을 계속한다. …… 우리는 큰 희망을 갖고 우리 조국의 독립을 위하여 우리의 전투력을 강화할 시기가 왔다고 확신한다.

① 초기에는 중국 군사 위원회의 지휘와 간섭을 받았다.

② 인도, 미얀마 전선에서 영국군과 공동 작전을 펼쳤다.

③ 중국 관내에서 조직된 최초의 한국인 군사 조직이었다.

④ 김원봉이 이끄는 조선 의용대의 일부를 통합하여 군사력을 증강하였다.

10 밑줄 친 '왕'에 대한 설명으로 옳은 것은?

고려 태조가 나라를 세우자 초창기에 모두 새로 시작하는 것이 많아서 관복 제도는 우선 신라의 제도를 그대로 두었다. 이 왕 때에 와서 비로소 백관의 공복을 제정하였다. 이때부터 귀천과 상하의 등급과 위계가 명확해졌다.

① 현화사를 창건하였다.

② 노비환천법을 실시하였다.

③ 천수라는 독자적인 연호를 사용하였다.

④ 균여를 귀법사의 주지로 삼고 불교를 정비하였다.

11 (가), (나) 시기에 일어난 사실로 옳지 않은 것은?

문무왕 즉위	경덕왕 즉위	경순왕 즉위
(가)	(나)	

① (가) - 인재 양성을 위해 독서삼품과가 시행되었다.

② (나) - 급찬 숭정이 발해에 사신으로 파견되었다.

③ (가) - 유교 정치 이념을 확립시키기 위해 국학이 설치되었다.

④ (나) - 견훤이 후백제를 건국하고 완산주를 도읍으로 하였다.

12 (가) 행사에 대한 설명으로 옳은 것은?

[(가)] 행사 개최

[(가)]은/는 고려 시대에 개경과 서경에서 각각 10월 15일, 11월 15일에 개최되었던 국가 행사입니다. 이번 행사에서는 세계의 다양한 물건을 판매하는 일일 장터를 개시하여 국제 무역의 장이었던 당시의 모습을 재현할 예정입니다.

■ 일시
• 1차: ○○○○년 ○○월 ○○일
• 2차: ○○○○년 ○○월 ○○일
■ 장소: 부산 ㅁㅁ사
■ 주관: △△문화재단

① 향음주례와 향사례가 진행되었다.

② 유네스코 세계 무형유산으로 등재되었다.

③ 토착 신앙과 도교 및 불교 등이 융합되었다.

④ 향나무를 땅에 묻는 매향 활동이 이루어졌다.

13 다음 사건에 대한 설명으로 옳은 것은?

난병들이 대궐을 침범하니 명성 황후는 밖으로 피신하고 이최응, 민겸호, 김보현 등이 모두 피살되었고, 대원군 이하응이 정사를 돌보았다. …… 대원군에게 군국사무를 처리하라는 명이 내려지자 대원군은 궐내에서 거처하며, 통리기무아문과 무위, 장어 2군영을 폐지하고 5군영의 군사제도를 복구하라는 명령을 내려 군량을 지급하도록 하였다.

① 김옥균을 비롯한 급진 개화파 인사들이 주도하였다.

② 조선과 일본 사이에 한성 조약이 체결되는 계기가 되었다.

③ 정부의 개화 정책에 반대하는 서울의 하층민들도 참여하였다.

④ 일본의 군사 지원을 약속 받았지만 청나라의 개입으로 3일 만에 실패하였다.

14 밑줄 친 '그'에 대한 설명으로 옳은 것은?

그는 머리를 깎고 중이 되어 스스로 선종(善宗)이라 이름하였다. …… 그는 무리를 끌어 모으면 뜻을 이룰 수 있으리라고 생각하고 죽주의 기훤에게 의탁하였다. 그러나 기훤이 업신여기고 잘난 체하며 예우하지 않자, 북원의 양길에게 의탁하였다.

① 중국의 후당에 사신을 보내 교류하였다.

② 금성을 습격하여 경애왕을 죽게 하였다.

③ 귀순한 김순식에게 왕씨 성을 하사하였다.

④ 무태, 성책, 수덕만세 등의 독자적인 연호를 사용하였다.

15 밑줄 친 '본 협정'에 대한 설명으로 옳지 않은 것은?

쌍방의 사령관들은 그들의 통제 아래에 있는 모든 군사력이 일체 적대 행위를 완전히 정지하도록 명령한다. …… 본 협정의 효력을 발생하는 당시의 쌍방에서 수용하고 있는 모든 전쟁 포로의 석방과 송환은 본 협정 조인 전에 쌍방이 합의한 바에 따라 집행한다.

① 한국군, 북한군, 유엔군, 중국군이 협정에 조인하였다.

② 협정 체결 전에 이승만 정부가 반공 포로를 석방하였다.

③ 협정이 체결된 해에 한 · 미 상호 방위 조약이 체결되었다.

④ 비무장 지대 설치, 중립국 감시 위원단의 설치를 합의하였다.

16 밑줄 친 '왕'의 재위 기간에 편찬된 서적으로 옳지 않은 것은?

왕께서는 존경각을 성균관에 세우고 경적을 내려 주어서 간직하게 하셨으며 …… 지리지를 찬(撰)하게 하여 이름을 『동국여지승람』이라고 하였다.

① 『삼국사절요』
② 『악학궤범』
③ 『고려사절요』
④ 『국조오례의』

17 밑줄 친 내용이 포함된 개혁의 내용으로 옳은 것은?

> 오늘 15일 대군주 폐하께서 내리신 조칙에서 "짐이 신민에 앞서 머리카락을 자르니, 너희들은 짐의 뜻을 잘 본받아 만국과 나란히 서는 대업을 이루라"라고 하시었다.

① 과거제를 폐지하였다.

② 지방 행정 체제를 13도로 개편하였다.

③ 우체사를 설치하여 우편 사무를 재개하였다.

④ 경무청을 신설하여 근대적 경찰 제도를 도입하였다.

18 다음 내용을 발표한 국왕의 업적으로 옳은 것은?

> 내가 일찍이 송도에 있을 때 의정부를 없애자는 의논이 있었으나, 지금까지 겨를이 없었다. 지난 겨울에 대간에서 작은 허물로 인하여 의정부를 없앨 것을 청하였으나 내가 윤허하지 않았다. 좌정승이 말하길 "중국에도 승상부가 없으니 의정부를 폐지해야 한다."라고 하였다. 내가 골똘히 생각해보니 모든 일이 내 한 몸에 모이면 힘은 들겠지만 임금인 내가 어찌 고생스러움을 피하겠는가?

① 보법을 제정하여 군사 제도를 정비하였다.

② 인지의와 규형을 만들어 양전에 활용하였다.

③ 사섬서를 설치하여 지폐인 저화를 발행하였다.

④ 독서당을 운영하여 관료의 학문 연구를 장려하였다.

19 다음을 주장한 인물에 대한 설명으로 옳은 것은?

> 국체와 정체는 일 국민 일 민족의 자연이고 또 역사적인 성격에 말미암아 결정되는 것이다. 결국 국체와 정체는 그 독특한 국민성·민족성에 의하여 건조되는 것이니 …… 오인(吾人)은 초계급적으로 정복되어 압박 착취되었고 다시 초계급적으로 해방되었으니, 초계급적 통합 민족 국가 건설은 이 역사적 엄숙한 사실의 냉엄한 논리적 요청이다.
>
> – 「신민족주의와 신민주주의」

① 『조선상고사』를 저술하여 민족 의식을 고취시켰다.

② '조선심'을 강조하였고, 『대미 관계 50년사』를 저술하였다.

③ 「조선 민족의 진로」에서 연합성 신민주주의를 제창하였다.

④ 국민당 창당을 주도하고 미 군정에서 민정 장관을 역임하였다.

20 다음 중 유네스코에 등재된 세계 기록유산이 아닌 것은?

① 4·19 혁명 기록물

② 일본군 위안부 기록물

③ 동학 농민 혁명 기록물

④ 조선 통신사 기록물

정답·해설 _약점 보완 해설집 p.10

모바일 자동 채점 + 성적 분석 서비스 바로 가기
QR코드를 이용해 모바일로 간편하게 채점하고 나의 실력이 어느 정도인지, 취약 부분이 어디인지 바로 파악해 보세요!

03회 / 핵심 키워드 마무리 체크

☑ 빈칸에 들어갈 알맞은 키워드를 골라 채워보세요.

삼국사절요	궁예	한국광복군	문왕
국학	병인양요	을미개혁	이괄
임오군란	정전 협정	중계 무역	한·미 상호 방위 조약
김윤후	안재홍	사섬서	조선 의용대

선사~조선 후기

01 위만 조선은 진국과 한 사이에서 _____으로 이익을 독점하였다.

02 신문왕 때 유교 정치 이념을 확립시키기 위해 ____이 설치되었다.

03 발해 ____은 전륜성왕을 자처하였으며 일본에 보낸 문서에 고려 국왕이라는 명칭을 사용하였다.

04 ____는 무태, 성책, 수덕만세 등의 독자적인 연호를 사용하였다.

05 _____는 처인성에서 적장 살리타를 사살하여 몽골군을 격퇴시켰다.

06 조선 태종은 _____를 설치하여 지폐인 저화를 발행하였다.

07 조선 성종 때 「_____」가 편찬되었다.

08 조선 인조 때 논공행상에 불만을 품은 ____이 난을 일으켰다.

근대~현대

09 _____ 때 프랑스군이 강화도 외규장각 도서를 약탈하였다.

10 _____에는 정부의 개화 정책에 반대하는 서울의 하층민도 참가하였다.

11 _____ 때 우체사를 설치하여 우편 사무를 재개하였다.

12 _____는 중국 관내에서 조직된 최초의 한국인 군사 조직이었다.

13 _____은 인도, 미얀마 전선에서 영국군과 공동 작전을 펼쳤다.

14 _____은 국민당 창당을 주도하고 미 군정에서 민정 장관을 역임하였다.

15 6·25 전쟁의 _____에서는 비무장 지대 설치, 중립국 감시 위원단의 설치를 합의하였다.

16 정전 협정이 체결된 해에 _____이 체결되었다.

정답 | 01 중계 무역 02 국학 03 문왕 04 궁예 05 김윤후 06 사섬서 07 삼국사절요 08 이괄 09 병인양요 10 임오군란 11 을미개혁 12 조선 의용대 13 한국광복군 14 안재홍 15 정전 협정 16 한·미 상호 방위 조약

04회 실전동형모의고사

제한시간 : 15분 시작   시   분 ~ 종료   시   분 점수 확인 | 개/ 20개

01 다음은 선사 시대의 유물과 그것이 사용되던 시기의 사회 모습에 대한 설명이다. 옳은 것을 모두 고른 것은?

> ㉠ 덧무늬 토기 – 조개류를 많이 먹었으며, 껍데기를 장식으로 이용하기도 하였다.
> ㉡ 붉은 간 토기 – 보리, 조, 기장 등이 재배되었으나, 아직 벼농사는 이루어지지 않았다.
> ㉢ 주먹 도끼 – 주거지가 하천이나 바닷가에서 구릉지로 이동되었다.
> ㉣ 눌러찍기무늬 토기 – 가락바퀴와 뼈바늘을 이용하여 옷이나 그물을 만들어 사용하였다.

① ㉠, ㉢
② ㉠, ㉣
③ ㉡, ㉢
④ ㉡, ㉣

02 밑줄 친 '왕'의 재위 기간에 있었던 사실로 옳은 것은?

> 왕이 담당관에게 명하여 월성 동쪽에 새 궁궐을 짓게 하였는데, 누런 빛 용이 그곳에서 나타났다. 왕이 기이하다 여기고 절로 고쳐 짓고서 황룡(皇龍)이라는 이름을 내렸다.

① 영묘사를 창건하였다.
② 거칠부가 『국사』를 편찬하였다.
③ 시장 감독 기관인 동시전을 설치하였다.
④ 이차돈의 순교를 통해 불교를 공인하였다.

03 시대별 지방 행정 제도에 대한 설명으로 옳은 것은?

① 고구려와 백제는 지방 행정 구역을 6부로 나누었다.
② 통일 신라의 5소경에는 장관으로 도독이 파견되었다.
③ 고려 시대의 소(所)는 조선 시대에 일반 군현으로 편입되었다.
④ 조선 시대에는 각 군현에 향촌 자치 기구인 경재소를 설치하였다.

04 (가)에 대한 설명으로 옳지 않은 것은?

> 조선의 기본 법전인 ___(가)___ 은/는 세조 때 편찬되기 시작하여 성종 때 완성되었다. ___(가)___ 은/는 조선의 중앙의 6조 체제에 맞춰 문반 관리의 인사에 관한 규정인 「이전」, 재정, 토지에 관한 규정인 「호전」, 교육·과거 등에 관한 규정인 「예전」, 군사 제도 등에 관한 규정인 「병전」, 형벌·재판 등에 관한 규정인 「형전」, 교통·건축 등에 관한 규정인 「공전」으로 나누어 정리되었다.

① 육전 상정소를 설치하여 편찬하였다.
② 노사신, 강희맹 등이 편찬을 주도하였다.
③ 「호전」과 「형전」을 먼저 완성하여 시행하였다.
④ 이 책을 보완하기 위해 『속육전』이 편찬되었다.

05 고대의 석탑에 대한 설명으로 옳지 않은 것은?

① 정림사지 5층 석탑 – 백제의 대표적인 석탑으로 '평제탑'이라고도 불린다.

② 익산 미륵사지 석탑 – 보수 과정에서 금제 사리 봉안기가 발견되었다.

③ 양양 진전사지 3층 석탑 – 1층 몸돌에 다양한 모습의 불상 조각들이 새겨져 있다.

④ 분황사 모전 석탑 – 신문왕 때 세워졌으며, 삼국 통일 이후 조성된 석탑 양식의 전형을 보여준다.

06 (가)에 들어갈 기구에 대한 설명으로 옳은 것은?

> 충렬왕 때 ___(가)___ 을/를 도평의사사로 고쳤는데, 무릇 큰 일이 있으면 사 이상의 관료가 모여서 의논하였으므로 합좌라는 이름이 있었다. 원을 섬긴 이래로 일이 창졸 간에 많아져서 첨의와 밀직이 매번 합좌를 하였다.

① 군사 기밀과 왕명 전달을 담당하였다.

② 화폐와 곡식의 출납, 회계의 일을 맡았다.

③ 고려 시대 최고의 중앙 관서로 국정을 총괄하였다.

④ 양계의 축성 및 군사 훈련 등 국방 문제를 논의하였다.

07 밑줄 친 '나'와 관련된 설명으로 옳은 것은?

> 나는 도를 구하는 데 뜻을 두어 덕이 높은 스승을 두루 찾아 다녔다. 그러다가 진수 대법사 문하에서 교관을 대강 배웠다. 진수 대법사는 강의하다가 쉬는 시간에도 늘 "관을 배우지 않고 경만 배우면 비록 오주의 인과를 들었더라도 삼중의 덕을 통하지 못한다. 경을 배우지 않고 관만 배우면 비록 삼중의 덕을 깨우쳤으나 오주의 인과를 분별하지 못한다. 따라서 관도 배우지 않을 수 없고 경도 배우지 않을 수 없다."라고 제자들에게 훈시하였다.

① 화엄 사상을 정비하고 보살의 실천행을 펼쳤다.

② 수선사의 2대 교주로 심성의 도야를 강조하였다.

③ 불교 관련 자료를 모아 『신편제종교장총록』을 편찬하였다.

④ 깨달음 뒤에 꾸준한 수행을 강조하는 돈오점수를 주장하였다.

08 (가) 인물에 대한 설명으로 옳은 것을 모두 고른 것은?

> 이곳은 정암 ___(가)___ 이/가 귀양살이를 하던 집이고 또 생을 마친 곳이다. 아, 지난 기묘년은 지금부터 149년이 되는데 학사·대부는 그 학문을 사모하였고 "편벽된 우리나라가 군신·부자의 윤리를 알아서 오랑캐가 됨을 면하게 된 것은 ___(가)___ 의 은혜이다." 라고 하였다. …… ___(가)___ 은/는 문과에 급제하여 벼슬이 대사헌에 이르렀다. 기묘년 11월에 사화가 일어나고 그 달에 이곳에 유배와서 생활하였는데, 다음 달 20일에 사약을 받았다.

> ㉠ 『불씨잡변』에서 불교를 비판하였다.
> ㉡ 중국의 『여씨향약』을 들여와 보급하였다.
> ㉢ 내수사의 장리를 폐지할 것을 주장하였다.
> ㉣ 일본에 다녀와서 『해동제국기』를 저술하였다.

① ㉠, ㉡

② ㉠, ㉣

③ ㉡, ㉢

④ ㉢, ㉣

09 다음 자료와 관련된 왕릉에 대한 설명으로 옳지 않은 것은?

> 돈 1만 닢, 다음의 건.
> 을사년 8월 12일 영동대장군 백제 사마왕이 앞에 든 돈으로 토지신, 토왕·토백·토부모·연봉 2,000석 이상의 여러 관료에게 나아가서 서쪽 땅을 사들어 묘를 만들었으니 문서를 만들어 남긴다.

① 왕릉 내부에는 벽화가 그려져 있다.

② 중국 남조 양식의 벽돌로 축조되었다.

③ 왕과 왕비의 관은 일본산 금송으로 제작되었다.

④ 무덤을 수호하는 동물을 조각한 석수가 출토되었다.

10 (가)~(라) 시기에 있었던 역사적 사실로 옳지 않은 것은?

	(가)	(나)	(다)	(라)
개경 환도	충렬왕 즉위	충숙왕 즉위	공민왕 즉위	명 건국

① (가) - 여·몽 연합군이 일본 원정에 실패하였다.

② (나) - 국가 재정 확보를 위하여 소금 전매제를 실시하였다.

③ (다) - 찰리변위도감을 설치하여 개혁을 시도하였다.

④ (라) - 신돈을 등용하여 전민변정도감을 설치하였다.

11 다음 글을 작성한 인물에 대한 설명으로 옳은 것은?

> 임금의 직책은 한 사람의 재상을 정하는 데 있다고 하였다. 재상은 위로는 임금을 받들고 밑으로는 모든 관리를 통솔하여 만민을 다스리는 자리이다. 그 직책이 매우 큰 것이다. 또 임금의 자질에는 어리석은 자질도 있고 현명한 자질도 있으며 강력한 자질도 있어서 한결같지 않으니, 재상은 임금의 아름다운 점은 순종하고 나쁜 점은 바로잡으며, 옳은 일은 받들고 옳지 않은 것은 막아서, 임금으로 하여금 지극한 경지에 들게 해야 한다.
> － 「조선경국전」

① 「입학도설」을 저술하였다.

② 「학자지남도」를 편찬하였다.

③ 자신의 호를 '회헌'이라 지었다.

④ 최초의 서원인 백운동 서원을 설립하였다.

12 ㉠~㉣ 국가에 대한 설명으로 옳은 것은?

> 「조선책략」에 대해 조목별로 분별해 보겠습니다. …… 무릇 (㉠)은/는 우리가 번국이라 칭하는 나라로, 신의가 서로 두터운 지가 거의 200년이나 되었습니다. …… (㉡)은/는 우리에게 얽매여 있는 나라입니다. 수로와 육로의 요충지를 저들이 이미 알고 있으니, 만에 하나라도 우리나라가 대비가 없는 것을 엿보고 저들이 쳐들어 온다면 장차 어떻게 막아 내겠습니까. …… (㉢)은/는 우리가 원래 잘 모르던 나라입니다. 쓸데없이 다른 사람의 종용을 받아 우리 스스로 끌어들였다가 어려운 청을 강요한다면 장차 어떻게 응대하겠습니까. …… (㉣)은/는 본래 우리와 아무런 감정도 없습니다. 공연히 남이 이간질하는 말을 믿었다가 우리의 체통이 손상되는 바가 클 것입니다.

① ㉠ - 전기 및 전차 부설권을 획득하였다.

② ㉡ - 당현 금광 채굴권을 차지하였다.

③ ㉢ - 경부선 철도 부설권을 획득하였다.

④ ㉣ - 압록강·두만강의 삼림 벌채권을 획득하였다.

13 다음 요구에 대응하여 조직된 단체에 대한 설명으로 옳은 것은?

1. 궁내부는 전국 13도의 관유 · 민유 이외 산림 · 천택 · 황폐지의 개척을 일본인 나가모리에게 특허할 것.
2. 나가모리는 특허에 근거하여 자기 재산을 들여서 위에서 지정한 곳을 개간하되 개간일로부터 만 5개년 후부터 궁내부에 세금을 낼 것.
3. 계약 기한은 50년으로 하고, 그 뒤 다시 약정할 것.

① 『월보』를 간행하고 전국 각지에 지회를 설치하였다.

② 일제가 조작한 105인 사건으로 조직이 발각되어 해체되었다.

③ 송수만, 원세성 등의 관료 출신과 유생들을 중심으로 조직되었다.

④ 자주 독립을 지켜야 한다는 '구국 운동 상소문'을 고종에게 올렸다.

14 (가), (나) 사이 시기에 있었던 사실로 옳은 것은?

(가) 쌍기의 건의를 받아 처음으로 과거를 실시하였다. 시(詩) · 부(賦) · 송(頌) 및 시무책을 시험하여 진사를 뽑았으며, 더불어 명경업 · 의업 · 복업 등도 뽑았다.
(나) 문무 양반과 군인의 전시과를 고쳐 정하였다. 제1과 전지(田地) 100결, 시지 70결 내사령 시중, 제2과 전지 95결, 시지 65결 내사시랑 평장사, 문하시랑 평장사, 치사시중 …… 이 범위 안에 들지 못한 자에게는 모두 17결을 지급하고 이를 항상 따라야 할 법식으로 삼았다.

① 빈민 구제를 위해 구제도감이 설치되었다.

② 서적포라는 국립 출판사를 두어 책을 간행하였다.

③ 지방의 주요 지역에 12목을 설치하고 지방관을 파견하였다.

④ 송나라 사신 서긍이 고려를 방문하고 『고려도경』을 지었다.

15 1948년 7월 공포된 '제헌 헌법'에 명시된 내용으로 옳은 것은?

① 대통령은 대통령 선거인단에서 무기명 투표로 선거한다.

② 통일 주체 국민회의는 국민의 직접 선거에 의하여 선출된 대의원으로 구성한다.

③ 대통령과 부통령의 임기는 4년으로 한다. 단, 재선에 의하여 1차 중임할 수 있다.

④ 대통령은 외교, 국방, 경제, 사법 등 국정 전반에 걸쳐 필요한 긴급 조치를 할 수 있다.

16 밑줄 친 '새로운 정책'이 실시된 시기의 사실로 옳은 것은?

신임 총독은 전임 총독이 시행한 정책에 대신해 '새로운 정책'을 실시하였다고 말한다. …… 신임 총독의 정책 중에서 그나마 주목할 만한 것이 있다면 지방 제도를 개정해 일정 금액 이상의 세금을 내는 조선인들에게 선거권을 주고 부협의회 선거를 처음으로 실시한 것 정도이다.

① 조문기 등이 경성 부민관에 폭탄을 투척하였다.

② 북만주 밀산부에 독립 운동 기지인 한흥동이 건설되었다.

③ 안중근이 만주 하얼빈역에서 이토 히로부미를 처단하였다.

④ 만주 지역에서는 대종교 계통 인사들이 신민부를 결성하였다.

17 밑줄 친 '이 단체'에 대한 설명으로 옳은 것은?

> 당시 정세로 말하자면, 우리 민족의 독립사상을 떨치기로 보나, 만보산 사건, 만주 사변 같은 것으로 우리 한인에 대해 심히 악화된 중국인의 악감정을 풀기로 보나, 무슨 새로운 국면을 타개할 필요가 있었다. 그래서 우리 임시 정부에서 회의한 결과 이 단체를 조직하여 암살과 파괴 공작을 하되, 돈이나 사람이나 내가 전담하고, 다만 그 결과를 정부에 보고하도록 위임을 받았다.

① 주요 단원으로 박재혁, 나석주 등이 있다.
② 김구에 의해 중국 상하이에서 조직되었다.
③ 「조선혁명선언」을 지침으로 삼아 활동하였다.
④ 조선 총독부에 국권 반환 요구서를 제출하려 하였다.

18 (가)와 (나)가 발표된 사이의 시기에 있었던 사실로 옳은 것은?

> (가) 쌍방은 다음과 같은 조국 통일 원칙들에 합의를 보았다.
> 　　첫째, 통일은 외세에 의존하거나 외세의 간섭을 받음이 없이 자주적으로 해결하여야 한다.
> 　　둘째, 통일은 상대방을 반대하는 무력행사에 의거하지 않고 평화적 방법으로 실현하여야 한다.
> 　　셋째, 사상과 이념, 제도의 차이를 초월하여 우선 하나의 민족으로서 민족적 대단결을 도모하여야 한다.
> (나) 제1조 남과 북은 서로 상대방의 체제를 인정하고 존중한다.
> 　　제2조 남과 북은 상대방의 내부 문제에 간섭하지 아니한다.
> 　　　　　　⋮
> 　　제9조 남과 북은 상대방에 대하여 무력을 사용하지 않으며, 상대방을 무력으로 침략하지 아니한다

① 개성 공단의 조성에 합의하였다.
② 금강산 관광 사업이 시작되었다.
③ 한반도 비핵화 공동 선언이 체결되었다.
④ 남북 이산가족 상봉이 최초로 이루어졌다.

19 밑줄 친 ㉠, ㉡에 대한 설명으로 옳은 것은?

> 보성군에는 ㉠ 교파와 ㉡ 약파가 있다. 교파는 향교에 다니는 자들이고, 약파는 향약을 주관하는 자들이다. 서로 투쟁이 끊이지 않고 모함하는 일이 갈수록 더하여 갔다. 드디어 풍속이 도에서 가장 나빠졌다.

① ㉠ - 기존에 향촌 사회를 지배하던 재지 사족이다.
② ㉠ - 향촌의 지배권을 둘러싸고 수령과 경쟁하였다.
③ ㉡ - 경제력을 바탕으로 신분을 상승시켜 ㉠에 도전하였다.
④ ㉡ - 촌락 단위로 동약을 시행해 지위를 유지하려고 하였다.

20 ㉠ 조약에 관한 설명으로 옳은 것은?

> 　　㉠　은/는 중국이 속방을 우대하는 뜻에서 상정한 것이고, 각 조약국들에게 부여하는 모든 균점(均霑)의 예와는 다르다.

① 거중조정을 규정하였다.
② 갑신정변 이후 체결되었다.
③ 치외법권, 조선 연안 어업권을 인정하였다.
④ 부산 · 원산 · 인천이 개항되는 결과를 가져왔다.

정답·해설 _약점 보완 해설집 p.14

모바일 자동 채점 + 성적 분석 서비스 바로 가기
QR코드를 이용해 모바일로 간편하게 채점하고 나의 실력이 어느 정도인지, 취약 부분이 어디인지 바로 파악해 보세요!

04회 핵심 키워드 마무리 체크

☑ 빈칸에 들어갈 알맞은 키워드를 골라 채워보세요.

국사	강화도 조약	입학도설	돈오점수
신민회	혜심	보안회	안중근
익산 미륵사지 석탑	한인 애국단	도병마사	동시전
부민관	백운동 서원	한흥동	조선혁명선언

선사~조선 후기

01 신라 지증왕 때 시장 감독 기관인 _____을 설치하였다.

02 신라 진흥왕 때 거칠부가 「____」를 편찬하였다.

03 _____은 보수 과정에서 금제 사리 봉안기가 발견되었다.

04 _____에서는 양계의 축성 및 군사 훈련 등 국방 문제를 논의하였다.

05 지눌은 깨달음 뒤에 꾸준한 수행을 강조하는 _____를 주장하였다.

06 ____은 수선사의 2대 교주로 심성의 도야를 강조하였다.

07 권근은 「_____」을 저술하였다.

08 주세붕은 최초의 서원인 _____을 설립하였다.

근대~현대

09 _____의 체결은 부산·원산·인천이 개항되는 결과를 가져왔다.

10 _____는 송수만. 원세성 등의 관료 출신과 유생들을 중심으로 조직되었다.

11 _____는 일제가 조작한 105인 사건으로 조직이 발각되어 해체되었다.

12 1909년 북만주 밀산부에 독립 운동 기지인 _____이 건설되었다.

13 _____이 만주 하얼빈역에서 이토 히로부미를 처단하였다.

14 의열단은 「_____」을 지침으로 삼아 활동하였다.

15 _____은 김구에 의해 중국 상하이에서 조직되었다.

16 1945년에는 조문기 등이 경성 _____에 폭탄을 투척하였다.

정답 | 01 동시전 02 국사 03 익산 미륵사지 석탑 04 도병마사 05 돈오점수 06 혜심 07 입학도설 08 백운동 서원 09 강화도 조약 10 보안회 11 신민회 12 한흥동 13 안중근 14 조선혁명선언 15 한인 애국단 16 부민관

05회 실전동형모의고사

제한시간 : 15분 시작 시 분 ~ 종료 시 분 점수 확인 개/ 20개

---

01 다음은 금속 활자와 관련된 역사적 사실들이다. ㉠~㉣을 순서대로 바르게 나열한 것은?

㉠ 『상정고금예문』이 금속 활자로 인쇄되었다.
㉡ 청주 흥덕사에서 『직지심체요절』이 간행되었다.
㉢ 주자소에서 경자자와 갑인자가 주조되었다.
㉣ 한구자와 정리자가 주조되었다.

① ㉠ - ㉡ - ㉢ - ㉣
② ㉠ - ㉡ - ㉣ - ㉢
③ ㉡ - ㉠ - ㉢ - ㉣
④ ㉡ - ㉠ - ㉣ - ㉢

---

02 ㉠에 해당하는 국가와 관련하여 고려 시대에 발생한 일로 옳지 않은 것은?

소손녕이 서희에게 말하기를, "너희 나라는 신라 땅에서 일어났고, 고구려 땅은 우리 소유인데, 너희들이 침범해 왔다. 그리고 우리와 국경을 접하고 있는데도 바다를 넘어 송(宋)을 섬기기 때문에, 오늘의 출병이 있게 된 것이다". …… 이에 서희가 말하기를, "그렇지 않다. 우리나라가 바로 고구려의 옛 땅이기 때문에, 국호를 고려라 하고 평양에 도읍하였다. 만일 국경 문제를 논한다면, ㉠ 의 동경도 모조리 우리 땅에 있는데, 어찌 우리가 침범해 왔다고 말하는가?"

① ㉠의 침입으로 고려의 국왕이 나주로 피난하였다.
② 이자겸이 자신의 정권을 유지하기 위해 ㉠의 사대 요구를 수용하였다.
③ ㉠과의 강화 조건으로 고려 국왕의 친조가 제시되었다.
④ 고려는 몽골군과 연합하여 강동성에 포위된 ㉠을 물리쳤다.

---

03 ㉠ 인물에 대한 설명으로 옳은 것은?

신무 대왕이 잠저에 있을 때 협사 ㉠ 에게 말하기를, "내겐 이 세상에서 같이 살 수 없는 원수가 있소. 나를 위해 그를 없애 주고, 내가 왕위에 오르면 그대의 딸을 왕비로 삼겠소."라고 하였다. ㉠ 은/는 이를 허락하고 마음과 힘을 같이하여 군사를 일으켜 수도로 쳐들어가 일을 성공시켰다.

① 당나라에서 「토황소격문」을 지었다.
② 기행문인 『왕오천축국전』을 지었다.
③ 견당매물사, 회역사 등의 교역 사절을 파견하였다.
④ 공주를 근거지로 반란을 일으켜 장안이라는 나라를 세웠다.

---

04 다음 사건 이후의 사실로 옳은 것은?

우리나라의 가발 수출 업체였던 YH 무역 주식회사는 심각한 경영난에 빠져 폐업을 공고하였다. 이에 YH 무역 주식회사의 생산직 여성 노동자들은 부당한 폐업에 반발하며 야당인 신민당의 당사를 점거하고 농성을 전개하였다. 경찰은 농성 중이던 여성 노동자들을 강제로 진압하였고, 이 과정에서 김경숙씨가 사망하였다.

① 7 · 4 남북 공동 성명이 발표되었다.
② 신군부 세력이 12 · 12 사태를 일으켰다.
③ 개헌 청원 1백만인 서명 운동이 전개되었다.
④ 한 · 일 회담에 반대하는 6 · 3 항쟁이 전개되었다.

05 밑줄 친 '정부'에 대한 설명으로 옳은 것은?

> 오늘 우리는 그렇게도 애타게 바라던 문민 민주주의의 시대를 열기 위하여 이 자리에 모였습니다. …… 오늘 탄생되는 정부는 민주주의에 대한 국민의 불타는 열망과 거룩한 희생으로 이루어졌습니다. …… 국민 여러분. 우리 모두 미래에 대한 꿈과 희망을 가집시다. 신한국을 창조합시다.

① 국민 연금 제도를 처음 시행하였다.

② 경제 협력 개발 기구에 가입하였다.

③ 상록수 부대를 동티모르에 파견하였다.

④ 분단 이후 최초로 남북 정상 회담을 성사시켰다.

06 다음 (가), (나) 사건에 대한 설명으로 옳지 않은 것은?

> (가) 평서대원수는 급히 격문을 띄우노니 우리 관서의 부로자제(父老子弟)와 공사천민(公私賤民)은 모두 이 격문을 들으시라. 무릇 관서는 기자의 옛 터요, 단군 시조의 옛 근거지로 훌륭한 인물이 넘치고 문물이 번창한 곳이다.
>
> (나) 임술년에 진주 백성 수만 명이 머리에 흰 수건을 두르고 손에는 나무 몽둥이를 들고 무리를 지어 진주 읍내에 모여 서리들의 가옥 수십 호를 불사르고 부수니, 그 움직임이 결코 가볍지 않았다.

① (가) - 세도 정권과 특권 어용상인에 대한 불만으로 인해 일어났다.

② (나) - 노비 문서의 소각과 탐관오리의 엄징을 요구하였다.

③ (가) - 홍경래를 중심으로 한 세력이 청천강 이북을 점령하였다.

④ (나) - 정부에서는 사건의 수습을 위하여 삼정이정청을 설치하였다.

07 밑줄 친 '이 법'에 대한 설명으로 옳은 것은?

> 강원도에는 이 법을 싫어하는 이가 없는데, 충청도·전라도에는 좋아하는 이와 싫어하는 이가 있습니다. 왜 그렇겠습니까? 강원도에는 토호가 없으나 충청도·전라도에는 토호가 있기 때문입니다. 특히 전라도에 싫어하는 이가 더 많은데 이는 토호가 더 많은 까닭입니다. 이렇게 볼 때 토호들만 싫어할 뿐, 백성들은 모두 이 법을 보고 기뻐합니다.

① 현물 징수가 완전히 없어지는 계기가 되었다.

② 토지의 결수에 따라 부과하여 농민의 부담이 감소하였다.

③ 백골징포, 황구첨정 등의 폐단을 없애기 위해 시행되었다.

④ 풍흉에 관계없이 토지 1결당 4~6두를 징수하도록 하였다.

08 ㉠과 관련된 단체에 대한 설명으로 옳지 않은 것은?

> 대왕이 명령을 내려 원화를 폐지하였다. 여러 해 뒤에 왕은 다시 나라를 흥하게 하려면 모름지기 풍월도를 먼저 일으켜야 한다고 생각하였다. 이에 왕은 다시 명령을 내려 좋은 가문 출신의 남자로서 덕행(德行)이 있는 자를 뽑아 명칭을 고쳐서 ㉠ 이라고 하였다.

① 세속 5계를 행동 규범으로 삼았다.

② 원시 사회의 청소년 집단에서 기원하였다.

③ 산천을 돌아다니며 심신을 연마하기도 하였다.

④ 매향 활동을 하면서 각종 불교 행사를 주관하였다.

09 다음 조약이 체결된 이후의 사실로 옳은 것은?

제3국의 침해나 내란으로 인하여 대한 제국 황실의 안녕과 영토 보전에 위험이 있을 경우 대일본 제국 정부는 신속하게 상황에 따라 필요한 조치를 취할 수 있다. 그리고 대한 제국 정부는 이러한 대일본 제국의 행동이 용이하도록 충분한 편의를 제공한다. 대일본 제국 정부는 앞 조관의 목적을 성취하기 위하여 군사 전략상 필요한 지점을 상황에 따라 수용할 수 있다.

① 고종이 국외 중립을 선언하였다.

② 러시아가 용암포를 강제 점령하였다.

③ 일본이 대한 시설 강령을 발표하였다.

④ 일본이 영국과 제1차 영 · 일 동맹을 체결하였다.

10 밑줄 친 '이 지역'에서 전개된 민족 운동으로 옳은 것은?

1902년부터 시작된 사탕수수 농장으로의 노동 이민을 시작으로 이 지역으로의 이민이 시작되었다. 이때부터 일제에 의하여 이민이 금지된 1905년 말까지 7천여 명이 이 지역에 이주하여 가혹한 노동에 시달렸다.

① 자치 기구인 경학사와 부민단이 조직되었다.

② 대한 국민 의회를 통해 외교 활동을 전개하였다.

③ 대조선 국민 군단이 조직되어 군사 훈련을 하였다.

④ 박은식, 신규식 등을 중심으로 동제사가 조직되었다.

11 밑줄 친 '그'에 대한 설명으로 옳은 것은?

그는 자신의 저서에서 "제왕의 학문은 기질을 바꾸는 것보다 절실한 것이 없고, 제왕의 정치는 정성을 다 해 어진 이를 등용하는 것보다 우선하는 것이 없을 것입니다. 기질을 바꾸는 데는 병을 살펴 약을 쓰는 것이 효과를 거두고, 어진 이를 쓰는 데는 상하가 틈이 없는 것이 성과를 얻습니다."라고 하며, 현명한 신하가 군주에게 성학을 가르쳐 그 기질을 변화시켜야 한다고 하였다.

① 학문의 실천성을 강조하였다.

② 영남 학파 형성에 영향을 주었다.

③ 『동호문답』, 『기자실기』를 저술하였다.

④ 왕에게 건의하여 소수 서원이라는 편액을 하사받았다.

12 밑줄 친 '이 시대'에 대한 설명으로 옳은 것은?

이 시대의 대표적인 유적인 부산 동삼동 유적에서는 집단의 공동체 의식에 사용되었을 것으로 추정되는 조개 껍데기 가면이 출토되었다. 이를 통해 이 시대에 자연의 섭리에 대한 관념을 바탕으로 원시 신앙이 등장하였다는 것을 추정할 수 있다.

① 반달 돌칼을 이용하여 벼를 수확하였다.

② 채집과 사냥을 주로 하며 동굴이나 막집에서 살았다.

③ 생산력이 발전하면서 사유 재산과 계급이 발생하였다.

④ 저장 및 조리 도구로 빗살무늬 토기가 널리 사용되었다.

13 밑줄 친 '의병'에 대한 설명으로 옳은 것은?

> 지금 왜노(倭奴)가 창궐하고 국내에 적신(賊臣)이 그들에게 붙어 국모를 시해하고 임금의 모발을 강제로 자르기까지 하며, 요순과 공자, 주자의 도를 쓸어 없애려 하니, 온 군대와 백성들이 불공대천의 원수로 생각한다. 무릇 나라 곳곳에서 봉기하는 의병은 국가를 위하여 원수를 갚고 치욕을 씻는 것을 가장 큰 대의로 삼아야 한다.

① 해산된 군인들이 합류하여 전력이 크게 증강되었다.

② 13도 창의군을 결성하여 서울 진공 작전을 계획하였다.

③ 황토현 전투에서 정부군에 승리하고 전주성까지 점령하였다.

④ 아관 파천 이후 고종의 해산 조칙을 계기로 대부분 해산하였다.

14 밑줄 친 '왕'에 대한 설명으로 옳지 않은 것은?

> 왕이 배를 타고 그 산에 들어가니, 용이 검은 옥대를 가져다 바쳤다. 왕이 영접하여 함께 앉아서 묻기를, "이 산과 대나무가 혹은 갈라지기도 하고 혹은 합해지기도 하는 것은 무엇 때문인가?"라고 하였다. 용이 대답하였다. "대왕께서 이 대나무를 가지고 피리를 만들어 불면 천하가 화평할 것입니다." …… 이를 만파식적으로 부르고 나라의 보물이라 칭하였다.

① 문무 관료들에게 관료전을 지급하였다.

② 김흠돌의 난을 계기로 귀족 세력을 숙청하였다.

③ 위화부를 설치하고 관리 인사 업무를 담당케 하였다.

④ 달구벌로 천도하려 하였으나 귀족들의 반발로 실패하였다.

15 고려 시대의 불상에 대한 설명으로 옳은 것은?

① 하남 하사창동 철조 석가여래 좌상은 원의 영향을 받아 제작되었다.

② 부석사 소조 아미타여래 좌상은 백제의 불상 양식을 계승하였다.

③ 논산 관촉사 석조 미륵보살 입상은 '은진 미륵'이라는 별칭으로도 불린다.

④ 파주 용미리 마애이불 입상은 고구려의 영향을 받아 투박하게 제작되었다.

16 (가), (나) 기구에 대한 설명으로 옳은 것을 모두 고른 것은?

> ○ ____(가)____ 은/는 시정(時政)을 논하고, 모든 관원을 규찰하며, 풍속을 바르게 하는 등의 일을 맡는다.
> ○ 문하부의 이름을 혁파하고, 낭사를 고쳐 ____(나)____ (으)로 한다.

> ㉠ (가) – 고려의 어사대와 유사한 임무를 맡았다.
> ㉡ (가) – 옥당이라 불리기도 하였다.
> ㉢ (나) – 이 기구의 수장은 정3품 대사헌이었다.
> ㉣ (가), (나) – 5품 이하 관리 임명에서 서경권을 행사하였다.

① ㉠, ㉡   ② ㉠, ㉣

③ ㉡, ㉢   ④ ㉢, ㉣

17 (가) 인물에 대한 설명으로 옳은 것은?

일본 육군 사관 학교를 졸업한 [(가)]은/는 만주 지역으로 망명하여 신흥 무관 학교에서 독립군 양성에 힘쓴 인물이다. 또한 [(가)]은/는 쌍성보 전투를 지휘하여 승리로 이끌었다.

① 조선 혁명 간부 학교를 창설하였다.
② 한국광복군 총사령관을 역임하였다.
③ 화북 조선 독립 동맹의 주석으로 선출되었다.
④ 영릉가 전투, 흥경성 전투에서 일본군에게 크게 승리하였다.

18 다음 조약에 대한 설명으로 옳은 것은?

제1관 조선국은 자주국으로서 일본국과 평등한 권리를 보유한다.
제10관 일본국 인민이 조선국이 지정한 각 항구에서 죄를 범하였을 경우 조선국과 교섭하여 모두 일본국의 심리 판결로 돌리고, 조선국 인민이 죄를 범하였을 경우 일본국과 교섭하여 모두 조선 관원의 조사 판결로 돌리되 각각 그 나라의 법률에 근거하여 심문하고 판결한다.

① 일본 경비병의 공사관 주둔을 명시하였다.
② 천주교 포교의 자유를 인정하는 계기가 되었다.
③ 외국에 대한 최혜국 대우를 처음으로 규정하였다.
④ 일본국 항해자의 자유로운 조선 연해 측량을 허용하였다.

19 다음 사건 이후에 전개된 사실로 옳은 것은?

홍건적은 개경을 함락한 후 수개월 동안 진을 치고 머물면서 온갖 잔학한 짓을 자행하였다. …… 복주(福州)에 도착한 왕이 정세운을 총병관(摠兵官)으로 삼아 모든 군사를 지휘하게 하였다.

① 쌍성총관부를 공격하여 철령 이북을 되찾았다.
② 윤관이 여진족을 정벌한 후 동북 9성을 축조하였다.
③ 강조가 정변을 일으켜 대량원군을 왕으로 옹립하였다.
④ 최영이 약탈을 자행하던 왜구를 홍산에서 크게 격퇴하였다.

20 밑줄 친 '이 시기'의 사실로 옳은 것은?

이 시기에 일제는 헌병 경찰제를 시행하여 헌병이 일반 경찰의 업무까지 간여하고 담당하도록 하여 한국인을 탄압하였다. 또한 일반 관리는 물론 교원에게까지 제복을 입히고 칼을 차게 하여 공포 분위기를 조성하였다.

① 조선 태형령이 공포되었다.
② 창씨개명 조치가 시행되었다.
③ 산미 증식 계획이 시행되었다.
④ 학도 지원병 제도가 시행되었다.

정답·해설 _약점 보완 해설집 p.18

모바일 자동 채점 + 성적 분석 서비스 바로 가기
QR코드를 이용해 모바일로 간편하게 채점하고 나의 실력이 어느 정도인지, 취약 부분이 어디인지 바로 파악해 보세요!

05회 핵심 키워드 마무리 체크

☑ 빈칸에 들어갈 알맞은 키워드를 골라 채워보세요.

김영삼	홍경래의 난	장보고	동제사
조식	제물포 조약	대동법	화랑도
지청천	신문왕	김대중	을미의병
최영	김원봉	이이	대조선 국민 군단

선사~조선 후기

01 _____는 원시 사회의 청소년 집단에서 기원하였다.

02 통일 신라의 _____은 달구벌로 천도하려고 하였으나 귀족들의 반발로 실패하였다.

03 _____는 견당매물사, 회역사 등의 교역 사절을 파견하였다.

04 _____이 약탈을 자행하던 왜구를 홍산에서 크게 격퇴하였다.

05 _____은 학문의 실천성을 강조하였다.

06 _____는 『동호문답』, 『기자실기』를 저술하였다.

07 _____은 토지의 결수에 따라 부과하여 농민의 부담이 감소하였다.

08 _____은 세도 정권과 특권 어용상인에 대한 불만으로 인해 일어났다.

근대~현대

09 _____은 일본 경비병의 공사관 주둔을 명시하였다.

10 _____은 아관 파천 이후 고종의 해산 조칙을 계기로 대부분 해산하였다.

11 상하이에서 박은식, 신규식 등을 중심으로 _____가 조직되었다.

12 하와이에서 _____이 조직되어 군사 훈련을 하였다.

13 _____은 조선 혁명 간부 학교를 창설하였다.

14 _____은 한국광복군 총사령관을 역임하였다.

15 _____ 정부 시기에 경제 협력 개발 기구에 가입하였다.

16 _____ 정부 시기에 상록수 부대를 동티모르에 파견하였다.

정답 | 01 화랑도 02 신문왕 03 장보고 04 최영 05 조식 06 이이 07 대동법 08 홍경래의 난 09 제물포 조약 10 을미의병 11 동제사 12 대조선 국민 군단 13 김원봉 14 지청천 15 김영삼 16 김대중

06회 실전동형모의고사

제한시간 : 15분 시작 시 분 ~ 종료 시 분 점수 확인 개/ 20개

01 (가)와 (나)의 특징을 가진 국가에 대한 설명으로 옳은 것은?

(가) 꺼리는 것이 많아 사람이 병들어 죽으면 집을 버리고 새 집을 짓는다. …… 낙랑단궁이라는 활, 바다표범 가죽(班魚皮), 무늬 있는 표범, 그리고 키가 작은 과하마가 난다.

(나) 해마다 5월이면 씨뿌리기를 마치고 귀신에게 제사를 지낸다. 무리 지어 모여서 노래와 춤을 즐긴다. 술을 마시고 노는데 밤낮을 가리지 않는다. …… 10월에 농사일을 마치고 나서도 이렇게 한다.

① (가) – 여러 가(加)들이 사출도를 다스렸다.

② (가) – 후·읍군·삼로 등이 하호를 통치하였다.

③ (나) – 다른 읍락의 영역을 침범하면 노비, 소, 말로 배상하였다.

④ (나) – 혼인 풍속으로는 서옥제가 있었다.

02 ㉠, ㉡ 인물에 대한 설명으로 옳지 않은 것은?

○ 요석궁(瑤石宮)에 과부가 된 공주가 있었다. 그래서 궁의 관리에게 칙명을 내려 (㉠)을/를 찾아서 데려오게 하였다. …… 공주는 과연 임신을 해서 설총을 낳았다.

○ (㉡)은/는 태백산으로 가서 조정의 뜻을 받들어 부석사를 창건하고 대승(大乘)의 교법을 펼쳤는데 영험이 많이 나타났다.

① ㉠ – 서당 화상이라 불리며 무애가라는 노래를 유포하였다.

② ㉠ – 『십문화쟁론』, 『법장화상전』 등의 저술을 통해 화쟁 사상을 주창하였다.

③ ㉡ – 일즉다 다즉일(一卽多 多卽一)의 원용 사상을 설파하였다.

④ ㉡ – 관음 신앙과 함께 아미타 신앙을 화엄 교단의 주요 신앙으로 삼았다.

03 ㉠ 왕에 대한 설명으로 옳은 것은?

왕순식은 명주 사람으로 본주 장군이 되어 …… 아들 장명을 [㉠]에게 보내어 600인을 거느리고 숙위케 하였으며, 뒤에 자제와 더불어 무리를 거느리고 와서 협력할 뜻을 보이니 [㉠]이/가 왕씨 성을 하사하시고 대광 벼슬을 내렸다. 왕순식의 아들 장명에게는 이름 염을 하사하고, 원보 벼슬을 주었으며 소장 관경에게도 왕씨 성을 하사하고 대승 벼슬을 주었다.

① 주현공거법을 시행하였다.

② 개경을 황도로, 서경을 서도로 격상하였다.

③ 광덕, 준풍 등의 독자적인 연호를 사용하였다.

④ 빈민을 구제하기 위한 기구로 흑창을 설치하였다.

04 다음 자료와 관련된 민족 운동에 대한 설명으로 옳은 것은?

공약 3장

1. 오늘날 우리의 이 거사는 정의, 인도, 생존, 존영을 위하는 민족적 요구이니, 오직 자유로운 정신을 발휘할 것이요, 결코 배타적 감정으로 치닫지 마라.

1. 최후의 1인까지, 최후의 일각까지 민족의 정당한 의사를 쾌히 발표하라.

1. 일체의 행동은 가장 질서를 존중하여, 우리의 주장과 태도로 하여금 어디까지든지 광명정대하게 하라.

① '내 살림 내 것으로' 등의 구호를 내세웠다.

② 한국인 학생과 일본인 학생 간의 충돌에서 비롯되었다.

③ 윌슨의 민족 자결주의와 2·8 독립 선언의 영향을 받았다.

④ 조선 학생 과학 연구회를 비롯한 학생들 중심으로 진행되었다.

05 다음 중 발해의 문화에 대한 설명으로 옳지 않은 것은?

① 발해 상경성의 절터에서는 고구려의 영향을 받은 석등이 발견되었다.

② 발해는 당나라 장안을 본떠 직사각형의 내·외성과 주작대로를 축조하였다.

③ 정혜 공주 묘의 천장은 평행 고임 구조로 조성되어 있다.

④ 발해의 영광탑은 당나라의 영향을 받아 축조된 전탑이다.

07 (가)에 들어갈 기구로 옳은 것은?

> 고려 시대에는 독자적인 합좌 기구를 설치하여 국가의 중대사를 논의하였다. 그 중 ____(가)____ 은/는 대내적인 법제와 각종 시행 규정을 담당하는 일종의 입법 기관이었다.

① 삼사

② 중추원

③ 도병마사

④ 식목도감

06 밑줄 친 '왕'에 대한 설명으로 옳은 것은?

> 고구려가 군사를 동원하여 공격해 왔다. 왕이 이를 듣고 패하에 복병을 배치하고 (그들이) 오기를 기다렸다가 불시에 공격하였다. 고구려 군사가 패배하였다. 겨울에 왕이 태자와 함께 정예군 3만 명을 거느리고 고구려에 침입하여 평양성을 공격하였다. 고구려 왕 사유가 힘을 다해 싸워 이를 막았으나 날아오는 화살에 맞아 죽었다.

① 마한을 정복하였다.

② 익산에 미륵사를 창건하였다.

③ 왕위의 형제 상속제를 확립하였다.

④ 신라 눌지 마립간과 동맹을 체결하였다.

08 다음 선언문이 발표된 정부 시기의 사실로 옳지 않은 것은?

> "농협은 왜 우리를 기만하는가?" "썩은 고구마를 보상하라!" "내 고구마를 사 주시오!" 농협의 창구에서 타들어가는 입술을 깨물며 보상을 요구했던 함평 고구마 사건은 두 돌을 몇 달 남겨 두지 않은 채 농민의 목마른 외침은 지금까지 계속되고 있다. …… 해외 의존도만 증가시켜 온 수출 제일주의로 지칭되는 근대화의 미명 아래 노동자의 저임금을 위한 저곡가 정책을 중심으로 한 농민의 희생을 강요함으로써 인간으로서의 농민의 품위와 존엄성은 여지없이 떨어져 농민의 고통은 더욱 가중되고 있다.

① 울산 정유 공장이 완공되었다.

② 가정 의례 준칙을 고시하였다.

③ 국제 노동 기구(ILO)에 가입하였다.

④ 농촌 개발을 위해 새마을 운동을 추진하였다.

09 (가), (나) 인물에 대한 설명으로 옳은 것은?

이 싸움은 낭가 및 불교 대 유교의 싸움이며, 국풍파 대 한학파의 싸움이다. 또 독립당 대 사대당의 싸움이고, 진취 사상 대 보수 사상의 싸움이다. ☐(가)☐은/는 전자의 대표요, ☐(나)☐은/는 후자의 대표였다. 이 싸움에서 ☐(가)☐이/가 패하고 ☐(나)☐이/가 승리하였으므로, 조선의 역사가 사대적이고 보수적인 유교에 정복되고 말았다. …… 이것이 어찌 일천년래 제일대사건이라 하지 아니하랴.

① (가) – 인종의 명을 받아 『삼국사기』를 편찬하였다.
② (나) – 국호를 대위, 연호를 천개로 정하고 반란을 일으켰다.
③ (가) – 인종에게 칭제 건원과 금국 정벌을 주장하였다.
④ (나) – 서경을 중심으로 한 귀족 세력의 대표였다.

10 다음 중 고려 시대와 조선 시대의 수공업에 대한 설명으로 옳은 것을 모두 고른 것은?

㉠ 고려 시대에는 관청, 소(所), 사찰, 민간에서 수공업 활동이 이루어졌다.
㉡ 고려 후기에 관청 수공업이 쇠퇴하면서 민간 수공업이 발달하였다.
㉢ 고려 후기에는 소(所)에서 죽제품, 명주, 삼베 등 다양한 물품을 만들어 민간에 팔았다.
㉣ 조선 전기에는 상인들의 자금과 원료를 미리 받아 제품을 생산하는 선대제가 성행하였다.
㉤ 조선 후기에는 국가에 장인세를 바치는 납포장이 감소하였다.

① ㉠, ㉡
② ㉠, ㉤
③ ㉡, ㉢, ㉣
④ ㉡, ㉣, ㉤

11 밑줄 친 '왕'의 재위 기간에 있었던 사실로 옳은 것은?

예조 판서 김안국이 왕에게 아뢰기를, "『삼강행실도』는 벌써 간행이 되었으나 오륜 가운데 장유·붕우 두 가지 일이 따로 간행된 것이 없습니다. 때문에 신이 경상도 관찰사로 있을 적에 『이륜행실도』를 찬집하면서 형제의 유에다 친척 조항을 붙이고 붕우의 유에다 사생(師生) 조항을 붙여 책을 만들었습니다. …… 신은 이 『이륜행실도』를 많이 간행하여 널리 반포하는 것이 매우 좋겠다고 생각합니다." 하니, 아뢴 대로 하라고 전교하였다.

① 서울의 원각사 안에 십층 탑을 건립하였다.
② 강희맹이 농서인 『금양잡록』을 편찬하였다.
③ 주자소를 설치하고 구리로 계미자를 주조하였다.
④ 박세무가 아동용 수신서인 『동몽선습』을 편찬하였다.

12 밑줄 친 '이 신문'에 대한 설명으로 옳은 것은?

당시 여러 신문이 있었으나, 제일 환영을 받는 영국인 베델이 경영하는 이 신문이었다. 정부의 잘못과 시국 변동을 여지없이 폭로하였다. 관 쓴 노인도 사랑방에 앉아서 이 신문을 보면서 혀를 툭툭 차고 각 학교 학생들은 주먹을 치며 분개하였다.

① 우리나라 신문 최초로 상업 광고를 게재하였다.
② 을사늑약의 불법성을 폭로한 고종의 친서를 발표하였다.
③ 순 한글판으로 만들어 하층민과 부녀자들이 많이 구독하였다.
④ 천도교의 기관지로 일진회 등의 매국 행위를 주로 비판하였다.

13 다음 자료와 관련된 운동으로 옳은 것은?

우리에게 먹을 것이 없고 입을 것이 없고 의지해 살 것이 없으면 우리 생활은 파괴될 것이다. 우리가 무슨 권리와 자유, 행복을 기대할 수 있으며 또 사람다운 발전을 희망할 수 있겠는가. 우리 생활의 제1조건은 곧 의식주의 문제이며 이는 산업의 기초다. 산업의 기초가 파괴되어 우리에게 남은 것이 없으면, 우리가 사람다운 생활을 하지 못하고 사람다운 발전을 하지 못할 것은 당연하지 않은가. 그러므로 우리에게 가장 긴급한 문제가 되는 것은 이 의식주의 문제, 즉 산업 문제다. …… 우리는 이와 같은 견지에서 우리 조선 사람의 물산을 장려하기 위해 조선 사람은 조선 사람 지은 것을 사 쓰도록 하고, 조선 사람은 단결하여 그 쓰는 물건을 스스로 제작하여 공급하는 것을 목적으로 한다.

① 민립 대학 설립 기성회를 조직하여 모금 운동을 전개하였다.

② 서상돈 등을 중심으로 대구에서 시작되어 전국으로 확산되었다.

③ 사회주의 계열은 자본가와 일부 상인의 이윤 추구를 위한 운동이라고 비판하였다.

④ 대한매일신보, 황성신문, 만세보 등 언론 기관의 적극적인 지원을 받았다.

14 밑줄 친 '왕'에 대한 설명으로 옳은 것은?

○ 왕 7년에 율령을 반포하고, 처음으로 모든 관리의 공복을 제정하였다.
○ 왕 23년에 처음으로 연호를 칭하여 건원 원년이라 하였다.

① 단양 적성비를 건립하였다.

② 상대등 제도를 시행하였다.

③ 아시촌에 소경을 설치하였다.

④ 백제 동성왕과 혼인 동맹을 맺었다.

15 (가) 인물에 대한 설명으로 옳은 것은?

　(가)　은/는 내각에 소속된 관리로, 비밀스런 책[秘書]을 꽤 많이 읽었으므로 발해에 관한 일을 차례로 편찬하여, 군고(君考)·신고(臣考)·지리고(地理考)·직관고(職官考)·의장고(儀章考)·물산고(物産考)·국어고(國語考)·국서고(國書考)·속국고(屬國考) 등 아홉 가지를 만들었다. 이것을 세가(世家)·전(傳)·지(志)라고 하지 않고, 고(考)라 말한 것은 아직 역사책을 제대로 이루지 못했기 때문이며, 또 사관으로 감히 자처할 수 없기 때문이다.

① 고구려의 전통을 강조한 『동사』를 편찬하였다.

② 정조 때 박제가 등과 함께 규장각 검서관으로 등용되었다.

③ 영업전을 설정하여 기본적인 농민 생활 보장을 주장하였다.

④ 『동국지리지』를 통해 고구려의 발상지가 만주 지방임을 고증하였다.

16 밑줄 친 '임금'에 대한 설명으로 옳은 것은?

『아악보』가 완성되었다. 정인지가 명령을 받들어 서를 짓기를, "음악은 성인이 성정을 기르며, 신과 사람을 조화롭게 하고, 하늘과 땅을 자연스럽게 하며, 음양을 조화시키는 방법이다. 우리나라는 태평한 지 40년을 내려왔는데도 아직까지 아악이 갖추어지지 못하였다. 우리 임금께서 특별히 생각을 기울이시어 채씨(蔡氏)의 『율려신서』를 공부하시면서, 그 법도가 매우 정밀하며 높고 낮은 것이 질서가 있음에 감탄하시어 음률을 제정하실 생각을 가지셨으나, …… 마침내 신 등에게 명하시어 옛 음악을 수정하게 하였다."

① 도첩제를 폐지하였다.

② 『총통등록』을 편찬하였다.

③ 신문고를 처음 설치하였다.

④ 집현전과 경연 제도를 폐지하였다.

17 1910년대에 활동하였던 독립운동 단체에 대한 설명으로 옳지 않은 것은?

① 임병찬 등이 복벽주의를 표방하며 독립 의군부를 조직하였다.

② 연해주 신한촌에서 권업회라는 독립운동 단체가 조직되었다.

③ 송죽회는 박상진 등이 조직하였으며, 공화제 건설을 목표로 하였다.

④ 북간도에서 대종교가 조직한 중광단은 3·1 운동 이후 북로 군정서로 개편되었다.

18 다음 선언문을 발표한 단체에 대한 설명으로 옳은 것을 모두 고른 것은?

> 본 위원회는 우리 민족을 진정한 민주주의적 정권으로 재조직하기로 한 새 국가 건설의 준비 기관인 동시에 모든 진보적 민주주의적 세력을 집결하기 위하여 각층 각계에 완전히 개방된 통일 기관이요 결코 혼잡된 협동 기관은 아니다.

> ㉠ 조선 인민 공화국의 수립을 선포하였다.
> ㉡ 송진우, 김성수 등이 주도하여 결성하였다.
> ㉢ 국내의 치안을 담당하기 위해 치안대를 조직하였다.
> ㉣ 민선 의원과 미군정이 임명한 관선 의원으로 구성되었다.

① ㉠, ㉡   　② ㉠, ㉢

③ ㉡, ㉣   　④ ㉢, ㉣

19 (가) 시기에 있었던 사실로 옳은 것은?

	(가)	
강동 6주 획득		귀주 대첩

① 천리장성이 축조되었다.

② 만부교 사건이 일어났다.

③ 팔만대장경을 조판하였다.

④ 양규가 흥화진에서 승리하였다.

20 밑줄 친 '나'에 대한 설명으로 옳은 것은?

> 1905년에 5개 조약이 체결되었으니 이것이 바로 보호 조약인데, 그때 한국의 황제를 비롯해서 한국의 국민은 누구나 모두 일본의 보호를 받고자 한 사실이 없음에도 불구하고, 이등(伊藤)은 마치 한국 측에서 희망하여 조약을 체결한 것처럼 말했었다. …… 한국과 일본 두 나라의 친선을 저해하고 동양의 평화를 어지럽힌 장본인은 바로 이등이므로, 나는 한국의 의병 중장의 자격으로서 그를 제거한 것이다.

① 일본에서 순국하였다.

② 의열단에서 활동하였다.

③ 『동양평화론』을 집필하였다.

④ 이완용을 습격하여 중상을 입혔다.

정답·해설 _약점 보완 해설집 p.22

모바일 자동 채점 + 성적 분석 서비스 바로 가기
QR코드를 이용해 모바일로 간편하게 채점하고 나의 실력이 어느 정도인지, 취약 부분이 어디인지 바로 파악해 보세요!

06회 핵심 키워드 마무리 체크

☑ 빈칸에 들어갈 알맞은 키워드를 골라 채워보세요.

세조	독립 의군부	원효	물산 장려 운동
국제 노동 기구	동예	안중근	흑창
주자소	동사	묘청	한성주보
의상	대한매일신보	조선 건국 준비 위원회	3·1운동

선사~조선 후기

01 ____는 후·읍로·삼로 등이 하호를 통치하였다.

02 ____는 서당 화상이라 불리며 무애가라는 노래를 유포하였다.

03 ____은 관음 신앙과 함께 아미타 신앙을 화엄 교단의 주요 신앙으로 삼았다.

04 고려 태조는 빈민을 구제하기 위한 기구로 ____을 설치하였다.

05 ____은 인종에게 칭제 건원과 금국 정벌을 주장하였다.

06 태종 때는 ____를 설치하고 구리로 계미자를 주조하였다.

07 ____ 때는 서울의 원각사 안에 십층 탑을 건립하였다.

08 이종휘는 고구려의 전통을 강조한 『____』를 편찬하였다.

근대~현대

09 ____는 우리나라 신문 최초로 상업 광고를 게재하였다.

10 ____는 을사늑약의 불법성을 폭로한 고종의 친서를 발표하였다.

11 ____은 『동양평화론』을 집필하였다.

12 임병찬 등이 복벽주의를 표방하며 ____를 조직하였다.

13 ____은 윌슨의 민족 자결주의와 2·8 독립 선언의 영향을 받았다.

14 사회주의 계열은 ____이 자본가와 일부 상인의 이윤 추구를 위한 운동이라고 비판하였다.

15 ____는 국내의 치안을 담당하기 위해 치안대를 조직하였다.

16 노태우 정부 시기에 ____(ILO)에 가입하였다.

정답 | 01 동예 **02** 원효 **03** 의상 **04** 흑창 **05** 묘청 **06** 주자소 **07** 세조 **08** 동사 **09** 한성주보 **10** 대한매일신보 **11** 안중근 **12** 독립 의군부 **13** 3·1운동 **14** 물산 장려 운동 **15** 조선 건국 준비 위원회 **16** 국제 노동 기구

07회 실전동형모의고사

제한시간 : 15분 **시작** 시 분 ~ **종료** 시 분 **점수 확인** 개/ 20개

01 ㉠ 제도에 대한 설명으로 옳은 것은?

> ┌─────────────────────────────┐
> │ ㉠ 에 의하면 4두품에서 백성은 방의 길이와 너비
> 가 15자를 넘지 못하고 느릅나무를 쓰지 못하며, 우물 천장
> 을 시설하지 못하고 장식 기와를 덮지 못하며, 수두와 겹처
> 마와 공아 · 현어를 설치하지 못하고 금 · 은 · 유석 · 동랍으
> 로 장식하지 못한다.

① 계층간의 갈등을 완화하는 역할을 하였다.
② 관리들의 공복 색깔을 정하는 기준이 되었다.
③ 진흥왕 때 인재 양성을 위한 제도로 정착되었다.
④ 부족장을 중앙 귀족에 편입하는 과정에서 성립되었다.

02 ㉠에 대한 설명으로 옳은 것은?

> ┌─────────────────────────────┐
> │ 평장사 최윤의 등 17명의 신하에게 명하여 고금의 서로
> 다른 예문을 모아 참작하고 절충하여 50권의 책을 만들고
> ㉠ 이라 이름하였다.

① 현존하는 가장 오래된 목판 인쇄물이다.
② 몽골의 침략을 물리치기 위한 염원에서 만들었다.
③ 『주자가례』에 대한 제가의 이론을 엮어 편찬하였다.
④ 강화도에서 금속 활자로 인쇄하였다는 기록이 있다.

03 (가), (나) 인물에 대한 설명으로 옳은 것은?

> ┌─────────────────────────────┐
> │ (가) 은/는 세상의 권위 있는 유학자인데, 나이 어린
> (나) 와 더불어 사단과 칠정에 대해 의논을 주고받으
> 며 절차탁마하고 어려운 부분을 논쟁하여 (가) (으)로
> 하여금 왕왕 자기의 견해를 버리고 (나) 의 의견에 따
> 르게 하였으니, 이는 실로 위대한 것이었다.

① (가) – '구도장원공'이라는 별칭을 얻었다.
② (가) – 일본 성리학 발전에 영향을 주었다.
③ (나) – 『주자서절요』를 편찬하였다.
④ (나) – 향촌 사회의 안정을 위해 해주 향약을 만들었다.

04 밑줄 친 '조약'에 대한 설명으로 옳은 것은?

> ┌─────────────────────────────┐
> │ 대조선국과 대아메리카 합중국은 우호 관계를 두터이 하
> 여 피차 인민을 돌보기를 간절히 바란다. 그러므로 대조선
> 국 군주는 특별히 전권대관 신헌, 전권부관 김홍집을 파견
> 하고, 대미국 대통령은 특별히 전권대신 수사총병 슈펠트를
> 파견하여, 각각 받들고 온 전권 위임장을 상호 대조하여 살
> 펴보고 모두 타당하기에 <u>조약</u>을 체결한다.

① 최혜국 대우에 대한 조항을 처음으로 규정하였다.
② 조선 정부가 외국과 맺은 최초의 근대적 조약이다.
③ 청나라를 견제하고자 한 일본의 주선으로 체결되었다.
④ 양곡의 무제한 유출, 무관세, 무항세 조항이 포함되었다.

05 다음과 같은 형벌 제도를 시행하였던 시대의 수취 제도에 대한 설명으로 옳지 않은 것은?

> 한 부서의 장관으로 재직하면서 자신이 관할하는 재물을 훔치거나 뇌물을 받고 법을 어긴 관리는 지급한 토지를 거두고 도(徒), 장(杖)을 따지지 말고 귀향형에 처한다.

① 조창에서 수도까지의 조세 운반은 조창민이 담당하였다.

② 토지 비옥도에 따라 3등급으로 나누어 조세를 차등 징수하였다.

③ 인구와 장정의 많고 적음에 따라 6등호로 나누어 역을 부과하였다.

④ 자연재해를 입었을 경우 그 비율에 따라 조(租), 조포(租布), 조포역(租布役)을 면제하기도 하였다.

06 고대의 도교에 대한 설명으로 옳지 않은 것은?

① 신라의 풍류도는 도교와 유교, 불교가 결합된 정신에서 유래되었다.

② 신라 말 지방에서 새로이 대두한 호족들의 사상으로 받아들여졌다.

③ 백제에서는 도교적 이상 세계를 정교하게 표현한 금동 대향로가 제작되었다.

④ 고구려에서는 연개소문이 도교 진흥책을 펼쳐 불교 사찰을 도관으로 쓰기도 했다.

07 다음과 같은 인식을 지닌 정치 세력에 대한 설명으로 옳은 것을 고르면?

> 신이 변혁을 꾀하고자 하는 것은 기(器)이지, 도(道)가 아닙니다. 옛날의 범선과 오늘의 화륜선은 배의 고금에 다름일 뿐이며, 옛날의 우마 수레와 오늘의 기차는 차재의 고금에 다름입니다. …… 전하께서는 준재를 널리 선발하여 기계 제조의 관리를 두시고, 그들로 하여금 해외에 출입케 해서 제조법을 배워 오게 하여 급속히 그 효용을 보게 하면, 재주와 지략과 정교한 기술이 어찌 다른 나라에 뒤떨어지겠습니까?

① 메이지 유신을 모델로 개혁을 추진하였다.

② 대표적인 인물로는 박영효, 홍영식 등이 있다.

③ 청나라와의 사대 관계 청산을 주장하고, 민씨 정권의 무능을 비판하였다.

④ 전통적인 사상을 지키며 서양의 기술을 받아들이는 동도서기의 입장을 지녔다.

08 다음 정책이 실시된 이후의 사실로 옳은 것은?

> 처음으로 독서삼품을 제정하여 관리를 선발하였다. 『춘추좌씨전』, 『예기』, 『문선』을 읽어서 그 뜻에 능통하고, 이와 동시에 『논어』와 『효경』에 밝은 자를 상품으로 하고, 『곡례』와 『논어』, 『효경』을 읽은 자를 중품으로, 『곡례』와 『효경』을 읽은 자를 하품으로 하였다.

① 김지정의 난이 일어났다.

② 중앙군이 9개의 서당으로 늘어났다.

③ 무열계 후손인 김헌창이 난을 일으켰다.

④ 집사부 중시의 명칭이 시중으로 변경되었다.

09 (가)에 대한 설명으로 옳은 것은?

> 영주에 있는 이 절은 통일 신라의 승려 의상이 왕명을 받들어 창건하고 화엄의 가르침을 펼치던 곳이다. 특히 이곳의 본전인 ⎯(가)⎯ 은/는 공포가 기둥 위에만 짜여져 있는 주심포 양식의 고려 시대 건축물로, 배흘림 기둥 양식으로 축조되었다.

① 지붕의 형태는 맞배 지붕이다.
② 현존하는 최고(最古)의 목조 건축물이다.
③ 건물 내부에 소조 아미타여래 좌상이 있다.
④ 내부가 하나로 통하는 통층 구조로 되어있다.

10 다음 사실을 시간 순서대로 바르게 나열한 것은?

> ㉠ 제1차 미·소 공동 위원회가 개최되었다.
> ㉡ 최초로 한국의 독립을 국제적으로 보장한 국제 선언이 발표되었다.
> ㉢ 미·영·중·소의 4개국에 의한 20~30년 기한의 신탁 통치 실시가 논의되었다.
> ㉣ 좌·우 정치 세력의 합작을 위한 7원칙이 발표되었다.

① ㉡ - ㉢ - ㉠ - ㉣
② ㉡ - ㉢ - ㉣ - ㉠
③ ㉢ - ㉡ - ㉠ - ㉣
④ ㉢ - ㉡ - ㉣ - ㉠

11 (가) 인물에 대한 설명으로 옳은 것은?

> ⎯(가)⎯ 은/는 많이 아내를 취하여 아들이 10여 명이었다. 넷째 아들 금강은 몸이 크고 지략이 많았다. ⎯(가)⎯ 이/가 특별히 그를 총애하여 왕위를 전해주려고 하였다. 그의 형 신검, 양검, 용검 등이 이를 알고서 걱정하고 번민하였다.

① 신라 왕족 출신으로, 북원 지방의 양길 휘하에서 세력을 키웠다.
② 오월 및 일본 등에 사신을 보내 적극적인 외교 관계를 추진하였다.
③ 부석사에 있던 신라 왕의 화상을 칼로 훼손하면서 반신라 감정을 드러냈다.
④ 국정을 총괄하는 광평성을 비롯한 여러 관서를 설치하고 9 관등제를 실시하였다.

12 밑줄 친 '왕'의 업적으로 옳은 것은?

> 왕이 말하기를 "…… 충신과 역적을 구분하는 데 이쪽이 옳고 저쪽이 그른 것과, 저쪽이 객(客)이고 이쪽은 주(主)인 구별을 분명하게 말하지 않을 수 없다. …… 탕평은 의리에 방해 받지 않고 의리는 탕평에 방해 받지 않은 다음에야 바야흐로 탕탕평평의 큰 의리라 할 수 있다. 지금 내가 한 말은 곧 의리의 탕평이지, 혼돈의 탕평이 아니다."

① 금위영을 설치하여 5군영 체제를 완성하였다.
② 대외 관계를 정리한 『동문휘고』를 간행하였다.
③ 『수성윤음』을 반포하여 수도 방어 체계를 강화하였다.
④ 중앙군의 편성 및 진법 등을 기록한 병서인 『속병장도설』을 간행하였다.

13 다음 글이 발표된 이후에 전개된 사실로 옳지 않은 것은?

> 지금까지 하여 온 운동이 전혀 일본을 적대시하는 운동뿐
> 이었다. 그러므로 이런 종류의 정치 운동은 해외에서나 만
> 일 국내에서 한다면 비밀 결사적일 수밖에 없다. 그러나 우
> 리는 무슨 방법으로나 조선 내에서 전 민족적인 정치 활동
> 을 하도록 신생면을 타개할 필요가 있다. 조선 내에서 일본
> 이 허락하는 범위 내에서 일대 정치적 결사를 조직하여야 한
> 다는 것이 우리의 주장이다.

① 서울에서 조선 청년 연합회가 조직되었다.

② 민족 협동 전선론에 따라 정우회가 결성되었다.

③ 동아일보의 주도로 브나로드 운동이 전개되었다.

④ 청구 학회의 왜곡에 맞서 진단 학회가 창립되었다.

14 (가) 인물에 대한 설명으로 옳은 것은?

> 검 사: 그대는 전회 신문에서 상하이 임시 정부의 군무부에
> 　　　근무하고 있었다고 말하고 있는데, 당시 임시 정부의
> 　　　조직 내용은 어떠한가.
> 피고인: 명칭은 대한 임시 정부라고 칭하고 있었는데 그 조
> 　　　직은 대통령 이승만, 국무총리 　(가)　, 외무총
> 　　　장 박용만 등인데 각부에는 총장 밑에 차장을 두었
> 　　　다. …… 그리고 각부에는 다시 국을 두고, 국에는
> 　　　국장이 있었다.

① 북간도에 서전서숙을 설립하였다.

② 조선 혁명군의 총사령관을 역임하였다.

③ 하바로프스크에서 한인 사회당을 결성하였다.

④ 제2차 만국 평화 회의가 열린 헤이그에 특사로 파견되었다.

15 다음 빈칸에 들어갈 내용과 관련된 설명으로 옳은 것을 모두 고른 것은?

> 동래부사가 일본 관백(關白)*이 새로 즉위하였다고 아뢰
> 자, 비국(備局)에서 　　　　을(를) 차출하도록 계청(啓請)
> 하였다.
> * 관백(關白): 일본의 천황을 대신하여 정무를 총괄하던 관직으로, 1868년
> 　쇼군 · 섭정과 함께 폐지되었다.

> ㉠ 기유약조 체결을 계기로 비정기적으로 파견되기 시작하
> 　였다.
> ㉡ 관련 기록물이 유네스코 세계 기록유산에 등재되어 있다.
> ㉢ 부산에서 오사카까지는 배로, 오사카에서 에도까지는 육
> 　로로 갔다.
> ㉣ 18세기 후반 일본에서 국학 운동이 일어나는 계기가 되
> 　었다.

① ㉠, ㉣　　　　　　　　② ㉡, ㉢

③ ㉠, ㉡, ㉣　　　　　　④ ㉡, ㉢, ㉣

16 ㉠ 인물의 재위 기간에 있었던 사실로 옳지 않은 것은?

> 운봉을 넘어온 　㉠　은/는 적장 가운데 나이가 어리
> 고 용맹한 아지발도를 사살하는 등 선두에 나서서 독전하여
> 아군보다 10배나 많은 적군을 섬멸하였다. 이 싸움에서 아
> 군은 1,600여 필의 군마와 여러 병기를 노획하였고, 살아 도
> 망간 왜구는 70여 명밖에 없었다고 한다.

① 의흥삼군부가 설치되었다.

② 명이 정도전의 압송을 요구하였다.

③ 의학서인 『향약제생집성방』이 편찬되었다.

④ 압록강과 두만강 유역에 4군 6진을 설치하였다.

17 (가), (나) 민주화 운동에 대한 설명으로 옳지 않은 것은?

> (가) 상아의 진리탑을 박차고 거리에 나선 우리는 질풍과 같은 역사의 조류에 자신을 참여시킴으로써 이성과 진리, 그리고 자유의 대학 정신을 현실의 참담한 박토(薄土)에 뿌리려 하는 바이다. …… 나이 어린 학생 김주열의 참혹한 시신을 보라! 그것은 가식 없는 전제주의 전횡의 발가벗은 나상(裸像)밖에 아무것도 아니다.
> (나) 당일 10시 각 본부별 종파별로 고문 살인 조작 규탄 및 호헌 철폐 국민대회를 개최한 후 오후 6시를 기하여 성공회 대성당에서 집결, 국민운동본부가 주관하는 국민대회를 개최한다.

① (가) – 3 · 15 부정 선거가 원인이 되어 일어났다.

② (가) – 이승만 대통령이 하야하고, 허정 과도 정부가 수립되는 계기가 되었다.

③ (나) – 관련 기록물이 유네스코 세계 기록유산으로 등재되었다.

④ (나) – 대통령 직선제 개헌을 수용한다는 6 · 29 민주화 선언을 이끌어 냈다.

18 (가), (나) 자료와 관련된 단체에 대한 설명으로 옳은 것은?

> (가) 중국 의용군과 한국 양국의 군민은 한마음 한 뜻으로 일제에 대항하여 싸우고, 인력과 물자는 서로 나누어 쓰며, 합작의 원칙하에 국적에 관계없이 그 능력에 따라 항일 공작을 나누어 맡는다.
> (나) 대전자령의 공격은 이천만 대한 인민을 위하여 원수를 갚는 것이다. 총알 한 개 한 개가 우리 조상 수천 수만의 영혼이 보우하여 주는 피의 사자이니 제군은 단군의 아들로 굳세게 용감히 모든 것을 희생하고 만대 자손을 위하여 최후까지 싸우라.

① (가) – 김원봉을 중심으로 활동하였다.

② (가) – 쌍성보 전투에서 일본군에 승리를 거두었다.

③ (나) – 조선 혁명당 소속의 무장 독립 부대였다.

④ (나) – 중국 관내로 이동하여 대한민국 임시 정부에 합류하였다.

19 밑줄 친 '이 국가'에 대한 사실로 옳지 않은 것은?

> 청나라 사신 이일선이 말하기를, "대국이 군병을 동원하여 이 국가를 토벌하려는데 군량이 매우 부족합니다. 본국에서도 군병을 도와주어야 하니 본국에서 다섯 달 치 군량을 보내 주시오" 하니 상이 이르기를, …… "먼 지역에 군량을 운송하자면 형세상 매우 어렵기는 하겠으나, 어찌 요구에 응하지 않을 수 있겠소."라고 하였다.

① 대한 제국에 저탄소 설치를 위해 절영도의 조차를 요구하였다.

② 명성 황후 시해 사건 이후 고종에게 공사관을 거처로 제공하였다.

③ 랴오둥 반도를 차지한 일본에 압력을 가하여 이를 청에 돌려주도록 하였다.

④ 갑신정변 이후 조선과 비밀 협약을 체결하고 거문도에 군대를 주둔시켰다.

20 일제 강점기 노동 운동에 대한 설명으로 옳은 것을 모두 고른 것은?

> ㉠ 1920년대에는 경성 고무 공장 여성 노동자들이 아사 동맹을 맺으며 파업하였다.
> ㉡ 1920년대에는 원산 지역에서 최대 규모의 노동자 파업이 전개되었다.
> ㉢ 1930년대에는 전국 단위의 노동 운동 단체인 조선 노동 공제회가 조직되었다.
> ㉣ 1930년대에는 강주룡이 을밀대 지붕에 올라가 노동 해방과 여성 해방을 주장하며 농성을 전개하였다.

① ㉠, ㉡   ② ㉡, ㉢

③ ㉠, ㉡, ㉣   ④ ㉠, ㉢, ㉣

정답·해설 _약점 보완 해설집 p.26

모바일 자동 채점 + 성적 분석 서비스 바로 가기
QR코드를 이용해 모바일로 간편하게 채점하고 나의 실력이 어느 정도인지, 취약 부분이 어디인지 바로 파악해 보세요!

07회 핵심 키워드 마무리 체크

☑ 빈칸에 들어갈 알맞은 키워드를 골라 채워보세요.

4군 6진	김헌창	연개소문	강주룡
아사 동맹	조선 통신사	동아일보	골품 제도
신문왕	상정고금예문	견훤	6 · 29 민주화 선언
진단 학회	조 · 일 무역 규칙	7원칙	조 · 미 수호 통상 조약

선사~조선 후기

01 _____ 때 중앙군이 9개의 서당으로 늘어났다.

02 헌덕왕 때 무열계 후손인 _____이 난을 일으켰다.

03 ____은 오월 및 일본 등에 사신을 보내 적극적인 외교 관계를 추진하였다.

04 _____는 부족장을 중앙 귀족에 편입하는 과정에서 성립되었다.

05 고구려에서는 _____이 도교 진흥책을 펼쳐 불교 사찰을 도관으로 쓰기도 했다.

06 『_____』은 강화도에서 금속 활자로 인쇄하였다는 기록이 있다.

07 세종은 압록강과 두만강 유역에 _____을 설치하였다.

08 _____는 부산에서 오사카까지는 배로, 오사카에서 에도까지는 육로로 갔다.

근대~현대

09 _____에는 양곡의 무제한 유출, 무관세, 무항세 조항이 포함되었다.

10 _____에서는 최혜국 대우에 대한 조항을 처음으로 규정하였다.

11 1920년대에는 경성 고무 공장 여성 노동자들이 _____을 맺으며 파업하였다.

12 1930년대에는 _____이 을밀대 지붕에 올라가 노동 해방과 여성 해방을 주장하며 농성을 전개하였다.

13 1930년대에는 _____의 주도로 브나로드 운동이 전개되었다.

14 1934년에 청구 학회의 왜곡에 맞서 _____가 창립되었다.

15 1946년에는 좌 · 우 정치 세력의 합작을 위한 _____이 발표되었다.

16 6월 민주 항쟁은 대통령 직선제 개헌을 수용한다는 _____을 이끌어 냈다.

정답 | 01 신문왕 02 김헌창 03 견훤 04 골품 제도 05 연개소문 06 상정고금예문 07 4군 6진 08 조선 통신사 09 조 · 일 무역 규칙 10 조 · 미 수호 통상 조약 11 아사 동맹 12 강주룡 13 동아일보 14 진단 학회 15 7원칙 16 6 · 29 민주화 선언

07회 실전동형모의고사 55

08회 실전동형모의고사

제한시간 : 15분 **시작**　시　　분 ~ **종료**　시　　분 **점수 확인**　개/ 20개

01 우리나라의 선사 시대 유적에 대한 설명으로 옳지 않은 것은?

① 강원도 양구 상무룡리에서 흑요석이 출토되었다.

② 황해도 봉산 지탑리에서 탄화된 좁쌀이 출토되었다.

③ 연천 전곡리에서 홍수 아이라 불리는 인골 화석이 출토되었다.

④ 함경북도 종성 동관진에서 한반도 최초로 구석기 시대 유물이 출토되었다.

03 밑줄 친 '그'의 활동으로 옳지 않은 것은?

　　그는 국권이 피탈되자 해외로 건너가 대한인 국민회 중앙 총회를 조직하고 대한민국 임시 정부 내무총장 겸 국무총리 대리 등을 역임하면서 독립을 위해 힘썼다. 그러나 1930년대에 경찰에 체포되어 감옥에 갔고 그곳에서 병을 얻어 순국하였다.

① 한국 독립당을 조직하였다.

② 수양 동우회를 설립하였다.

③ 「조선혁명선언」을 작성하였다.

④ 샌프란시스코에서 흥사단을 결성하였다.

02 밑줄 친 '왕' 대의 사실로 옳은 것은?

　　왕은 즉위 이전에는 총명하고 어질고 후덕하여 민의 기대를 모았고, 즉위 이후에도 온갖 힘을 다해 정치를 도모했으므로, 중외가 크게 기뻐하면서 태평한 시대의 도래를 기대하였다. 그러나 노국공주가 훙서하고 나서 슬픔이 지나쳐서 뜻을 잃어버렸고, 정치를 신돈에게 맡겨 공을 세우거나 현명한 신하들이 내쫓기거나 죽임을 당했으며, 큰 토목 공사를 일으켜 백성의 원망을 샀다.

① 정치도감이 설치되었다.

② 화통도감이 설치되었다.

③ 정동행성 이문소가 폐지되었다.

④ 원으로부터 동녕부가 반환되었다.

04 (가) 제도에 대한 설명으로 옳은 것은?

　　[(가)]을/를 시행한 이후 일의 크고 작음이나 가볍고 무거움이 없이 모두 6조에 붙여져 의정부의 관여 사항은 오직 사형수를 논결하는 일뿐이므로 재상을 임명한 뜻에 어긋난다. 6조는 각기 모든 직무를 먼저 의정부에 품의하고, 의정부는 가부를 헤아린 후에 왕에게 아뢰어 전지를 받아 6조에 내려 보내어 시행한다.

① 세조 때 처음으로 시행되었다.

② 국왕 중심의 통치 체제를 강화하였다.

③ 붕당 간 대립을 완화시키고자 하였다.

④ 사림이 정계에 진출하는 계기가 되었다.

05 다음 중 조선 시대의 통치 기록에 대한 설명으로 옳은 것은?

① 『실록』 편찬에 사용된 「사초」는 별도로 묶어 춘추관에서 보관하였다.

② 역대 국왕의 언행을 본받기 위해 태종 때부터 『국조보감』을 편찬하였다.

③ 실록청은 여러 관청의 『등록』을 모아 정기적으로 『시정기』를 편찬하였다.

④ 『승정원일기』는 인조 대부터 순종 대까지 280여 년간의 역사를 기록한 자료만 남아 있다.

06 (가) ~ (라) 시기에 해당하는 사실로 옳은 것은?

(가)	(나)	(다)	(라)
나 · 제 동맹 체결	우산국 정벌	대가야 정벌	비담 · 염종의 난	기벌포 전투

① (가) - 고구려가 한반도에서 낙랑군을 축출하였다.

② (나) - 신라가 처음으로 병부를 설치하였다.

③ (다) - 백제 왕이 관산성 전투에서 신라의 공격을 받아 죽었다.

④ (라) - 고구려가 살수에서 수나라 양제의 군대를 격파하였다.

07 다음 자료가 작성된 시기의 문화 동향에 대한 설명으로 옳은 것은?

이항인(里巷人)들은 일컬을 만한 경학이나 내세울 만한 공훈도 없다. 시사(詩社)를 조직하여 기록할 만한 시나 문장을 남긴 사람이 있다 하더라도 널리 알려지지 않았다. 아! 슬프다. 내가 여러 문집에 있는 사람은 찾아내고, 기록되지 아니한 사람은 직접 써서 이 책을 간행한 까닭이 바로 여기에 있다.

① 무위사 극락전, 해인사 장경판전이 건립되었다.

② 역대 시조 문학을 집대성한 『해동가요』가 편찬되었다.

③ 소박한 무늬와 자유로운 양식의 분청사기가 유행하였다.

④ 동동, 대동강, 오관산 등의 향악이 창작되어 유행하였다.

08 다음 사건에 대한 설명으로 옳은 것은?

청군이 궁으로 들어오면서 총을 쏘았고 우리나라 좌영과 우영의 병사들도 따라 들어오니 일본군이 힘을 다해 막았다. …… 일본 공사가 병사를 거느리고 궁을 떠났는데, 김옥균 · 박영효 · 서재필 등은 모두 따라나갔고, 오직 홍영식과 박영교 및 생도 7인만이 왕을 따라 북묘로 갔다.

① 보국안민, 제폭구민을 기치로 내걸었다.

② 차관 도입을 위한 수신사 파견의 계기가 되었다.

③ 구식 군인들이 차별 대우에 불만을 품고 일으켰다.

④ 청 · 일 사이에 톈진 조약이 체결되는 배경이 되었다.

09 ㉠~㉢을 일어난 순서대로 바르게 나열한 것은?

㉠ 일제가 무장 독립 세력을 진압하기 위해 만주 군벌과 미
쓰야 협정을 맺었다.

㉡ 홍범도가 이끄는 대한 독립군을 비롯한 연합 부대가 봉오
동 전투에서 대승을 거두었다.

㉢ 참의부, 정의부, 신민부가 조직되었다.

㉣ 자유시로 이동한 독립군이 러시아 적색군에 의해 무장
해제를 당하였다.

① ㉠ - ㉡ - ㉢ - ㉣

② ㉠ - ㉡ - ㉣ - ㉢

③ ㉡ - ㉣ - ㉠ - ㉢

④ ㉡ - ㉣ - ㉢ - ㉠

11 다음 금석문에 대한 설명으로 옳은 것은?

갑인년 정월 9일 내기성의 사택지적이 해가 쉬이 가는 것
을 슬퍼하고 달이 어렵사리 돌아오는 것을 서러워하며, 금
을 캐어 진귀한 집을 짓고 옥을 파내어 보배로운 탑을 세우
니……

① 고구려의 독자적인 천하관을 알 수 있다.

② 4 · 6 변려체의 수려한 문장이 구양순체로 쓰여있다.

③ 신라의 청년들이 유교 경전을 공부했음을 알 수 있다.

④ 토지신에게 무덤으로 쓸 땅을 매입했다는 내용이 있다.

10 다음 내용이 실린 사서에 대한 설명으로 옳은 것은?

제왕이 장차 일어날 때 부명에 응하거나 도록을 받아 반
드시 범인과 다름이 있은 연후에야 능히 큰 변화를 타고 대
기를 잡고 대업을 이룰 수 있는 것이다. 그러므로 황하에서
도가 나왔고 낙수에서 서가 나와서 성인이 일어났다. ……
"간적이 알을 삼켜서 설을 낳았으며 강원이 발자국을 밟아
기를 낳았다. 요는 잉태된 지 십사 개월 만에 낳았으며 용이
대택에서 교접하여 패공을 낳았다. 이후의 일들을 어찌 다
기록할 수 있겠는가? 그런즉 삼국의 시조가 모두 신이한 데
서 나왔다는 것이 어찌 괴이하다 할 수 있겠는가! 이 기이가
제편의 첫머리에 실린 것은 그 뜻이 바로 여기에 있는 것이
다."라고 하였다.

① 정통 의식과 대의명분을 강조하였다.

② 고조선부터 고려 말까지의 역사를 정리하였다.

③ 성리학적인 사관이 반영되어 있는 강목체 역사서이다.

④ 불교사를 중심으로 민간 설화나 전래 기록을 수록하였다.

12 밑줄 친 '왕'의 재위 기간에 있었던 사실로 옳지 않은 것은?

왕께서 전교하기를 "우리 나라는 3면에서 적의 침입을 받
으니 평온할 때에도 마땅히 위태로움을 잊지 말아 무비를 닦
고 족식 족병의 도를 항시 강구해야 하는데 근래 무비가 해
이하다. 지난 을묘년 왜변 뒤로 비록 무예를 단련하는 일이
더러 있었지만 세월이 오래되어 으레 거행하지 않는다. 요
즈음 일로 말하건대 임꺽정이 조그만한 도적으로 많은 죄를
짓고도 오래도록 법을 피하고 있는데 국가에서는 치욕만 당
하고 쉽게 잡지 못하니, 이는 오로지 경외가 무비를 닦지 않
았기 때문이다. 뒷날 또 을묘년 같은 변고가 있으면 어떻게
하려는지 모르겠으니, 한심스러운 일이다. ……"

① 동인과 서인의 붕당이 형성되었다.

② 문정 왕후의 불교 숭상으로 승과 제도가 부활하였다.

③ 사량진 왜변 이후 단절되었던 일본과의 통교를 재개하였다.

④ 양재역 벽서 사건을 계기로 외척이 조정을 장악하게 되었다.

13 다음 결정을 내린 회의에 대한 설명으로 옳은 것은?

조선 임시 정부의 형성을 돕기 위하여, 그리고 적절한 방책들을 사전에 정교화하기 위하여 남조선 미군 사령부 대표들과 북조선 소련군 사령부 대표들로써 공동 위원회를 조직한다. 위원회는 자기의 제안을 작성할 때에 조선의 민주주의 정당들, 사회단체들과 반드시 협의할 것이다.

① 유엔 감시 하 남북한 총선거를 실시하기로 결정하였다.

② 임시 정부 수립을 위한 협의 대상 선정 문제로 갈등하였다.

③ 미국, 영국, 중국, 소련에 의한 한반도 신탁 통치가 협의되었다.

④ '적당한 시기(in due course)'에 한국을 독립시킬 것을 결의하였다.

14 (가), (나) 사이에 신라에서 있었던 사실로 옳은 것을 모두 고른 것은?

(가) 금관국의 왕이 왕비와 세 아들을 데리고 와 항복하였다.
(나) 처음으로 외사정을 두었는데, 주(州)에는 두 사람, 군(郡)에는 한 사람을 두었다.

㉠ 원광에게 걸사표를 짓게 하였다.
㉡ 수도에 서시와 남시를 설치하였다.
㉢ 오언태평송(五言太平頌)을 지어 당에 보냈다.
㉣ 관직과 군현의 이름을 중국식 한자로 바꾸었다.

① ㉠, ㉡   ② ㉠, ㉢

③ ㉡, ㉢   ④ ㉡, ㉣

15 (가) 인물이 주도한 반란에 대한 내용으로 옳은 것은?

(가) 등 여섯 명이 북산(北山)에 나무하러 갔다가 공사 노비들을 모아 놓고 말하기를, "우리나라에서는 경인년과 계사년 이래 고위 관리들이 천민과 노비에서 많이 나왔다. 장군과 재상이 어찌 타고난 씨가 따로 있겠는가? 때만 만나면 누구나 될 수 있는 것이다. …… 자기 주인들을 때려 죽이고 노비 문서를 불태워 버리자. 이로써 이 나라에 다시는 천인이 없게 하면, 공경장상을 우리들이 모두 차지할 수 있을 것이다"라고 하였다.

① 이의민 집권기에 발생하였다.

② 신라 부흥을 표방하며 봉기하였다.

③ 개경에서 반란을 모의하였으나 실패하였다.

④ 명학소가 충순현으로 승격되는 계기가 되었다.

16 (가) 단체에 대한 설명으로 옳지 않은 것은?

지난 3일 전남 광주에서 일어난 고등 보통학교 학생과 일본 중학생의 충돌 사건에 대하여 종로에 있는 (가) 본부에서는 제19회 중앙 상무 집행 위원회의 결의로 긴급 조사 지시를 지령하였으며 …… 지난 8일 밤 (가) 의 주요 간부들이 긴급 상의한 결과, 사건 내용을 철저히 조사하는 동시에 구금된 학생들의 석방을 교섭하기 위하여 중앙 집행 위원장 허헌, 서기장 황상규, 회계 김병로를 광주까지 특파하기로 하였다.

① 치안 유지법에 의해 강제로 해산되었다.

② 기회주의를 부인하고, 정치적·경제적 각성을 촉진하였다.

③ 단결권·파업권 등 노동권 확립과 최저 임금제 등을 요구하였다.

④ 전국에 140여개 소의 지회를 두고, 약 4만 명의 회원을 확보하였다.

17 다음 약력에 해당하는 인물의 활동으로 옳은 것은?

○ 1886년 조선 방문
○ 1889년 세계지리 교과서인 『사민필지』를 한글로 저술
○ 1905년 을사늑약의 부당함을 알리는 고종의 밀서를 가지고 미국에 방문
○ 1950년 외국인 최초로 건국 공로 훈장 태극장에 추서
---

① 육영 공원에서 학생들을 가르쳤다.
② 최초의 서양식 병원인 광혜원을 설립하였다.
③ 조선 최초의 서양인 고문으로 임명되어 활동하였다.
④ 기자로서 「자유를 위한 한국인의 투쟁」을 기고하였다.

18 다음 법령을 발표한 정부에서 추진한 정책으로 옳지 않은 것은?

제1조 대한국은 세계 만국에 공인된 자주 독립 제국이니라.
제2조 대한국의 정치는 만세 불변할 전제 정치이니라.
제3조 대한국 대황제께서는 무한한 군권을 향유하시느니라.
제5조 대한국 대황제께서는 육·해군을 통솔하시고 계엄·해엄을 명하시느니라.
---

① 양잠 전습소와 잠업 시험장을 설립하였다.
② 청 황제와 대등한 위치에서 조약을 체결하였다.
③ 궁내부를 설치하여 왕실과 정부의 사무를 분리하였다.
④ 양전 사업을 실시하여 근대적 토지 소유권인 지계를 발급하였다.

19 다음 법령에 대한 설명으로 옳은 것은?

제1조 일본 정부와 통모하여 한일 합병에 적극 협력한 자, 한국의 주권을 침해하는 조약 또는 문서에 조인한 자와 이를 모의한 자는 사형 또는 무기 징역에 처하고, 그 재산과 유산의 전부 혹은 1/2 이상을 몰수한다.
제2조 일본 정부로부터 작위를 받은 자 또는 일본 제국 의회의 의원이 되었던 자는 무기 또는 5년 이상의 징역에 처하고, 그 재산과 유산의 전부 혹은 1/2 이상을 몰수한다.
---

① 이 법령은 국민의 지지를 얻지 못하였다.
② 이 법령에 따라 특별 재판부가 구성되었다.
③ 이 법령은 농지 개혁법 제정 직후에 국회에서 통과되었다.
④ 이 법령에 따라 친일 반민족 행위 진상 규명 위원회가 구성되었다.

20 우리나라 유네스코 세계 문화유산에 대한 설명으로 옳은 것을 모두 고른 것은?

㉠ 소수 서원은 명종 때 세워진 우리나라 최초의 서원이다.
㉡ 능산리 고분군에는 전축분인 6호분과 무령왕릉이 있다.
㉢ 대성동 고분군에서는 철제 갑옷과 금동솥이 출토되었다.
㉣ 종묘는 조선의 역대 왕과 왕비의 신주를 모신 사당이다.
---

① ㉠, ㉡　　　　　② ㉠, ㉢
③ ㉡, ㉣　　　　　④ ㉢, ㉣

정답·해설 _약점 보완 해설집 p.30

모바일 자동 채점 + 성적 분석 서비스 바로 가기
QR코드를 이용해 모바일로 간편하게 채점하고 나의 실력이 어느 정도인지, 취약 부분이 어디인지 바로 파악해 보세요!

08회 핵심 키워드 마무리 체크

☑ 빈칸에 들어갈 알맞은 키워드를 골라 채워보세요.

육영 공원	삼국유사	사략	사택지적비
공민왕	흥사단	신간회	사량진 왜변
반민족 행위 처벌법	봉산 지탑리	지계	미쓰야 협정
해동가요	대한 독립군	법흥왕	갑신정변

선사~조선 후기

01 신석기 시대 유적인 황해도 _____에서 탄화된 좁쌀이 출토되었다.

02 _____ 때 신라가 처음으로 병부를 설치하였다.

03 _____는 4·6 변려체의 수려한 문장이 구양순체로 쓰여있다.

04 _____ 때 정동행성 이문소가 폐지되었다.

05 「_____」는 불교사를 중심으로 민간 설화나 전래 기록을 수록하였다.

06 이제현이 저술한 「____」은 정통 의식과 대의 명분을 강조하였다.

07 조선 명종 때 _____ 이후 단절되었던 일본과의 통교를 재개하였다.

08 조선 후기에는 역대 시조 문학을 집대성한 「_____」가 편찬되었다.

근대~현대

09 헐버트는 _____에서 학생들을 가르쳤다.

10 _____은 청·일 사이에 톈진 조약이 체결되는 배경이 되었다.

11 대한 제국은 양전 사업을 실시하여 근대적 토지 소유권인 ____를 발급하였다.

12 안창호는 샌프란시스코에서 _____을 결성하였다.

13 홍범도가 이끄는 _____을 비롯한 연합 부대가 봉오동 전투에서 대승을 거두었다.

14 일제가 무장 독립 세력을 진압하기 위해 만주 군벌과 _____을 맺었다.

15 ____는 기회주의를 부인하고, 정치적·경제적 각성을 촉진하였다.

16 _____에 따라 특별 재판부가 구성되었다.

09회 실전동형모의고사

제한시간 : 15분 시작 시 분 ~ 종료 시 분 점수 확인 개/ 20개

01 다음 개혁안에 대한 설명으로 옳은 것은?

○ 외국인에게 의지하지 말고, 관민이 힘을 합하여 황제권을 공고히 할 것
○ 국가 재정은 탁지부에서 전관하고, 예산과 결산을 국민에게 공포할 것

① 군주권에 일정한 제한을 두기 위한 조항이 있었다.

② 신분 제도의 폐지와 조혼 금지 등의 악습 혁파를 주장하였다.

③ 대한 제국의 헌법이라 할 수 있는 대한국 국제가 제정되는 데 영향을 주었다.

④ '나라의 우수한 젊은이들을 파견하여 외국의 문물을 익히게 할 것'이라는 조항이 들어 있었다.

02 다음 중 ㉠과 관련된 설명으로 옳지 않은 것은?

1930년대 이후 일제의 식민 통치 지배 체제가 한층 강화되고 이를 위한 사상 탄압이 심화되었다. 일제는 식민주의 사상을 강화시키기 위해 조선사 편수회, 청구 학회, 경성 제국 대학 조선 경제 연구소 등 일제 관학을 중심으로 식민주의적 조선 연구를 강화하기 시작하였다. 이러한 일본인 주도의 조선 연구에 대응하여 조선인에 의한 조선 연구 분위기가 형성되어 민족주의 사학자들을 중심으로   ㉠   이/가 일어났다.

① 조선 광문회에서 실학자들의 저술을 간행하였다.

② 안재홍은 민족 문화의 확립을 위한 문화 운동을 주장하였다.

③ 다산 정약용 서거 99주년 기념 사업 추진을 계기로 일어났다.

④ 동아일보와 조선일보 등 언론 기관의 적극적 지원 속에 본격화되었다.

03 밑줄 친 '왕'에 대한 설명으로 옳은 것은?

여러 신하들이 아뢰기를 "시조께서 나라를 세우신 이래 나라 이름을 정하지 않아 사라(斯羅)라고도 하고 혹은 사로(斯盧) 또는 신라(新羅)라고도 칭하였습니다. 저희들은 '신(新)'은 '덕업이 날로 새로워진다'는 뜻이고 '라(羅)'는 '사방을 덮는다'는 뜻이므로 '신라'를 나라 이름으로 삼는 것이 마땅하다 생각합니다. 또한 …… 삼가 '신라국왕'이라는 칭호를 올리옵니다." 하니 왕이 이 말에 따랐다.

① 재정 기관인 품주를 설치하였다.

② 순장을 금지하고 우경을 장려하였다.

③ 신라 최대 규모의 사찰인 황룡사를 건립하였다.

④ 처음으로 '건원'이라는 독자적인 연호를 사용하였다.

04 (가)와 관련된 종교에 대한 설명으로 옳지 않은 것은?

윤지충과 권상연을 다시 자세히 문초하고 매 30대를 치니, 윤지충이 공술하기를 "양대(兩代)의 신주를 과연 태워버리고 그 재를 마당에다 묻었습니다."하였다. …… 윤지충으로 말하면 약간이나마 문자를 알고 또 일찍이 성균관의 유생이었으니, 민간의 어리석고 무지스러운 무리들과는 조금 다른데, 사설(邪說)을 혹신(酷信)하여 완전히 딴사람이 되어버린 채 단지   (가)   이/가 있는 것만 알 뿐 임금과 어버이가 있는 줄은 모르고 있습니다.

① 순조가 즉위한 직후 크게 탄압을 받았다.

② 인간 평등을 강조한 인내천 사상을 내세웠다.

③ 남인 계열의 실학자들이 신앙으로 받아들였다.

④ 안동 김씨의 세도 정치기에 활발히 전파되었다.

05 다음 조약과 관련된 사실로 가장 옳은 것은?

> 대한민국과 일본국은 양국 국민 관계의 역사적 배경과, 선린 관계와 주권 상호 존중의 원칙에 입각한 양국 관계의 정상화에 대한 상호 희망을 고려하며, 양국의 상호 복지와 공통 이익을 증진하고 국제 평화와 안전을 유지하는데 있어서 양국이 국제 연합 헌장의 원칙에 합당하게 긴밀히 협력함이 중요하다는 것을 인정하며 ……
>
> 제1조 양 체약 당사국 간에 외교 및 영사 관계를 수립한다. 양 체약 당사국은 대사급 외교 사절을 지체 없이 교환한다. 양 체약 당사국은 또한 양국 정부에 의하여 합의되는 장소에 영사관을 설치한다.

① 조약 체결 이후 6 · 3 시위가 전개되었다.

② 일본군 위안부에 대한 배상 문제가 논의되었다.

③ 일본의 식민 지배에 대한 사과를 명문화하였다.

④ 어업에 관한 협정 등 4개의 부속 협정이 함께 체결되었다.

06 고려 시대의 경제에 대한 설명으로 옳지 않은 것은?

① 사원과 소(所)에서는 수공업 물품이 제작되었다.

② 밭농사에서 견종법이 보급되어 수확량이 늘었다.

③ 농민이 황무지를 개간하면 일정 기간 소작료나 조세가 감면되었다.

④ 소를 이용한 깊이갈이의 일반화와 시비법의 발달로 휴경지가 감소하였다.

07 다음과 같이 주장한 인물에 대한 설명으로 옳은 것은?

> 지금 양반이 명분상으로 상공업에 종사하는 것을 부끄러워하지만 그들의 비루한 행동은 상공업자보다 심한 자가 많다. …… 상공업을 두고 천한 직업이라 하지만 본래 부정하거나 비루한 일이 아니다. 그것은 스스로 재간 없고 덕망이 없어 관직에 나갈 수 없음을 안 사람이 관직에 나가지 않고 스스로의 노력으로 물품 교역에 종사하면서 남에게서 얻지 않고 자기 힘으로 먹고 사는 것이다. 어찌 천하거나 더러운 일이겠는가.

① 『반계수록』에서 결부법 대신에 경무법을 사용할 것을 주장하였다.

② 『우서』에서 상업적 경영을 통한 농업 생산성 향상을 주장하였다.

③ 『임하경륜』에서 성인 남자들에게 2결의 토지를 나누어 줄 것을 주장하였다.

④ 국가가 운영을 주도하는 국영 농장인 둔전을 설치하고 부농층에게 경영을 맡기자고 주장하였다.

08 밑줄 친 '이 나라'의 통치 제도에 대한 설명으로 옳은 것은?

> <u>이 나라</u>는 2,000리에 걸쳐 있다. 주현(州縣)과 관역(館驛)이 없고 곳곳에 촌락이 있는데 모두 말갈의 부락이다. 그 백성은 말갈인이 많고 토인이 적은데, 모두 토인을 촌장으로 삼는다.

① 국립 교육 기관으로 주자감을 두었다.

② 당의 관제를 따라 6부의 명칭을 정하였다.

③ 정당성의 장관인 대막리지가 국정을 총괄하였다.

④ 송의 제도를 수용하여 중추원과 삼사를 설치하였다.

09 다음 사건을 시기순으로 바르게 나열한 것은?

> ㉠ 이순신이 옥포 앞바다에서 왜선을 격침시켰다.
> ㉡ 권율이 행주산성에서 왜군의 공격을 막아냈다.
> ㉢ 정발이 부산진에서 왜군과 싸우다 전사하였다.
> ㉣ 이순신이 명량에서 왜군에 대승을 거두었다.

① ㉠ - ㉡ - ㉢ - ㉣
② ㉠ - ㉣ - ㉡ - ㉢
③ ㉢ - ㉠ - ㉡ - ㉣
④ ㉢ - ㉠ - ㉣ - ㉡

10 밑줄 친 '왕'의 업적으로 옳지 않은 것은?

> 여진의 추장들은 땅을 돌려달라고 떼를 쓰면서 해마다 와서 분쟁을 벌였다. …… 성이 험하고 견고해 좀처럼 함락되지는 않았지만 수비하는 전투에서 아군이 많이 희생되었다. …… 이에 <u>왕</u>은 신하들을 모아 의논한 후 9성을 여진에게 돌려주었다.

① 도교 사원인 복원궁을 건립하였다.
② 질병 치료를 위해 혜민국을 두었다.
③ 국자감에 장학 재단인 양현고를 설치하였다.
④ 국학의 교육 과정을 경사 6학으로 정비하였다.

11 다음 법령이 제정된 이후의 사실로 옳은 것은?

> 제4조 정부는 전시에 국가 총동원상 필요하다고 인정될 때에는 칙령이 정하는 바에 따라서 제국 신민을 징용하여 총동원 업무에 종사하도록 할 수 있다.
> 제7조 정부는 칙령이 정하는 바에 따라 노동 쟁의의 예방 혹은 해결에 관한 명령, 작업소 폐쇄, 작업 혹은 노무의 중지 …… 등을 명할 수 있다.

① 중 · 일 전쟁이 발발하였다.
② 카프(KAPF)가 결성되었다.
③ 소학교가 국민학교로 개칭되었다.
④ 서양식 극장인 원각사가 건립되었다.

12 다음 포고령을 내린 정부가 시행한 정책으로 옳은 것은?

> 제1조 북위 38도선 이남의 조선 영토와 조선 인민에 대한 통치의 모든 권한은 당분간 본관의 권한 하에 시행한다.
> 제2조 정부 등 모든 공공 사업 기관에 종사하는 유급 · 무급 직원과 고용인, 그리고 기타 중요한 제반 사업에 종사하는 자는 별도의 명령이 있을 때까지 종래의 정상 기능과 업무를 수행할 것이며, 모든 기록 및 재산을 보호 보존하여야 한다.

① 국민 교육 헌장을 제정하였다.
② 중앙 토지 행정처를 발족하였다.
③ 각 지방에 인민 위원회를 구성하였다.
④ 반민족 행위 특별 조사 위원회를 조직하였다.

13 다음 글을 작성한 인물에 대한 설명으로 옳은 것은?

> 우리나라에는 현묘한 도가 있으니 풍류라 이른다. …… 그 내용은 3교를 포함해 인간을 교화하는 것이다. 부모에게 효도하고 나라에 충성하는 것은 공자의 가르침이며, 인위적으로 일을 만들지 않고 자연의 말 없는 가르침을 실천하는 것은 노자의 근본 사상이고, 악행을 하지 않고 선행을 실천하는 것은 석가모니의 교화와 같다.

① 이두를 정리하여 한문 교육에 공헌하였다.
② 6두품 출신으로, 「청방인문표」를 작성하였다.
③ 빈공과에 급제하였으며 『계원필경』을 저술하였다.
④ 낭원대사오진탑비명을 작성하였으며 고려에서도 벼슬하였다.

14 다음 법령이 시행된 시기 일제의 정책으로 옳은 것은?

> 제1조 회사의 설립은 조선 총독의 허가를 받아야 한다.
> 제2조 조선 밖에서 설립된 회사가 한국에 본점이자 지점을 둘 때에도 조선 총독의 허가를 받아야 한다.

① 황국 신민 서사를 제정하였다.
② 제1차 조선 교육령을 공포하였다.
③ 국민 정신 총동원 조선 연맹을 조직하였다.
④ 한국으로 들어오는 일본 상품에 대한 관세를 철폐하였다.

15 (가)와 (나)가 발표된 사이의 시기에 있었던 사실로 옳은 것을 모두 고른 것은?

> (가) 첫째, 사람을 함부로 죽이지 말고 가축을 잡아먹지 말라.
> 　　 둘째, 충효를 다하여 세상을 구하고 백성을 편안케 하라.
> 　　 셋째, 일본 오랑캐를 몰아내고 나라의 정치를 바로 잡는다.
> 　　 넷째, 군사를 몰아 서울로 쳐들어가 권신귀족을 모두 제거한다.
> (나) 우리 정부는 왕명을 받들어 교정청을 설치하여 당상관 15명을 두고 먼저 폐정 몇 가지를 개혁하니, 이는 모두 동학당(東黨)이 호소한 일이다.

> ㉠ 이용태가 안핵사로 고부에 파견되었다.
> ㉡ 황룡촌 전투에서 동학 농민군이 관군에 승리하였다.
> ㉢ 조선 정부와 동학 농민군 간에 전주 화약이 맺어졌다.
> ㉣ 북접군과 남접군이 논산에서 집결하였다.

① ㉠, ㉡　　　　　　② ㉡, ㉢
③ ㉡, ㉣　　　　　　④ ㉢, ㉣

16 밑줄 친 '왕'의 업적으로 옳은 것은?

> 왕 5년에 비로소 능히 책이 완성되어 본뜨고 인쇄하여 장차 발행하고자 하였다. 이에 신이 가만히 살펴보건대, 예를 기술한 것이 3,300가지의 글이 있기는 하나 그 요점은 길·흉·군·빈·가(吉凶軍賓嘉)라고 말하는 5가지에 불과할 뿐이다.

① 공법을 제정하였다.
② 「정간보」를 창안하였다.
③ 관수 관급제를 시행하였다.
④ 『신증동국여지승람』을 편찬하였다.

17 다음 사건이 일어난 왕대의 사실로 옳은 것은?

> 적의 무리가 어둠을 타고 도망치니 성을 함락시킬 수 없음을 안 이몽학은 이튿날 군대를 이끌고 덕산 길로 향하면서 김덕령, 홍계남과 합류하여 군대를 이끌고 곧장 서울로 들어가겠다고 떠벌렸는데, 따르던 무리들이 불신하기 시작하고 도중에서 도망치는 자가 속출하였다. …… 호남 군사가 석성에 이르렀을 때 적도들은 몽학의 머리에 현상금이 걸려 있다는 말을 듣고 있던 터라 밤에 그의 머리를 베어 가지고 투항하였다.

① 허준이 『동의보감』을 완성하였다.
② 장길산이 승려 세력과 함께 봉기하였다.
③ 회령에서 여진의 니탕개가 반란을 일으켰다.
④ 수도 외곽의 방어를 위하여 총융청이 설치되었다.

18 (가)~(다) 승려에 대한 설명으로 옳은 것은?

> (가) 참회수행과 염불을 통한 극락왕생을 주장하며 백련사를 결성했다.
> (나) 화엄 사상의 입장에서 법상종 세력을 흡수하여 성상 융회 사상을 표방하였다.
> (다) 거조암, 길상사 등에서 정혜결사를 주도하였다.

① (가) – 선을 중심으로 교학을 포용하고자 하였다.
② (나) – 북악파를 중심으로 남악파를 통합하였다.
③ (다) – 『천태사교의』를 저술하였다.
④ (다) – 중국 오월 지역에서 유행하던 법안종을 수용하여 선종을 정리하고자 하였다.

19 다음 사건이 발생한 해에 볼 수 있는 모습으로 옳은 것은?

> 일본 병사가 일제히 고함을 지르고 총을 쏘며 광화문을 통해 들어와서, 몇 갈래 길로 나뉘어 건청궁으로 향하였다. …… 자객들은 여러 방을 샅샅이 조사하여 마침내 조금 더 깊은 방안에서 왕후를 찾아내고는, 칼날로 베어 그 자리에서 시해하였다.

① 「혈의 누」를 연재하는 작가
② 관민 공동회에 참석하는 농민
③ '건양' 연호의 사용을 공포하는 관리
④ 한성주보에 실린 광고를 보는 부녀자

20 청동기 시대의 생활상에 대한 설명으로 옳지 않은 것은?

① 정교하고 날카로운 간돌검을 사용하였다.
② 마을 주위에 목책이나 환호를 조성하였다.
③ 빈부의 격차가 나타나고 계급이 발생하였다.
④ 슴베찌르개를 나무나 뼈에 꽂아서 사용하였다.

정답·해설 _약점 보완 해설집 p.34

모바일 자동 채점 + 성적 분석 서비스 바로 가기
QR코드를 이용해 모바일로 간편하게 채점하고 나의 실력이 어느 정도인지, 취약 부분이 어디인지 바로 파악해 보세요!

09회 핵심 키워드 마무리 체크

☑ 빈칸에 들어갈 알맞은 키워드를 골라 채워보세요.

지증왕	계원필경	천주교	주자감
원각사	천태사교의	전주 화약	논산
양현고	목책	헌의 6조	조선학 운동
관수 관급제	국민학교	한 · 일 기본 조약	중앙 토지 행정처

선사~조선 후기

01 청동기 시대에는 마을 주위에 ____이나 환호를 조성하였다.

02 ____은 순장을 금지하고 우경을 장려하였다.

03 최치원은 빈공과에 급제하였으며 『____』을 저술하였다.

04 발해는 국립 교육 기관으로 ____을 두었다.

05 제관은 『____』를 저술하였다.

06 고려 예종은 국자감에 장학 재단인 ____를 설치하였다.

07 조선 성종은 ____를 시행하였다.

08 ____는 남인 계열의 실학자들이 신앙으로 받아들였다.

근대~현대

09 조선 정부와 동학 농민군 간에 ____이 맺어졌다.

10 제2차 동학 농민 운동 때 북접군과 남접군이 ____에서 집결하였다.

11 ____에는 군주권에 일정한 제한을 두기 위한 조항이 있었다.

12 1908년에 서양식 극장인 ____가 건립되었다.

13 1941년에는 소학교가 ____로 개칭되었다.

14 ____은 다산 정약용 서거 99주년 기념 사업 추진을 계기로 일어났다.

15 미 군정은 ____를 발족하였다.

16 ____은 어업에 관한 협정 등 4개의 부속 협정이 함께 체결되었다.

정답 | 01 목책 02 지증왕 03 계원필경 04 주자감 05 천태사교의 06 양현고 07 관수 관급제 08 천주교 09 전주 화약 10 논산 11 헌의 6조 12 원각사 13 국민학교 14 조선학 운동 15 중앙 토지 행정처 16 한 · 일 기본 조약

10회 실전동형모의고사

제한시간 : 15분 시작   시   분 ~ 종료   시   분 점수 확인   개/ 20개

01 다음 군사 제도가 실시된 시기순으로 바르게 나열한 것은?

> ㉠ 방령이 700명~1,200명의 군사를 거느렸다.
> ㉡ 양반부터 노비까지 구성된 속오군이 편성되었다.
> ㉢ 국왕의 친위 부대인 2군, 수도 및 국경 방어 등을 담당하는 6위로 구성되었다.
> ㉣ 중앙군인 5위가 궁궐과 수도를 방어하였다.

① ㉠ - ㉣ - ㉢ - ㉡
② ㉠ - ㉢ - ㉣ - ㉡
③ ㉢ - ㉡ - ㉣ - ㉠
④ ㉢ - ㉣ - ㉡ - ㉠

02 밑줄 친 '대왕'이 재위하던 시기의 사실로 옳은 것은?

> 우리 왕후께서는 좌평 사택적덕의 따님으로 …… 기해년 정월 29일에 사리를 받들어 맞이하셨다. 원하오니, 우리 대왕의 수명을 산악과 같이 견고하게 하시고 치세는 천지와 함께 영구하게 하소서.

① 고구려의 남하 정책에 밀려 웅진으로 천도하였다.
② 북위에 사신을 보내 고구려를 공격해 줄 것을 요청하였다.
③ 관륵이 일본에 건너가 천문, 지리 등에 대한 서적을 전하였다.
④ 마한 잔여 세력을 정복하였고, 왕위의 부자 상속을 확립하였다.

03 밑줄 친 인물에 대한 설명으로 옳은 것은?

> 신(臣)이 거사를 잘못하여 마침내 체포되는 욕을 당하여 7월 8일에 일본 대마도로 압송되어 현재 경비대 안에 수감되었습니다. …… 신(臣)이 여기에 온 뒤로 한 술의 밥이나 한 모금 물도 모두 적의 손에서 나왔으므로, 설령 적이 신(臣)을 죽이지 않아도 차마 먹고 마시는 것 때문에 자신을 더럽힐 수는 없습니다.

① 『한국독립운동지혈사』를 저술하였다.
② 왜양 일체론을 주장하며 개항에 반대하였다.
③ 『화서아언』을 통해 프랑스와의 통상을 반대하였다.
④ 의병을 모아 함경도 삼수·갑산 등에서 활약하였다.

04 조선 시대의 한양에 대한 설명으로 옳지 않은 것은?

① 경복궁 앞으로 육조 거리가 형성되어 있었다.
② 남대문에 칠패, 동대문에 이현 등의 시장이 형성되었다.
③ 경복궁의 동쪽에 사직이, 서쪽에 종묘가 각각 배치되었다.
④ 태종 때 도성 축조 도감을 설치하고 한양 도성 축조를 시작하였다.

05 다음 민족 운동에 대한 설명으로 옳은 것은?

> 돈화문 부근, 9시경 인산 행렬이 지나갈 때에 …… 사립 중앙 고등 보통학교 생도가 입으로는 역시 조선 독립 만세를 부르며 손으로는 활판으로 인쇄한 격문을 뿌리었는데 현장에서 50여 명 학생이 검거되었으며, …… 이번 만세 사건으로 기소된 학생에 한하여는 경성 제국 대학에 입학을 아니시키고 ……

① 일본이 문화 통치를 실시하는 계기가 되었다.
② 대한민국 임시 정부가 수립되는 데 영향을 주었다.
③ 전국으로 확대되어 이듬해까지 동맹 휴학 투쟁이 계속되었다.
④ 준비 과정에서 민족주의 계열과 사회주의 계열이 연대하였다.

06 다음 자료에 보이는 시기의 경제 상황으로 옳지 않은 것은?

> 항간에 이런 말이 있다. 종로 거리 연초 가게에서 짤막한 민간 소설을 듣다가 영웅이 뜻을 이루지 못한 대목에 이르러 눈을 부릅뜨고 입에 거품을 물면서 풀 베던 낫을 들고 앞에 달려들어 책 읽는 사람을 쳐 그 자리에서 죽게 하였다고 한다. 이따금 이처럼 맹랑한 죽음도 있으니 참으로 가소로운 일이다.

① 지대 납부 방식으로 도조법이 확산되었다.
② 밭농사에서 2년 3작의 윤작법이 시작되었다.
③ 이앙법 시행으로 농사에 필요한 노동력이 절감되어 광작이 확산되었다.
④ 화폐의 유통이 원활하지 않아 동전이 부족해지는 현상이 일어났다.

07 다음 연설문을 발표한 정부의 통일 정책으로 옳은 것은?

> 존경하고 사랑하는 국민 여러분! 올해는 그 어느 때보다 희망과 기대가 큰 해입니다. 우리가 전력을 다해 준비해온 월드컵과 부산 아시안 게임이 드디어 개최됩니다. …… 또한 튼튼한 안보의 바탕 위에서 남북 화해와 협력 관계를 흔들림 없이 추진하여 한반도 평화 체제를 강화시켜 나가야겠습니다. 햇볕 정책은 전쟁을 막고 장차 평화 통일을 이룩할 수 있는 최선의 정책입니다. 올 한해도 국민 여론의 바탕 위에서 서두르거나 쉬지 않고 가능한 만큼 남북 관계를 발전시켜 나가도록 하겠습니다.

① 6·15 남북 공동 선언을 발표하였다.
② 최초의 남북 적십자 회담을 개최하였다.
③ 6·23 평화 통일 외교 정책 선언을 발표하였다.
④ 한반도 에너지 개발 기구(KEDO)를 발족하였다.

08 밑줄 친 '이 기구'에 대한 설명으로 옳은 것은?

> 고종 12년에 최우가 자신의 집에 이 기구를 두고 백관의 인사를 다루었는데 문사를 뽑아 이에 속하게 하고 필자적(必者赤)이라 불렀다.

① 도당으로 불리기도 하였다.
② 원 간섭기에 첨의부로 격하되었다.
③ 공민왕의 개혁으로 일시 폐지되었다.
④ 간쟁, 서경, 봉박의 업무를 담당하였다.

09 다음 중 ㉠, ㉡에 해당하는 구석기 시대 유적지를 바르게 나열한 것은?

> ㉠ 광복 이후 남한에서 최초로 발견된 유적지로, 한데 유적에 속한다. 이곳에서는 구석기 시대의 전기부터 후기까지 이어지는 모든 지층이 발견되었다.
> ㉡ 남한 지역에서 최초로 확인된 구석기 시대의 동굴 유적이며, 사람의 얼굴을 새긴 털 코뿔이뼈가 출토되었다.

	㉠	㉡
①	공주 석장리 유적	청원 두루봉 동굴
②	공주 석장리 유적	제천 점말 동굴
③	단양 수양개 유적	제천 점말 동굴
④	단양 수양개 유적	청원 두루봉 동굴

10 밑줄 친 '그'에 대한 설명으로 옳은 것은?

> 그가 후진들을 모아 부지런히 가르치자, 선비와 평민의 자제들이 모여들어 집 앞의 문과 거리를 가득 채웠다. 마침내 9재로 나누었는데, 이르기를 낙성재·대중재·성명재·경업재·조도재·솔성재·진덕재·대화재·대빙재라 하고, …… 무릇 과거에 응시하려는 자제는 반드시 먼저 학도로 들어가 공부하였다.

① 9경과 3사를 중심으로 교육하였다.
② 기전체 역사서인『삼국사기』를 편찬하였다.
③ '동방이학(東方理學)'의 조(祖)'라는 칭호로 불렸다.
④ 5대 왕의 치적을 평가한 글을 작성하여 왕에게 올렸다.

11 (가) 시기에 있었던 사실로 옳은 것은?

태학이 설립되었다.

↓

(가)

↓

고구려가 평양으로 천도하였다.

① 고국원왕이 전사하였다.
② 온달이 아단성 전투에서 전사하였다.
③ 서안평을 점령하여 영토를 확장하였다.
④ 비려와 숙신을 공격하여 만주 일대를 차지하였다.

12 밑줄 친 '그'에 대한 설명으로 옳은 것은?

> 독립신문 발간에 관여하였던 그는 국문 표기 통일을 위해 국문 동식회를 조직하였으며, 학부에 설치된 연구 기관인 국문 연구소에서도 활동하였다. 또한 보성 학교, 흥화 학교 등에 출강하면서 학생들을 가르쳤다.

① 조선어 연구회를 조직하였다.
② 문법 서적인『국어문법』을 저술하였다.
③ 동아일보에 「민족적 경륜」을 연재하였다.
④ 초대 주미 공사로 임명되어 미국에 파견되었다.

13 밑줄 친 '이 나라'에 대한 설명으로 옳은 것은?

> 이 나라는 영주(營州)*에서 동쪽으로 2천리 밖에 위치 하며 …… 동쪽은 멀리 바다에 닿았고, 서쪽으로는 거란이 있었다. …… 귀중히 여기는 것은 태백산의 토끼, 남해의 다시마, 책성의 된장, …… 막힐의 돼지, 솔빈의 말, 현주의 베, 옥주의 면, 용주의 명주, 위성의 철, 노성의 벼, 미타호의 붕어이다.
> * 영주(營州): 지금의 랴오닝성 차오양

① 지배층은 왕족인 부여씨와 8성의 귀족으로 구성되었다.

② 한강 유역을 확보하고 당항성을 통해 중국과 교역하였다.

③ 국자감을 설치하여 귀족 자제에게 유교 경전을 가르쳤다.

④ 거란도, 영주도, 일본도 등을 통해 주변 국가와 교류하였다.

14 다음 중 일제가 실시한 문화 통치의 내용으로 옳지 않은 것은?

① 1군(郡) 1경찰서, 1면(面) 1주재소 제도를 확립하였다.

② 동아일보, 조선일보 등 한글 신문의 발행을 허용하였다.

③ 친일파 양성을 위해 도 평의회와 부·면 협의회를 만들었다.

④ 조선인에 대한 통제와 감시를 강화하기 위하여 경찰범 처벌 규칙을 제정하였다.

15 밑줄 친 (가) 왕의 재위 기간에 있었던 사실로 옳지 않은 것은?

> (가) 원년 윤 2월 연등회를 다시 열었다. 나라 풍속에 왕궁과 국도부터 향읍까지 정월 보름부터 두 밤을 연등하였는데, 성종이 이를 번잡하고 소란하며 온당치 못하다 하여 없앤 것을 이때 회복한 것이다. 2년 2월 연등회를 청주 행궁에서 열었는데, 이 뒤부터는 2월 15일에 행함을 관례로 하였다.

① 강감찬이 귀주에서 거란군을 대파하였다.

② 5도 양계를 중심으로 지방 제도를 완비하였다.

③ 강조가 군사를 이끌고 개경에 들어와 김치양 일파를 제거하였다.

④ 거란의 침입을 물리치기 위해 초조대장경의 조판을 시작하였다.

16 밑줄 친 '이 단체'에 대한 설명으로 옳은 것을 모두 고른 것은?

> 1930년대 일제가 만주를 점령하면서 만주에서 활동하던 무장 독립운동 단체들은 중국 관내로 이동하였고, 중국 관내의 독립운동 세력들 사이에서는 일본에 맞서 독립운동 세력을 하나로 통합할 필요성이 높아졌다. 그 결과 '이 단체'가 조직되었다.

> ㉠ 이 단체의 산하에 조선 의용군이 조직되었다.
> ㉡ 김구, 조소앙, 지청천 등의 주도로 조직되었다.
> ㉢ 의열단 인사들의 독주로 한국 독립당의 인사들이 탈퇴하였다.
> ㉣ 난징에서 조직된 중국 관내 최대 규모의 민족 유일당이었다.

① ㉠, ㉢   ② ㉡, ㉢

③ ㉡, ㉣   ④ ㉢, ㉣

17 고려 시대 문화에 대한 설명으로 옳은 것을 모두 고른 것은?

> ㉠ 송에서 들여온 대성악이 궁중 음악으로 발전하였다.
> ㉡ 전기에는 구양순체, 후기에는 송설체가 유행하였다.
> ㉢ 화엄사 각황전, 법주사 팔상전 등의 건축물이 만들어졌다.
> ㉣ 『파한집』, 『백운소설』과 같은 패관 문학이 유행하였다.

① ㉠, ㉢
② ㉠, ㉡, ㉣
③ ㉠, ㉡, ㉢
④ ㉡, ㉢, ㉣

18 다음 연설을 했던 인물에 대한 설명으로 옳은 것은?

> 이 입법 의원은 명실상부한 과도 입법 의원인데도 초보적 과도 입법 의원인 것을 본원의 현재 의원으로서는 명확히 인식하여야 할 것이다. 왜 그러냐 하면, 이 초보적 입법 의원의 사명은 최속(最速)한 기간 내에 남북이 통일한 총선거 식으로 피선된 확대된 입법 의원을 산출하는 제 2 계단으로 들어가야 할 것이고, 그 확대 입법 의원은 미·소 공동 위원회의 계속 개회가 되면 더욱 좋거니와 …… 우리를 위한 우리의 임시 정부를 산출하여, 안으로는 완전 자주 독립의 국가를 건설해야 하며……
>
> 〈남조선 과도 입법 의원 의장의 개회사, 1946. 12.〉

① 한국 민주당을 결성하였다.
② 조선 건국 준비 위원회를 결성하였다.
③ 파리 강화 회의에 한국 대표로 파견되었다.
④ 독립 촉성 중앙 협의회의 회장으로 추대되었다.

19 (가)에 들어갈 군사 조직으로 옳은 것은?

> 왕께서 ☐(가)☐ 을/를 설치하여 군사를 훈련시키라 명하시고, 나를 도제조로 삼았다. 나는 청하여, "당속미(唐粟米) 1000석을 꺼내어 양식으로 하되 하루에 한 사람에게 두 되씩 준다 하여 군인을 모집하면 응모하는 자가 사방에서 모여들 것입니다" …… 얼마 안 되어 수천 명을 얻어 조총 쏘는 법과 창·칼 쓰는 기술을 가르쳐서 초관(哨官)과 파총(把摠)을 세워서 그들을 거느리고 번을 나누어 궁중에서 보초를 서게 하고, 무릇 행차의 거둥이 있을 때는 이들로써 호위하니 민심이 차츰 믿게 되었다.

① 별기군
② 잡색군
③ 장용영
④ 훈련도감

20 (가) 시기에 있었던 사실로 옳지 않은 것은?

	(가)	
제8차 개헌		제9차 개헌

① 국가 재건 최고 회의가 조직되었다.
② 박종철 고문 치사 사건이 발생하였다.
③ 프로 야구가 6개 구단으로 출범하였다.
④ 아웅산 묘소에서 폭탄 테러 사건이 발생하였다.

정답·해설 _약점 보완 해설집 p.38

모바일 자동 채점 + 성적 분석 서비스 바로 가기
QR코드를 이용해 모바일로 간편하게 채점하고 나의 실력이 어느 정도인지, 취약 부분이 어디인지 바로 파악해 보세요!

10회 핵심 키워드 마무리 체크

☑ 빈칸에 들어갈 알맞은 키워드를 골라 채워보세요.

강감찬	민족적 경륜	최익현	초조대장경
주시경	개로왕	발해	6 · 15 남북 공동 선언
문화 통치	이승만	민족 혁명당	최승로
근초고왕	육조 거리	광작	김규식

선사~조선 후기

01 _____ 때는 마한 잔여 세력을 정복하였고, 왕위의 부자 상속을 확립하였다.

02 _____ 때는 북위에 사신을 보내 고구려를 공격해 줄 것을 요청하였다.

03 ____는 거란도, 영주도, 일본도 등을 통해 주변 국가와 교류하였다.

04 _____는 5대 왕의 치적을 평가한 글을 작성하여 왕에게 올렸다.

05 고려 현종은 거란의 침입을 물리치기 위해 _____ 의 조판을 시작하였다.

06 고려 현종 때는 _____이 귀주에서 거란군을 대파하였다.

07 조선 시대의 한양에는 경복궁 앞으로 _____가 형성되어 있었다.

08 조선 후기에는 이앙법 시행으로 농사에 필요한 노동력이 절감되어 ____이 확산되었다.

근대~현대

09 _____은 왜양 일체론을 주장하며 개항에 반대하였다.

10 _____은 문법 서적인 『국어문법』을 저술하였다.

11 _____은 파리 강화 회의에 한국 대표로 파견되었다.

12 _____ 시기에 친일파 양성을 위해 도 평의회와 부 · 면 협의회를 만들었다.

13 이광수는 동아일보에 「_____」을 연재하였다.

14 _____은 난징에서 조직된 중국 관내 최대 규모의 민족 유일당이었다.

15 _____은 독립 촉성 중앙 협의회의 회장으로 추대되었다.

16 김대중 정부는 _____을 발표하였다.

11회 실전동형모의고사

제한시간 : 15분 시작 시 분 ~ 종료 시 분 점수 확인 개/ 20개

01 다음 상소문을 올린 왕대에 있었던 사실로 옳은 것은?

홍자번이 민생을 편안하게 할 일을 열여덟 조목으로 상서하기를 "…… 근래 지방에서 사고가 많아 공물을 납부하는 때를 놓치고 있습니다. 여러 관청의 관리와 모리배들이 먼저 자기의 물건을 바치고, 그에 대한 문서를 받아서 지방에 내려가 그 값을 과도하게 받고 있습니다. 백성이 감당하기 어려우니 진실로 이것을 마땅히 금해야 합니다. ……"라고 하였다.

① 편민조례추변도감을 설치하였다.

② 원나라의 연호와 관제를 폐지하였다.

③ 관료에게 녹과전을 지급하기 시작하였다.

④ 일본 원정을 위해 정동행성이 설치되었다.

02 다음 선언서를 작성한 인물에 대한 설명으로 옳은 것은?

우리 대한의 동족 남매와 세계의 우방 동포들이여. 우리 대한은 완전한 자주 독립과 신성한 평등 복리로 우리 자손들에게 세대를 거듭하여 전하기 위하여 이에 이민족 전제의 학대와 억압을 벗고 대한 민주의 자립을 선포하노라. …… 아아, 한 마음 한 뜻의 2,000만 형제자매여. 국민의 본령을 자각한 독립임을 기억할 것이며 동양 평화를 보장하고 인류 평등을 실현하기 위한 자립임을 명심할 것이며 하늘의 밝은 뜻을 받들어 모든 사망에서 해탈하는 건국임을 확신하여 육탄혈전으로 독립을 완성할지어다.

① 대한민국 임시 정부의 초대 경무국장을 역임하였다.

② 신흥 강습소를 설립하여 독립군 간부를 양성하였다.

③ 국제 연맹 조사단에게 혈서를 보내 우리의 독립을 호소하였다.

④ 대한민국 임시 정부의 외무부장을 지냈으며, 삼균주의를 주장하였다.

03 시기별 언론 정책에 대한 설명으로 옳지 않은 것은?

① 1950년대: 정부에 비판적이었던 경향신문을 폐간시켰다.

② 1960년대: 동아일보 백지 광고 사태가 발생하였다.

③ 1970년대: 모든 언론인에게 정부가 발행하는 보도증을 소지하도록 하는 정책이 시행되었다.

④ 1980년대: 언론 기관을 통폐합하고 언론 기본법을 제정하였다.

04 (가) 신분에 대한 설명으로 옳은 것은?

(가) 의 자손에게 과거와 벼슬을 못하게 한 것은 우리나라의 옛 법이 아니다. …… 이후 『경국대전』을 편찬한 뒤부터 비로소 벼슬길을 막았으니, 지금까지 100년이 채 못 된다. 경대부(卿大夫)의 아들이지만, 오직 외가가 하찮아서 대대로 벼슬길이 막혀, 비록 뛰어난 재주와 쓸 만한 그릇을 가지고 있으면서도 끝내 남에게 머리를 숙이고 들창 밑에서 죽어 향리나 수군만도 못하니 불쌍하도다.

① 재산으로 취급되어 매매나 상속의 대상이 되었다.

② 신분 상승 운동에도 불구하고 청요직에 진출할 수 없었다.

③ 중인과 같은 신분적 처우를 받아 중서(中庶)라고도 불리었다.

④ 법제상 양인이지만, 사람들이 기피하는 천한 역을 담당하였다.

05 ㉠ 단체에 대한 설명으로 옳지 않은 것은?

조선일보사 귀중

본인은 우리 2천만 민족의 생존권을 찾아 자유와 행복을 천추만대에 누리기 위하여 의열남아가 희생적으로 단결한 ㉠ 의 일원으로 왜적의 관·사설 기관을 물론하고 파괴하려고 금차 회국도경(回國渡境)한 바, 최후 힘을 진력하여 휴대 물품을 동척 회사, 식산 은행에 선사하고 …… 불행히 왜경에게 생포되면 …… 소위 심문이니 무엇이니 하면서 세계에 없는 야만적 악행을 줄 것이 명백하기로 불복하는 뜻으로 현장에서 자살하기로 결심하였습니다.

① 사이토 마코토에게 폭탄을 투척하는 의거를 일으켰다.

② 3·1 운동 이후 만주 길림에서 김원봉, 윤세주 등이 조직하였다.

③ 일부 구성원을 황푸 군관 학교에 보내 군사 훈련을 받도록 하였다.

④ 단원인 오성륜, 김익상 등이 상하이 황포탄에서 일본 육군 대장 다나카를 저격하였다.

06 다음은 고구려에 대한 내용이다. (가), (나) 사이에 있었던 사실로 옳은 것은?

(가) 동옥저를 정벌하고 그 땅을 빼앗아 성읍으로 삼았다. 국경을 개척하여 동으로는 창해, 남으로는 살수에 이르렀다.

(나) 진(秦)나라의 왕 부견이 사신과 승려 순도를 파견하여 임금에게 불상과 경문을 보내 왔다. 임금이 사신을 보내 답례로 토산물을 바쳤다.

① 수도를 졸본에서 국내성으로 옮겼다.

② 부여를 복속하여 최대 영토를 확보하였다.

③ 이문진이 왕명을 받아 『신집』 5권을 편찬하였다.

④ 전연 모용황의 침입을 받아 심한 타격을 입었다.

07 밑줄 친 '대장경'에 대한 설명으로 옳은 것은?

거란의 군주가 정벌하러 오자 왕이 남쪽으로 피난하였는데, 거란의 군대는 송악성에 주둔하고 물러가지 않았습니다. 이에 왕이 여러 신하와 함께 큰 바람을 담아 대장경을 새겨서 완성할 것을 맹세한 뒤에야 적의 군대가 스스로 물러갔습니다.

① 교장도감에서 간행되었다.

② 재조대장경이라고도 불린다.

③ 몽골의 침입으로 소실되었다.

④ 현재 합천 해인사에 보관되어 있다.

08 (가) 시기에 있었던 사실로 옳은 것은?

폐비 윤씨 사건에 연루된 사람들이 처벌되었다.
↓
(가)
↓
도학 정치를 주장한 조광조 등이 제거되었다.

① 사림이 동인과 서인으로 분화되었다.

② 윤임 일파가 역적으로 몰려 제거되었다.

③ 연산군이 폐위되고 중종이 왕위에 올랐다.

④ 훈구 세력이 김일손 등의 사림을 축출하였다.

09 다음 강령을 선포한 단체에 대한 설명으로 옳은 것은?

> 1. 일반 부호로부터 기부를 받는 한편 일본인이 불법으로 징수한 세금을 압수하여 무장을 준비한다.
> 2. 남북 만주에 사관 학교를 설치하고 인재를 길러 무관으로 채용한다.
> 6. 행형부를 조직하여 일본인 고등관과 우리 한인 중 반역분자를 때와 장소에 상관없이 총살한다.

① 복벽주의를 표방하였다.

② 5적 암살단을 조직하였다.

③ 고종의 비밀 지령을 받아 조직되었다.

④ 의병과 애국 계몽 운동 단체가 통합하여 결성되었다.

10 (가) 왕 재위 시기의 사실로 옳은 것은?

> ┌─────┐
> │ (가) │은/는 참소하는 간신의 말을 믿고 스스로 시기
> └─────┘
> 하여 나의 부모를 형살하고 나의 종족을 어육으로 만들고 품 안의 어린 자식을 빼앗아 죽이고 나를 유폐하여 곤욕을 주는 등 인륜의 도리라곤 다시 없었다. …… 이것뿐이 아니다.
> ┌─────┐
> │ (가) │은/는 배은망덕하여 천명을 두려워하지 않고 속
> └─────┘
> 으로 다른 뜻을 품고 오랑캐에게 성의를 베풀었으며, 기미년에 오랑캐를 정벌할 때는 은밀히 장수를 시켜 동태를 보아 행동하게 하여 끝내 전군이 오랑캐에게 투항함으로써 추한 소문이 사해에 펼쳐지게 하였다.

① 계해약조를 체결하였다.

② 호적과 양안을 정비하였다.

③ 폐사군의 일부를 복설하였다.

④ 대동법이 전국으로 확대되었다.

11 (가)~(라) 시기에 있었던 사실로 옳은 것은?

	(가)	(나)	(다)	(라)	
운요호 사건		『조선책략』 유입	임오 군란	갑신 정변	전주 화약 체결

① (가) – 고딕 양식 건축물인 명동 성당이 건립되었다.

② (나) – 개항장 내에서 일본 화폐의 통용이 허용되었다.

③ (다) – 노비 세습제가 철폐되었다.

④ (라) – 함경도 관찰사 조병식이 방곡령을 선포하였다.

12 다음은 통일 신라의 지방 행정 제도에 대한 설명이다. ㉠~㉣에 대한 사실로 옳지 않은 것은?

> 통일 신라는 지방의 행정 조직을 ㉠9주 ㉡5소경으로 정비하고, 9주 아래에는 ㉢군과 현을 두었다. 또한 통일 신라는 특수 행정 구역으로 향과 부곡을 설치하였다. 한편, 통일 신라는 지방 세력을 견제하기 위해 ㉣상수리 제도를 실시하였으며, 지방관을 감찰하고자 외사정을 파견하였다.

① ㉠ – 옛 고구려와 백제 지역에 각각 3주를 설치하였다.

② ㉡ – 수도의 편향성을 보완하기 위해 설치하였다.

③ ㉢ – 토착 세력인 촌주가 다스렸다.

④ ㉣ – 고려 시대에 기인 제도로 발전하였다.

13 조선 시대의 과거 제도에 대한 설명으로 옳지 않은 것은?

① 소과 복시의 합격자 수는 각 도의 인구 비율로 배분되었다.

② 문과는 정기 시험인 식년시 외에 알성시, 증광시 등의 비정기 시험이 있었다.

③ 무과는 주로 서얼과 중간 계층이 응시하였고, 최종 선발 인원은 28명이었다.

④ 문과(대과)의 최종 합격자는 지역과 상관없이 성적에 따라 갑·을·병으로 나뉘었다.

14 (가)와 (나) 제도에 대한 설명으로 옳은 것을 모두 고른 것은?

(가) 문종 30년, 양반 전시과를 다시 고쳐 정하였다.
(나) 공양왕 3년 5월, 도평의사사가 글을 올려 과전을 주는 법을 정하자고 요청하니 왕이 따랐다.

㉠ (가) – 무산계 전시, 별사전 등의 별정 전시과를 정비하였다.
㉡ (가) – 4색 공복을 기준으로 관품과 인품을 모두 고려하여 지급하였다.
㉢ (나) – 전지와 시지를 지급하여 수조권을 행사하게 하였다.
㉣ (나) – 경기 지역의 토지에 한하여 전·현직 관리에게 지급하였다.

① ㉠, ㉡   ② ㉠, ㉣

③ ㉡, ㉢   ④ ㉢, ㉣

15 (가) 단체에 대한 설명으로 옳은 것은?

유학(幼學) 이석규가 올린 상소의 대략에 "이른바 협회라는 것은 무슨 명목으로 만민 공동회요 ┌─(가)─┐ 라고 부르는 것입니까? 그 이른바 임금에게 충성을 다하고 나라를 사랑한다는 것은 폐하를 침범하고 나라에 화를 가져오며 인심을 선동하고 외부에서 엿보는 놈들과 결탁하여 나라를 없애버리려는 데 적중할 뿐입니다."

① 해외 독립 운동 기지 건설을 추진하였다.

② 장교 양성을 위해 무관 학교를 설치하였다.

③ 중추원 개편을 통한 의회 설립을 추진하였다.

④ 일본에게 진 빚을 갚자는 국채 보상 운동을 주도하였다.

16 밑줄 친 '이 부대'에 대한 설명으로 옳은 것은?

숙종 때 이르러 동여진이 전쟁을 일으키려는 조짐을 보이자 마음을 단단히 하여 힘써 이를 방어하고자 날마다 군사를 훈련하다가 마침내 이 부대를 조직하였다. 여기에는 산관·이서들로부터 상인·천예·승려에 이르기까지 소속되지 않은 이가 없었다.

① 광군사의 통제를 받았다.

② 군인전을 지급받는 상비군이었다.

③ 신기군, 신보군, 항마군으로 구성되었다.

④ 최씨 무신 정권의 군사적 기반이 되었다.

17 다음 (가)~(라)를 내용으로 하는 헌법이 적용되던 시기에 일어난 사건을 바르게 연결한 것은?

> (가) 초대 대통령에 대한 중임 제한 규정을 폐지하였으며, 대통령 궐위 시에 부통령이 대통령 지위를 계승하도록 하였다.
>
> (나) 대통령은 통일 주체 국민회의에서 무기명 투표로 선출하며, 임기는 6년으로 한다.
>
> (다) 대통령 직선제를 도입하고 그 임기를 5년으로 단축하였다.
>
> (라) 대통령의 임기는 7년으로 하고 중임이 불가능하도록 하였다. 또한 간선제를 채택하되 대통령 선거 시마다 국민들이 새로이 선거인단을 선출하도록 하였다.

① (가) – 민족 화합 민주 통일 방안을 제시하였다.

② (나) – 서울과 신의주를 연결하는 경의선 철도의 기공식이 개최되었다.

③ (다) – '남북 사이의 화해와 불가침 및 교류 · 협력에 관한 합의서'가 체결되었다.

④ (라) – 서해 평화 협력 특별 지대 설치 등을 합의한 10 · 4 남북 공동 선언이 발표되었다.

18 다음 법이 제정된 이후의 사실로 옳지 않은 것은?

> 제1조
> 1. 치안 유지법의 죄를 범하여 형에 처하여진 자가 집행을 종료하여 석방되는 경우에 석방 후 다시 동법의 죄를 범할 우려가 현저한 때에는 재판소는 검사의 청구에 의하여 본인을 예방 구금에 부친다는 취지를 명할 수 있다.
> 2. …… 조선 사상범 보호 관찰령에 의하여 보호 관찰에 부쳐져 있는 경우에 보호 관찰을 하여도 동법의 죄를 범할 위험을 방지하기 곤란하고 재범의 우려가 현저하게 있는 때에도 전항과 같다.

① 조선어 학회가 해체되었다.

② 병력 동원을 위한 징병제가 실시되었다.

③ 조선일보와 동아일보가 강제 폐간되었다.

④ 식량 공출을 강제한 식량 관리령이 공포되었다.

19 (가) 사절단에 대한 설명으로 옳은 것은?

> 내가 ___(가)___ 로서 청의 톈진에 있을 때 중당 이홍장과 그의 막료들이 일찍이 나에게 천하의 형세를 말하면서 자강을 권유하였는데, 들을 때마다 두려운 마음이 생기지 않은 적이 없었다. 이후 우리나라에서도 친군영을 세우고 기기창을 설립하여 자못 군사 준비를 맞추었다.

① 『조선책략』을 가지고 돌아왔다.

② 공사 파견에 대한 답례로 파견되었다.

③ 암행어사 형식으로 비밀리에 파견되었다.

④ 재정 부족과 임오군란의 발발 등으로 1년 만에 귀국하였다.

20 고대 국가의 문화에 대한 설명으로 옳지 않은 것은?

① 사신도가 그려진 강서대묘는 굴식 돌방무덤으로 축조되었다.

② 백제는 초기에 고구려의 영향으로 계단식 돌무지무덤을 만들었다.

③ 발해의 정효 공주 묘는 굴식 돌방무덤으로 돌 사자상이 출토되었다.

④ 신라의 돌무지덧널무덤은 도굴이 어려워 안에서 많은 부장품이 출토되었다.

정답·해설 _약점 보완 해설집 p.42

모바일 자동 채점 + 성적 분석 서비스 바로 가기
QR코드를 이용해 모바일로 간편하게 채점하고 나의 실력이 어느 정도인지, 취약 부분이 어디인지 바로 파악해 보세요!

11회 핵심 키워드 마무리 체크

☑ 빈칸에 들어갈 알맞은 키워드를 골라 채워보세요.

서얼	경향신문	과전법	경정 전시과
10 · 4 남북 공동 선언	유리왕	방곡령	영선사
정동행성	조사 시찰단	언론 기본법	5소경
조소앙	광해군	돌무지덧널무덤	의열단

선사~조선 후기

01 고구려 _____ 때는 수도를 졸본에서 국내성으로 옮겼다.

02 신라의 _____은 도굴이 어려워 안에서 많은 부장품이 출토되었다.

03 통일 신라는 수도의 편향성을 보완하기 위해 _____을 설치하였다.

04 충렬왕 때 일본 원정을 위해 _____이 설치되었다.

05 _____에서는 무산계 전시, 별사전 등의 별정 전시과를 정비하였다.

06 _____은 경기 지역의 토지에 한하여 전 · 현직 관리에게 지급하였다.

07 _____ 재위 시기에 호적과 양안을 정비하였다.

08 _____은 중인과 같은 신분적 처우를 받아 중서(中庶)라고도 불리었다.

근대~현대

09 _____은 암행어사 형식으로 비밀리에 파견되었다.

10 1889년에 함경도 관찰사 조병식이 _____을 선포하였다.

11 _____는 재정 부족과 임오군란의 발발 등으로 1년 만에 귀국하였다.

12 _____은 3 · 1 운동 이후 만주 길림에서 김원봉, 윤세주 등이 조직하였다.

13 _____은 대한민국 임시 정부의 외무부장을 지냈으며, 삼균주의를 주장하였다.

14 1950년대에 이승만 정부는 정부에 비판적이었던 _____을 폐간시켰다.

15 1980년대에 신군부 세력은 언론 기관을 통폐합하고 _____을 제정하였다.

16 2007년에 서해 평화 협력 특별 지대 설치 등을 합의한 _____이 발표되었다.

정답 | 01 유리왕 02 돌무지덧널무덤 03 5소경 04 정동행성 05 경정 전시과 06 과전법 07 광해군 08 서얼 09 조사 시찰단 10 방곡령 11 영선사 12 의열단 13 조소앙 14 경향신문 15 언론 기본법 16 10 · 4 남북 공동 선언

11회 실전동형모의고사 79

12회 실전동형모의고사

제한시간 : 15분 시작   시   분 ~ 종료   시   분 점수 확인   개/ 20개

01 밑줄 친 '이 나라'에 대한 설명으로 옳지 않은 것은?

이 나라에는 백성에게 금하는 법 8조가 있었다. 사람을 죽인 자는 바로 죽인다. 남에게 상처를 입힌 자는 곡물로 갚는다. 도둑질을 한 자는 노비로 삼는다. 용서받고자 하는 자는 한 사람마다 50만 전을 내야 한다. 비록 용서를 받아 보통 백성이 되어도 사람들은 이를 수치스럽게 여겨 결혼을 하고자 해도 짝을 구할 수 없었다.

① 왕 아래에 상, 대부, 장군 등의 관직을 두었다.

② 이 나라에 대해 최초로 언급한 중국 문헌은 『관자』이다.

③ 요령 지방을 중심으로 성장하여 점차 한반도까지 발전하였다.

④ 요서 지방을 경계로 대립하던 연나라의 지속된 공격으로 멸망하였다.

02 다음 사건 이후에 일어난 일로 옳은 것은?

적이 이미 남해에 이르러 아군을 살펴보고 아군이 약하다고 여기며 사방을 에워싸고 전진해 왔다. 정지가 질주하여 박두양(朴頭洋)에 이르러 큰 배 20척으로 선봉을 삼고 배마다 날랜 군사 140명씩을 배치한 왜적을 크게 패배시키고 화포를 쏘아 적선 17척을 불태우니 왜구들의 시체가 바다를 덮었다.

① 박위가 대마도를 정벌하였다.

② 배중손이 진도에서 몽골에 항전하였다.

③ 최무선이 진포에서 화포로 왜구를 격퇴하였다.

④ 동북면 병마사 유인우가 쌍성총관부 지역을 수복하였다.

03 밑줄 친 '그'에 대한 설명으로 옳은 것은?

그는 조선 총독부 엔도 정무총감을 만나 다섯 가지의 요구 사항을 제시하였다.
첫째, 전국에 구속되어 있는 정치·경제범을 즉시 석방하라.
둘째, 3개월간의 식량을 확보하여 달라.
셋째, 치안 유지와 건설 사업에 아무 간섭하지 말라.
넷째, 학생 훈련과 청년 조직에 대해 간섭하지 말라.
다섯째, 전국 사업장에 있는 노동자를 우리들의 건설 사업에 협력시키며 아무 괴로움을 주지 말라.

① 김구와 함께 남북 협상에 참석하였다.

② 만민공생의 신민주주의를 표방하였다.

③ 좌·우 합작을 주도하다가 암살당하였다.

④ 하바로프스크에서 한인 사회당을 결성하였다.

04 ㉠ 인물이 집권한 시기의 사실로 옳은 것은?

이의방 → 정중부 → (㉠) → 이의민 → 최충헌

① 몽골 사신 저고여가 피살되었다.

② 사병 집단인 도방이 처음 설치되었다.

③ 김사미·효심이 신라 부흥을 목표로 봉기하였다.

④ 문신들이 머무르는 숙위 기구인 서방을 설치하였다.

05 다음 격문을 발표한 의병에 대한 설명으로 옳은 것은?

> 〈해외 동포에게 드리는 격문〉
> 동포들이여! 우리는 함께 뭉쳐 우리의 조국을 위해 헌신하여 우리의 독립을 되찾아야 한다. 우리는 야만 일본 제국의 잘못과 광란에 대해서 전 세계에 호소해야 한다. 간교하고 잔인한 일본 제국주의자들은 인류의 적이요, 진보의 적이다. 우리는 모두 일본놈들과 그들의 첩자, 그들의 동맹인과 야만스러운 제국주의 군인을 모조리 죽이는 데 힘을 다해야 한다.
> – 대한 관동 창의 대장 이인영

① 명성황후 시해와 단발령에 반발하여 일어났다.

② 전 참판 민종식이 홍주성을 점령하기도 하였다.

③ 최익현과 임병찬이 태인, 순창 등에서 활약하였다.

④ 고종의 강제 퇴위와 군대 해산에 반발하여 일어났다.

06 밑줄 친 '왕'의 재위 시기에 있었던 사실로 옳은 것은?

> 연나라왕 풍홍이 요동에 당도했을 때, <u>왕</u>이 사신을 보내 위로하였다. …… 풍홍은 원래 우리를 업신여기고, 정치와 법 제도와 상벌을 자신의 나라와 동일하게 하려고 하였다. <u>왕</u>은 곧 그의 시종을 빼앗고, 그의 태자를 볼모로 삼았다. 풍홍이 이를 원망하여 송나라에 사신을 보내어 자신을 맞아줄 것을 요청하였다. <u>왕</u>은 풍홍이 남쪽으로 가는 것을 원치 않았기 때문에, 풍홍과 그의 자손 10여 명을 죽이도록 하였다.

① 도읍을 국내성에서 평양성으로 옮겼다.

② 을파소를 등용하고 진대법을 실시하였다.

③ 관구검이 이끄는 위나라 군대의 침략을 받았다.

④ 왕위 계승이 형제 상속에서 부자 상속으로 바뀌었다.

07 조선 후기의 역사서에 대한 설명으로 옳지 않은 것은?

①『발해고』– 유득공이 남북국이라는 용어를 처음 사용하였다.

②『해동역사』– 한치윤이 중국 및 일본의 자료를 참고하여 편찬하였다.

③『열조통기』– 안정복이 단군 조선부터 고려 말까지의 역사를 강목체로 정리하였다.

④『연려실기술』– 이긍익이 조선 시대의 정치와 문화를 야사 중심으로 정리하였다.

08 고려의 지방 행정 제도에 대한 설명으로 옳은 것을 모두 고른 것은?

> ㉠ 지방 행정 말단 조직으로 면·리·통을 두었다.
> ㉡ 전국을 8도로 나누고 그 아래 부·목·군·현을 두었다.
> ㉢ 수령이 파견된 주현보다 파견되지 않은 속현이 더 많았다.
> ㉣ 조세와 공물의 징수 등 지방 행정의 실무는 향리가 담당하였다.

① ㉠, ㉡   ② ㉠, ㉢

③ ㉡, ㉣   ④ ㉢, ㉣

09 밑줄 친 '그'에 대한 설명으로 옳은 것은?

> 그는 '경의(敬義)' 두 자를 벽 위에 크게 써 붙여놓고 말하기를 '우리 집에 이 두 자가 있으니, 하늘의 해와 달이 만고를 밝혀 변하지 않는 것과 같다. 성현의 천만 가지 말이 그 귀취를 요약하면 이 두 자 밖에 벗어나지 않는다.' 하였다. …… 배우는 자들이 남명 선생이라고 불렀으며 문집 3권을 세상에 남겼다.

① 아동 수신서인 『격몽요결』을 저술하였다.

② 서리망국론을 제시하여 당시 서리의 폐단을 비판하였다.

③ 기(氣)보다는 이(理)를 중시하였고, 예안 향약을 만들었다.

④ 『주자대전』의 중요 부분을 발췌하여 『주자문록』을 편찬하였다.

10 다음은 1930년대 중국에서 결성된 단체와 관련된 내용이다. (가), (나) 단체와 관련된 설명으로 옳은 것은?

> (가) 조선 민족의 유일한 활로는 단결된 전 민족의 역량에 의해 일본 제국주의를 타도하고 조선 민족의 자주 독립을 완성하는 데 있다. 그러므로 조선 혁명은 민족 혁명이며, 우리의 전선은 민족 전선이다.
>
> (나) 5당 통일이 형성될 당시부터 동지들은 단체 조직을 주장하였으나 나는 만류하였다. …… 그러나 지금은 조소앙이 한국 독립당의 재건설을 추진하니, 내가 단체를 조직하여도 통일을 파괴하는 것은 아니며, 임시 정부가 종종 위험을 당하는 것은 튼튼한 배경이 없기 때문인데, 이제 임시 정부를 옹호하는 단체가 필요하다 생각하고 이 당을 조직하였다.

① (가)의 산하 군대로 한국광복군이 조직되었다.

② (가)는 민족 혁명당이 통합에 찬성하는 단체들과 연합하여 결성한 것이다.

③ (나)는 삼균주의를 바탕으로 한 건국 강령을 채택하였다.

④ (가)와 (나) 모두 김구를 중심으로 결성되었다.

11 다음 중 밑줄 친 부분에 해당하는 방법으로 옳지 않은 것은?

> 왕이 말하였다. "구전(口錢)은 한 집안에서 거둘 때 주인과 노비의 명분이 문란해지고, 결포는 이미 정해진 세율이 있어 더 부과하기 어렵다. 호포가 조금 나을 것 같아 1필을 줄이고 호전을 걷기로 하였으나 마음은 매우 불편하다. …… 호포나 결포나 모두 문제점이 있다. 이제는 1필로 줄이는 것으로 온전히 돌아갈 것이니, 경들은 1필을 줄였을 때 생기는 세입 감소분을 보충할 방법을 강구하라."

① 공명첩을 발급하고 납속책을 시행하였다.

② 지주에게서 토지 1결마다 미곡 2두를 징수하였다.

③ 각 아문이나 궁방에서 받아들이던 어염세를 균역청에서 관할하게 하였다.

④ 일부 부유한 상민에게 선무군관이라는 칭호를 주고, 군포를 부과하였다.

12 ㉠~㉣에 대한 설명으로 옳지 않은 것은?

> ㉠ 영주 부석사
>
> ㉡ 김제 금산사
>
> ㉢ 안동 봉정사
>
> ㉣ 양산 통도사

① ㉠은 의상이 창건한 절로, 주심포 양식의 무량수전이 있다.

② ㉡에는 통층 구조로 되어 있는 조선 후기의 건물인 미륵전이 있다.

③ ㉢에는 현존하는 가장 오래된 목조 건축물인 극락전이 있다.

④ ㉠~㉣은 2018년 유네스코 세계 문화유산에 등재되었다.

13 다음은 삼국 시대의 대외 관계와 관련된 사건들이다. ㉠~㉣을 시간 순으로 바르게 나열한 것은?

> ㉠ 신라가 마운령비를 건립하였다.
> ㉡ 백제가 신라와 연합하여 일시적으로 한강 하류 지역을 수복하였다.
> ㉢ 금관가야가 항복하면서 신라에 병합되었다.
> ㉣ 백제와 신라가 나·제 동맹을 체결하였다.

① ㉣ - ㉢ - ㉡ - ㉠
② ㉣ - ㉡ - ㉠ - ㉢
③ ㉣ - ㉡ - ㉢ - ㉠
④ ㉣ - ㉢ - ㉠ - ㉡

14 밑줄 친 '그'에 대한 설명으로 옳지 않은 것은?

> 그는 만동묘를 철폐하고 폐단이 큰 서원을 각 도에 명하여 철폐하도록 하였다. 선비들 수만 명이 대궐 앞에 모여 만동묘와 서원을 다시 설립할 것을 청하니, 그는 크게 노하여 한성부의 조례와 병졸로 하여금 한강 밖으로 몰아내게 하고 드디어 1,000여 개소의 서원을 철폐하고 그 토지를 몰수하여 관에 속하게 하였다.

① 군국기무처 총재를 역임하였다.
② 은결을 색출하고 호포제를 실시하였다.
③ 임진왜란 때 소실된 경복궁을 중건하였다.
④ 『대전회통』과 『육전조례』 등을 편찬하였다.

15 다음 자료의 지역에서 일어난 역사적 사실로 옳은 것은?

> 본래 고구려 국원성이 있던 곳이다. 이후 신라가 차지하여 진흥왕이 국원소경을 설치하고 6부의 호민을 이주시켜 살게 하였다. 경덕왕 16년에는 중원경이라고 고쳤다. …… 고려 성종 2년에는 목(牧)을 설치하였다.

① 만적이 노비를 모아서 반란을 모의하였다.
② 고구려가 멸망한 뒤 안동 도호부가 설치되었다.
③ 서울과 연결된 철도가 우리나라 최초로 부설되었다.
④ 임진왜란 당시 신립이 왜군과 싸우다가 전사하였다.

16 다음 사건 이후에 전개된 사실로 옳은 것은?

> 우리는 왜 총을 들 수밖에 없었는가? 그 대답은 너무나 간단합니다. 너무나 무자비한 만행을 더 이상 보고 있을 수만 없어서 너도 나도 총을 들고 나섰던 것입니다. …… 시민 여러분! 우리 시민군은 온갖 방해에도 불구하고 여러분의 안전을 끝까지 지킬 것입니다. 또한 협상이 올바른 방향대로 진행되면 우리는 즉각 총을 놓겠습니다.

① 브라운 각서가 체결되었다.
② 잡지 『사상계』가 창간되었다.
③ 거대 여당인 민주 자유당이 창당되었다.
④ 천주교 정의 구현 전국 사제단이 조직되었다.

17 밑줄 친 '이 책'에 대한 설명으로 옳지 않은 것은?

사헌부에서 상소하기를 "예로부터 천자가 움직이면 좌사(左史)가 이를 쓰고, 말하면 우사(右史)가 이를 기록하게 되니, 일을 쓴 것이 『춘추』가 되고, 말을 쓴 것이 『상서』가 되었습니다. 이리하여 임금은 사관(史官)으로 하여금 늘 좌우에 모시게 하여 모든 것을 기록하지 아니함이 없음이, 후세의 법이 된 지 오래입니다. …… 옛것을 본받아 문사(文士) 8인을 뽑아 이름을 '사관(史官)'이라 하고 이 책을 편찬하게 하소서"하였다.

① 「사초」와 관청의 『등록』을 바탕으로 편찬되었다.
② 왕과 신하들의 정책 결정에 자유롭게 활용되었다.
③ 조선 전기에는 춘추관, 충주 · 전주 · 성주 사고에 보관하였다.
④ 국정 운영뿐만 아니라 자연 재해와 천문 현상까지 기록하였다.

18 밑줄 친 '왕' 대의 사실로 옳은 것은?

이 왕의 이름은 부(傅)이며, 문성왕의 6대손이다. 아버지는 이찬 효종이며, 어머니는 헌강왕의 딸 계아태후이다. 927년 포석정에서 연희를 즐기던 경애왕이 후백제 견훤의 습격을 받아 시해되자 이 왕이 견훤에 의해 왕위에 올랐다.

① 발해가 거란에 의해 멸망하였다.
② 원종과 애노가 사벌주에서 난을 일으켰다.
③ 고려군이 고창 전투에서 후백제군을 격파하였다.
④ 사치 풍조를 없애기 위해 사치 금지 교서가 반포되었다.

19 다음 자료와 관련된 시기에 볼 수 있는 모습으로 옳지 않은 것은?

이지가 일행을 체포해 가두고 그 물건을 국고로 수송했다. 이에 원경이 왕에게, "이지가 새매를 진상하러 가는 사람을 보고 어디에 쓰려느냐고 욕설을 퍼부은 뒤 그 새매를 때려 죽였습니다." 라고 참소하였다. …… 제국대장공주의 겁령구였던 인후(印侯)가 갑자기 재상이 되어 온 나라에 권세를 떨치니 원경이 인후의 권세에 의지해보려고 아들 원선장을 인후의 딸에게 장가보냈다.

① 변발을 하고 호복을 입은 귀족
② 밀직사에서 업무를 보는 관리
③ 결혼도감을 통해 공녀로 징발된 여인
④ 강예재에서 무예를 수련하며 몸을 단련하는 청년

20 다음 법령이 제정된 이후의 사실로 옳은 것은?

제1조 국체를 변혁 또는 사유 재산제를 부인할 목적으로 결사를 조직하거나 또는 사정을 알고 이에 가입하는 자는 10년 이하의 징역 또는 금고에 처함
제2조 전조의 제1항의 목적으로 그 목적한 사항의 실행에 관하여 협의한 자는 7년 이하의 징역 또는 금고에 처함

① 서당 규칙이 발표되었다.
② 사립학교령이 공포되었다.
③ 국민 징용령을 시행하였다.
④ 조선식산은행이 설립되었다.

정답 · 해설 _약점 보완 해설집 p.46

모바일 자동 채점 + 성적 분석 서비스 바로 가기
QR코드를 이용해 모바일로 간편하게 채점하고 나의 실력이 어느 정도인지, 취약 부분이 어디인지 바로 파악해 보세요!

12회 핵심 키워드 마무리 체크

☑ 빈칸에 들어갈 알맞은 키워드를 골라 채워보세요.

경대승	조선 민족 전선 연맹	정미의병	민종식
진대법	평양성	경복궁	이황
안재홍	격몽요결	흥선 대원군	서방
조선왕조실록	고조선	인천	한인 사회당

선사~조선 후기

01 _____은 요령 지방을 중심으로 성장하여 점차 한반도까지 발전하였다.

02 고국천왕은 을파소를 등용하고 _____을 실시하였다.

03 장수왕은 도읍을 국내성에서 _____으로 옮겼다.

04 _____ 집권 시기에는 사병 집단인 도방이 처음 설치되었다.

05 최우 집권 시기에는 문신들이 머무르는 숙위 기구인 __ __을 설치하였다.

06 ____은 기(氣)보다는 이(理)를 중시하였고, 예안 향약을 만들었다.

07 이이는 아동 수신서인 「_____」을 저술하였다.

08 「_____」은 국정 운영뿐만 아니라 자연 재해와 천문 현상까지 기록하였다.

근대~현대

09 흥선 대원군은 임진왜란 때 소실된 _____을 중건하였다.

10 _____은 은결을 색출하고 호포제를 실시하였다.

11 ____에서는 서울과 연결된 철도가 우리나라 최초로 부설되었다.

12 을사의병 때는 전 참판 _____이 홍주성을 점령하기도 하였다.

13 _____은 고종의 강제 퇴위와 군대 해산에 반발하여 일어났다.

14 이동휘는 하바로프스크에서 _____을 결성하였다.

15 _____은 민족 혁명당이 통합에 찬성하는 단체들과 연합하여 결성한 것이다.

16 _____은 만민공생의 신민주주의를 표방하였다.

정답 | 01 고조선 02 진대법 03 평양성 04 경대승 05 서방 06 이황 07 격몽요결 08 조선왕조실록 09 경복궁 10 흥선 대원군 11 인천 12 민종식 13 정미의병 14 한인 사회당 15 조선 민족 전선 연맹 16 안재홍

13회 실전동형모의고사

제한시간 : 15분 시작 시 분 ~ 종료 시 분 점수 확인 개/ 20개

01 (가), (나)의 나라에 대한 설명으로 옳지 않은 것은?

(가) 큰 산과 깊은 골짜기가 많고 평원과 연못이 없어서 계곡을 따라 살며, 골짜기 물을 식수로 마셨다. 좋은 밭이 없어서 힘들여 일구어도 배를 채우기는 부족하였다. 사람들의 성품은 흉악하고 급해서 노략질하기를 좋아하였다.

(나) 장사를 지낼 때에는 큰 나무로 된 곽을 만드는데, 길이가 열길 가량 되며 한쪽을 열어 놓아 문을 만든다. 사람이 죽으면 시체는 모두 가매장을 하되, 겨우 형체가 덮일 만큼 묻었다가 살이 다 썩은 다음에 뼈만 추려 곽속에 안치한다.

① (가) - 왕 아래에 상가, 고추가 등의 대가들이 있었다.
② (나) - 혼인 풍속으로 민며느리제가 있었다.
③ (가) - 집집마다 부경이라는 창고를 두었다.
④ (나) - 제사장인 천군과 신성 지역인 소도가 존재하였다.

02 조선 시대의 지도와 지리서에 대한 설명으로 옳지 않은 것은?

① 조선방역지도는 각 군현을 도별로 색을 다르게 하였다.
② 대동여지도는 거리를 알 수 있도록 10리마다 눈금을 표시하였다.
③ 『택리지』는 우리나라 각 지역의 인문 지리적 특성을 제시하였다.
④ 『신찬팔도지리지』는 『세종실록지리지』와 『팔도지리지』를 참고하여 완성하였다.

03 다음 발표문을 계기로 조직된 단체에 대한 설명으로 옳은 것은?

우리보다 먼저 문명 개화한 나라들을 보면 남녀 평등권이 있는지라. 어려서부터 각각 학교에 다니며, 각종 학문을 다 배워 이목을 넓히고, 장성한 후에 사나이와 부부의 의를 맺어 평생을 살더라도 그 사나이에게 조금도 압제를 받지 아니한다. 이처럼 대접을 받는 것은 다름아니라 그 학문과 지식이 사나이 못지않은 까닭에 그 권리도 일반과 같으니 어찌 아름답지 않으리오.

① 우리나라 최초의 사회주의 여성 단체였다.
② 신간회의 자매 단체로, 여성 계몽 활동에 힘썼다.
③ 서울 북촌의 양반 여성들이 중심이 되어 조직되었다.
④ 최초의 여성 전문 교육 기관인 이화 학당을 설립하였다.

04 (가), (나) 사이 시기에 일어난 사실로 옳은 것은?

(가) 적이 압록강을 건너 철산을 유린하였으며, 곽산과 정주를 쳐서 함락하였다. …… 온 조정이 크게 놀라서 도원수 장만으로 하여금 평산으로 병사를 이끌고 나아가 방어하게 하고, 왕은 영의정 윤방, 우의정 오윤겸 등과 더불어 강화도로 옮기셨다.

(나) 왕이 어쩔 수 없이 단을 쌓고 흰 말과 검은 소를 죽여 하늘에 제사를 지내고 만주와 형제의 나라를 맺기로 맹세하였다. 이에 적군이 철수하고, 왕이 도성으로 돌아오셨다.

① 김상용이 강화도에서 순절하였다.
② 정봉수 등이 용골산성에서 항전하였다.
③ 정문부가 길주에서 의병을 이끌고 활약하였다.
④ 김준룡이 용인 광교산 일대에서 청군을 물리쳤다.

05 밑줄 친 '왕'에 대한 설명으로 옳지 않은 것은?

> 왕이 꾸짖기를 "그대들은 어찌하여 나를 배반하였는가?"
> 하니 성삼문이 소리치며 말하기를 "옛 임금을 복위시키려
> 했을 뿐입니다. 천하에 그 누가 자기 임금을 사랑하지 않는
> 자가 있겠습니까?"하였다.

① 사간원을 독립시켜 대신을 견제하게 하였다.

② 간경도감을 설치하여 불경을 번역하고 간행하였다.

③ 팔방통보를 주조하여 국가 재정을 확보하고자 하였다.

④ 현직 관리에게만 토지를 지급하는 직전법을 시행하였다.

06 밑줄 친 '그'에 대한 설명으로 옳은 것은?

> 그는 을사늑약이 체결되자 조약의 무효를 주장하는 상소
> 를 올렸다. 1907년에는 헤이그에서 개최된 제2차 만국 평화
> 회의에 이준, 이위종과 함께 고종의 특사로 파견되었으며,
> 1911년에는 이종호 등과 블라디보스토크에서 권업회를 조직
> 하여 회장으로 선출되었다.

① 대한인 국민회를 조직하였다.

② 조선어 학회 사건으로 옥고를 치렀다.

③ 대한 광복군 정부의 정통령을 역임하였다.

④ 대한민국 임시 의정원의 초대 의장으로 선출되었다.

07 (가) 지역과 관련된 사실로 옳은 것을 고르면?

> ____(가)____ 은/는 토문강 아래 두만강 서쪽의 땅을 통칭하
> 는 이름인데, '도(島)'라고 한 것은 잘못 전해진 말이다. 예전
> 에는 우리나라와 청이 출입을 금지하여 그 땅을 비워 둔 지
> 가 수백 년이나 되었다. 근래에 서북민들이 관리들의 착취
> 를 괴로워하여 가족들을 데리고 몰래 들어가 살았는데, 그
> 수가 10여 만 호나 되었지만 소속이 없었다.

① 무관 양성을 위해 숭무 학교가 설립되었다.

② 신규식과 박은식 등이 대동 보국단을 조직하였다.

③ 대한 제국이 칙령 제41호를 발표하여 영유권을 표명하였다.

④ 일본이 안봉선 철도 부설권을 얻는 대가로 청나라에 귀속
시켰다.

08 밑줄 친 '왕' 재위 시기의 사실로 옳은 것은?

> ○ 왕 원년 2월에 명하기를 "6품 이하 7품 이상의 관리로서
> 뒤를 이을 자손이 없는 자의 처에게는 구분전 8결을 지급
> 하고, 8품 이하 관리와 전사한 군인의 처에게는 구분전 5
> 결을 일률적으로 지급한다."라고 하였다.
> ○ 왕 3년 5월에 공음 전시법을 제정하였다. 1품은 문하시
> 랑평장사 이상으로 전지 25결, 시지 15결이다. …… 5품
> 은 전지 15결, 시지 5결이다. 이상 모두 이를 자손에게
> 전하여 주게 한다.

① 한양을 남경으로 승격시켰다.

② 양경과 12목에 상평창을 설치하였다.

③ 사심관 제도와 기인 제도를 마련하였다.

④ 외적의 침입을 막기 위해 개경에 나성을 쌓았다.

09 다음 선언문 발표 이후의 사실로 옳지 않은 것은?

> 융희 황제가 삼보(三寶)를 포기한 8월 29일은 즉 우리 동지가 삼보를 계승한 8월 29일이니, 그 동안에 한 순간도 숨을 멈춘 적이 없음이라. 우리 동지는 완전한 상속자니 저 황제권 소멸의 때가 즉 민권 발생의 때요, 구한국 최후의 날은 즉 신한국 최초의 날이니……

① 천도교 소년회에서 어린이날을 제정하였다.
② 민족 대표들이 태화관에 모여 독립 선언서를 낭독하였다.
③ 전국적인 농민 운동 단체인 조선 농민 총동맹이 조직되었다.
④ 단군 신앙을 기반으로 나철과 오기호가 대종교를 창시하였다.

10 다음 역사적 사건을 발생한 순서대로 나열한 것은?

> ㉠ 흥남 철수
> ㉡ 애치슨 선언 발표
> ㉢ 한·미 상호 방위 조약 체결
> ㉣ 낙동강 전선 형성
> ㉤ 휴전 협상 시작

① ㉡ - ㉠ - ㉣ - ㉢ - ㉤
② ㉡ - ㉣ - ㉠ - ㉤ - ㉢
③ ㉣ - ㉠ - ㉡ - ㉤ - ㉢
④ ㉣ - ㉠ - ㉤ - ㉢ - ㉡

11 다음 법령에 대한 설명으로 옳지 않은 것은?

> 제1조 본법은 헌법에 의거하여 농지를 농민에게 적절히 분배함으로써 농가 경제의 자립의 목적과 농업 생산력의 증진으로 인한 농민 생활의 향상 내지 국민 경제의 균등과 발전을 기함을 목적으로 한다.
> ⋮
> 제5조 정부는 아래에 의하여 농지를 취득한다.
> 2. 아래의 농지는 적당한 보상으로 정부가 매수한다.
>   (가) 농가 아닌 자의 농지
>   (나) 자경(自耕)하지 않는 자의 농지, 단 질병, 공무, 취학 등 사유로 인하여 일시 이농한 자의 농지는 소재지 위원회의 동의로써 도지사가 일정 기한까지 보유를 인허한다.

① 유상 매수, 유상 분배의 원칙이 적용되었다.
② 한 가구당 농지 소유를 3정보로 제한하였다.
③ 북한에서 실시된 토지 개혁에 영향을 주었다.
④ 정부는 농지를 매입하는 대가로 지가 증권을 발행하였다.

12 다음 자료의 상황이 나타난 시기에 볼 수 있는 모습으로 옳은 것을 모두 고른 것은?

> 백목전 상인이 말하기를, "서양목(西洋木)이 나온 이후 토산 면포가 소용이 없게 되어 망할 지경이 되었습니다. 연경을 왕래하는 상인들의 물건 수입을 일절 금지하거나 아니면 우리 전에 오로지 속하게 해야 할 것입니다."라고 하였다.

> ㉠ 의주, 평양 등 지방 도시에서 활동하는 사상
> ㉡ 장시에서 삼한통보로 물품을 구입하는 공인
> ㉢ 고추와 담배를 독점하여 막대한 이익을 남기는 도고
> ㉣ 전국의 장시를 돌아다니며 물건을 판매하는 보부상

① ㉠, ㉡, ㉢
② ㉠, ㉡, ㉣
③ ㉠, ㉢, ㉣
④ ㉡, ㉢, ㉣

13 다음 자료는 어떤 조약의 일부이다. 이 조약과 관련된 설명으로 옳은 것은?

> 제1조 조선국은 일본에 국서를 보내 사의를 표명한다.
>
> ⋮
>
> ⋮
>
> 제4조 일본 공사관을 새로운 곳으로 옮겨 신축해야 하므로 조선국은 땅과 건물을 내주어 공사관 및 영사관으로 사용할 수 있도록 한다. 그것을 수축이나 중축할 경우 조선국이 다시 2만 원을 지불하여 공사비로 충당하게 한다.
> 제5조 일본 호위병의 막사는 공사관 부지로 정하되 임오 속약 제5관에 비추어 시행한다.

① 조약 체결 결과 청·일 양국 군대가 조선에서 철수하였다.

② 일본 전권대사 이노우에와 김홍집의 협상 결과로 체결되었다.

③ 일본의 정변 가담 책임 문제에 대한 조선 측의 요구가 일부 반영되었다.

④ 조약 체결 결과 일본에 사죄의 뜻을 전달할 수신사로 박영효가 파견되었다.

14 밑줄 친 '왕' 대의 사실로 옳은 것은?

> 당 태종이 붉은색·자주색·흰색의 세 가지 색으로 그린 모란과 그 씨 석 되를 보내왔는데, 왕이 그 그림을 보고 말하였다. "이 꽃은 정녕 향기가 없을 것이다." 그리고는 씨를 뜰에 심도록 명하였다. 그 꽃이 피었다 지기를 기다렸는데, 과연 그 말과 같이 향기가 없었다.

① 당나라와 군사 동맹을 체결하였다.

② 패강 일대에 수자리를 설치하였다.

③ '인평(仁平)'이라는 독자적인 연호를 사용하였다.

④ 중국식 관복을 착용하고 아홀(牙笏)을 갖게 하였다.

15 고려 시대 성리학의 전래 및 발전 과정에 대한 설명으로 옳지 않은 것은?

① 충렬왕 때 원에 갔다온 안향이 『주자전서』를 가지고 와서 성리학을 소개하였다.

② 김문정은 원에 가서 성리학을 연구하여 이제현, 박충좌 등에게 전수하였다.

③ 원의 수도 연경에 설치된 만권당에서 고려의 학자들과 원의 학자들이 교류하였다.

④ 공민왕 때 성균관 대사성 이색이 정몽주, 정도전 등을 가르쳐 성리학을 확산시켰다.

16 (가), (나) 설명에 해당하는 독립 운동 단체를 바르게 연결한 것은?

> (가) 연해주에서 유인석, 이범윤, 홍범도 등이 조직한 무장 독립 운동 단체로, 계몽 운동 계열의 안창호 등과 공동 전선을 모색하였다.
> (나) 여운형이 일제의 패망을 예상하고 1944년에 국내의 좌·우익 세력을 모아 비밀리에 조직하였다.

	(가)	(나)
①	대조선 국민 군단	조선 건국 동맹
②	대조선 국민 군단	조선 독립 동맹
③	13도 의군	조선 건국 동맹
④	13도 의군	조선 독립 동맹

17 고대 문화의 일본 전파에 대한 사실로 옳은 것을 모두 고르면?

> ㉠ 다카마쓰 고분 벽화를 통해 고구려의 문화가 일본에 영향을 미쳤음을 알 수 있다.
> ㉡ 백제의 노리사치계는 일본에 『천자문』과 『논어』를 전파하였다.
> ㉢ 신라는 일본에 조선술과 제방을 만드는 축제술을 전해 주었다.
> ㉣ 백제의 승려 담징은 일본 호류사 금당의 벽화를 제작하였다.

① ㉠, ㉡
② ㉠, ㉢
③ ㉡, ㉢
④ ㉢, ㉣

18 밑줄 친 '이 탑'의 명칭으로 옳은 것은?

> 이 탑은 개성의 남쪽 풍덕의 부소산에 있었던 것이다. 지금 파고다 공원 내에 있는 탑과 같은 형식에 속하며 고려 충목왕 4년에 건립되었다. 절이 폐사된 후 1909년경 당시의 일본 궁내대신 다나카 미츠아키가 탑을 일본으로 반출하여 물의를 일으켰다.

① 미륵사지 석탑
② 현화사 7층 석탑
③ 경천사지 10층 석탑
④ 월정사 8각 9층 석탑

19 다음 격문을 발표한 세력이 주장한 내용으로 옳은 것은?

> 우리가 의를 들어 여기에 이르렀음은 그 본의가 결코 다른 데 있지 아니하고, 백성을 도탄 중에서 건지고 국가를 반석 위에 두고자 함이라. 안으로는 탐학한 관리의 머리를 베고, 밖으로는 횡포한 강적의 무리를 쫓아 내몰고자 함이라.

① 모든 재정은 호조에서 관할할 것
② 토지는 평균으로 분작하게 할 것
③ 과거제를 폐지하고 지벌을 타파할 것
④ 외국과의 이권에 관한 조약은 각 대신과 중추원 의장이 합동 날인하여 시행할 것

20 다음 중 러·일 전쟁 시기에 볼 수 있는 모습으로 옳은 것은?

① 연극 은세계를 관람하는 관객
② 경인선 철도 개통식에 참가한 관리
③ 대한매일신보를 읽고 있는 청년
④ 사립 학교령에 따라 학부의 인가를 받는 학교 설립자

정답·해설 _약점 보완 해설집 p.50

모바일 자동 채점 + 성적 분석 서비스 바로 가기
QR코드를 이용해 모바일로 간편하게 채점하고 나의 실력이 어느 정도인지, 취약 부분이 어디인지 바로 파악해 보세요!

13회 핵심 키워드 마무리 체크

☑ 빈칸에 들어갈 알맞은 키워드를 골라 채워보세요.

안향	이상설	간도	아홀
박영효	민며느리제	축제술	지가 증권
근우회	3정보	태종	찬양회
천군	간경도감	조선 농민 총동맹	인평

선사~조선 후기

01 옥저에는 혼인 풍속으로 _____가 있었다.

02 삼한에는 제사장인 ____과 신성 지역인 소도가 존재하였다.

03 선덕 여왕은 '____'이라는 독자적인 연호를 사용하였다.

04 진덕 여왕은 중국식 관복을 착용하고 ____을 갖게 하였다.

05 신라는 일본에 조선술과 제방을 만드는 _____을 전해주었다.

06 충렬왕 때 원에 갔다온 ____이 『주자전서』를 가지고 와서 성리학을 소개하였다.

07 ____은 사간원을 독립시켜 대신을 견제하게 하였다.

08 조선 세조는 _____을 설치하여 불경을 번역하고 간행하였다.

근대~현대

09 제물포 조약 체결 결과 일본에 사죄의 뜻을 전달할 수신사로 _____가 파견되었다.

10 ____는 일본이 안봉선 철도 부설권을 얻는 대가로 청나라에 귀속시켰다.

11 _____는 서울 북촌의 양반 여성들이 중심이 되어 조직되었다.

12 _____은 대한 광복군 정부의 정통령을 역임하였다.

13 _____는 신간회의 자매 단체로, 여성 계몽 활동에 힘썼다.

14 1927년에 전국적인 농민 운동 단체인 _____ __이 조직되었다.

15 농지 개혁법에서는 한 가구당 농지 소유를 _____로 제한하였다.

16 농지 개혁을 추진한 정부는 농지를 매입하는 대가로 _____을 발행하였다.

14회 실전동형모의고사

제한시간 : 15분 시작 시 분 ~ 종료 시 분 점수 확인 개/ 20개

01 ㉠ ~ ㉢에 들어갈 말을 바르게 나열한 것은?

○ 신석기 시대에는 영혼이나 하늘을 인간과 연결시켜 주는 존재인 무당과 그 주술을 믿는 (㉠)이 있었다.
○ 고조선의 세력 범위를 알 수 있는 유물로는 고인돌, 거친무늬 거울, 비파형 동검과 함께 (㉡)가 있다.
○ 철기 시대의 유적지인 (㉢)에서 붓이 출토되어 중국과의 교류를 통해 한자를 사용하였음을 알 수 있다.

	㉠	㉡	㉢
①	샤머니즘	미송리식 토기	창원 다호리 유적
②	토테미즘	송국리식 토기	창원 다호리 유적
③	토테미즘	미송리식 토기	양양 오산리 유적
④	샤머니즘	송국리식 토기	양양 오산리 유적

02 다음 자료에 나타난 시기의 사회 모습으로 옳지 않은 것은?

공은 어려서 아버지를 여의었는데, 학문에 뜻을 둘 나이가 되자 의붓아버지가 집이 가난하다며 공부를 시키려 하지 않고 그 아들과 함께 일하도록 하였다. 하지만 어머니가 이를 반대하면서 "첩이 먹고 사는 것 때문에 수절하지 못했음을 부끄럽게 여겼습니다. 그러나 그 유복자가 다행히 학문에 뜻을 두고 있으니, 반드시 이 아이의 아버지가 본래 속해 있던 무리에 들어가 그 뒤를 따르게 해야 합니다. 만약 그렇게 하지 못한다면 내가 무슨 얼굴로 지하에서 전남편을 다시 보겠습니까?"라고 말하며 공을 솔성재(率性齋)에 입학시켰다.
– 이승장 묘지명

① 결혼할 때 부인이 데려온 노비의 소유권은 부인에게 있었다.
② 태어난 차례대로 호적에 기재하여 남녀 차별을 하지 않았다.
③ 공을 세운 사람의 부모는 물론 장인과 장모도 함께 상을 받았다.
④ 아들이 없는 경우 양자를 들여 제사를 지내는 것이 일반적이었다.

03 (가) ~ (다)에 대한 설명으로 옳은 것을 모두 고른 것은?

○ 신문왕 7년 5월에 [(가)]을(를) 지급하되, 차등을 두었다.
○ 신문왕 9년 1월에 내·외관의 [(나)]을(를) 혁파하고 매년 조(租)를 내리되, 차등이 있게 하였다.
○ 성덕왕 21년 8월에 처음으로 백성에게 [(다)]을(를) 지급하였다.

㉠ (가)는 경덕왕 때 다시 부활하였다.
㉡ (나)는 국학의 학생에게도 지급되었다.
㉢ (다)는 왕토 사상을 바탕으로 지급되었다.
㉣ (가)와 (나)는 조세와 노동력의 수취가 가능한 토지였다.

① ㉠, ㉡   ② ㉠, ㉢
③ ㉡, ㉢   ④ ㉢, ㉣

04 밑줄 친 '왕' 재위 기간의 사실로 옳은 것은?

"윤언이는 정지상과 결탁하여 생사를 함께하기로 맹세한 당(黨)이 되어 크고 작은 일마다 실제로 함께 의논하였습니다. 또한 임자년에 왕께서 서경으로 행차하실 때, 글을 올려 연호를 세우고 황제로 칭하기를 청하였습니다. …… 이는 모두 금나라를 격노하게 하여 이때를 틈타 방자하게도 자기 당이 아닌 사람을 처치하고 반역을 도모한 것이니 신하의 마음이 아니었습니다."라고 하였다.

① 보문각과 청연각을 설립하여 유학을 진흥시켰다.
② 왕권을 회복하기 위해 15개조의 유신령을 발표하였다.
③ 우봉·파평 등의 지역에 감무관을 파견하기 시작하였다.
④ 남경 명당설이 대두되면서 김위제의 건의로 남경개창도감을 설치하였다.

05 (가) 지역에 대한 설명으로 옳은 것은?

> 원의 세조가 ___(가)___ 에 목장을 설치하고 10만 필의 몽고 말을 풀어놓아 번식하게 하고, 다루가치를 두어 지키게 하였다. …… 왕이 원에 조회하고 ___(가)___ 을/를 돌려주기를 청하니, 원 승상 완택 등이 아뢰어 황제의 뜻을 받들어 우리에게 돌려주었다.

① 우리나라 최초의 근대적 조약이 체결되었다.

② 지증왕 때 이사부에 의해 신라에 복속되었다.

③ 조선 후기에 내상이 근거지로 삼고 활동하였다.

④ 남한 단독 정부 수립에 반대하는 4 · 3 사건이 일어났다.

06 다음 교서를 내린 왕의 정책으로 옳은 것은?

> 근래에 와서 인재의 임용이 당목에 들어 있는 사람만으로 이루어지니 …… 이러한 상태가 그치지 않는다면 조정에 벼슬할 사람이 몇 명이나 되겠는가. …… 조신들이 서로 공격하니 공론이 막히고 역당으로 지목하게 되니 선악을 분별할 수가 없다. …… 유배된 사람들은 금오(金吾, 의금부)로 하여금 그 경중을 헤아려 대신과 함께 등대(登對, 임금을 직접 대함) 소석(疏釋, 죄인을 관대히 처결하여 석방)하도록 하고, 전조(銓曹, 이조)는 탕평의 정신으로 수용토록 하라.

① 호조의 사례를 모아 『탁지지』를 편찬하였다.

② 산림의 존재를 부정하고 서원의 수를 대폭 줄였다.

③ 남한산성을 복구하고 어영청의 규모를 확대하였다.

④ 관료의 재교육을 위해 초계문신제도를 시행하였다.

07 다음 협약 체결 이후에 전개된 사실로 옳은 것은?

> 일본국 정부와 한국 정부는 신속히 한국의 부강을 도모하고 한국민의 행복을 증진시키려는 목적으로 이하의 조관(條款)을 약정한다.
> 제1조 한국 정부는 시정 개선(施政改善)에 관하여 통감의 지도를 받는다.
> 제2조 한국 정부의 법령 제정 및 중요한 행정상의 처분은 미리 통감의 승인을 거친다.

① 일본이 한국의 사법권을 빼앗고 감옥 사무를 장악하였다.

② 일본이 헤이그 특사 파견을 빌미로 고종을 강제 퇴위시켰다.

③ 메가타가 재정 고문으로, 스티븐스가 외교 고문으로 부임하였다.

④ 일본이 미국과 밀약을 체결하여 한국에 대한 지배권을 인정받았다.

08 다음 문화재에 대한 설명으로 옳은 것은?

> 조선 시대에 국가적으로 실시한 행사의 주요 장면을 그린 그림과 참가자, 비용 등을 상세히 글로 기록한 서적으로, 그 우수성과 독창성을 인정받아 2007년에 유네스코 세계 기록 유산으로 등재되었다.

① 초초 · 중초 · 정초의 3단계를 거쳐 편찬되었다.

② 임진왜란 때 전주 사고본만 남기고 소실되었다.

③ 왕이 열람하기 위한 어람용이 따로 제작되었다.

④ 유교적 통치 규범을 성문화하기 위해 편찬하였다.

09 (가) 궁궐에 대한 설명으로 옳은 것은?

> 대한 제국의 법궁, ☐(가)
>
> ☐ 주소
> 서울특별시 중구 세종대로 99
>
> ☐ 소개
> 이곳은 원래 성종의 형인 월산대군의 집이 있던 곳으로, 임진왜란 때 의주로 피난 갔던 선조가 한양으로 돌아왔을 때 임시 거처로 사용되었습니다. 또한 아관 파천 이후에는 고종이 이곳에 머무르면서 대한 제국의 법궁 역할을 하였습니다.
>
> ☐ 관람 동선
> 대한문 → 중화전 → 석조전 → 즉조당 → 정관헌 → 함녕전 → 돈덕전

① 도성 내 서쪽에 있어 서궐로도 불렸다.

② 유네스코 세계 문화유산으로 지정되었다.

③ 일제가 궁궐 안에 조선 총독부 청사를 세웠다.

④ 일제에 의해 강압적으로 을사늑약이 체결된 곳이다.

10 밑줄 친 '과인'의 재위 시기에 있었던 사실로 옳은 것은?

> "과인은 나라의 운이 어지럽고 전란의 시기를 맞이하여, 서쪽을 정벌하고 북쪽을 토벌하여 영토를 안정시켰고 배반하는 자들을 치고 협조하는 자들을 불러 마침내 멀고 가까운 곳을 평안하게 하였다. …… 죽고 나서 10일 뒤에 곧 고문(庫門) 바깥의 뜰에서 서국(西國)의 의식에 따라 화장을 하라. 상복의 경중은 정해진 규정이 있으니, 장례를 될 수 있는 대로 검소하고 간략하게 하라."

① 감은사와 감은사지 3층 석탑을 완성하였다.

② 신라가 웅진 도독 부여 융과 회맹을 맺었다.

③ 나·당 연합군의 공격으로 백제가 멸망하였다.

④ 관리의 비리를 감찰하는 사정부를 설치하였다.

11 다음 약력에 해당하는 인물의 활동으로 옳은 것은?

> 1301년 성균관시에 급제
> 1320년 지공거가 되어 과거 시험을 주재함
> 1323년 입성책동 반대 상소를 올림
> 1357년 『사략』 편찬

① 왕에게 섬학전의 설치를 건의하였다.

② 『익재난고』와 『역옹패설』 등을 저술하였다.

③ 『경제문감』에서 재상 중심의 정치를 주장하였다.

④ 문헌공도를 설립하여 9경과 3사를 중심으로 교육하였다.

12 (가)에 들어갈 기관으로 옳은 것은?

> ☐(가) 은/는 임금의 대변인이 되는 곳으로서 그 임무가 매우 중요하고 임금과 가깝기 때문에, 나라에서 이를 중시하여 당상관은 이조나 대사간을 거쳐야 겨우 맡을 수 있었다. …… 왕명을 출납하므로 그 책임이 가장 막중하여, 승지에 임명되는 자는 인망이 마치 신선과 같으므로 세속 사람들이 '은대 학사'라고 부른다.

① 승정원   ② 승문원

③ 성균관   ④ 홍문관

13 (가) 인물에 대한 설명으로 옳은 것은?

> ___(가)___ 이/가 왕에게 아뢰기를, "적신 이의민이 발호하여 신들이 군사를 일으켜 그를 죽였습니다. 그런데 그 일당들이 저를 꺼린 나머지 도리어 해를 가하고자 하였습니다. 그러나 하늘이 돕지 않아서 흉악한 무리들이 저절로 궤멸하였는데 아직 그 잔당들이 궁궐 안에 숨어 있으니, 청하건대 궁궐로 들어가서 수색하여 그들을 체포하도록 해주십시오."라고 하였다.

① 의종을 폐위하고 명종을 옹립하였다.

② 국정을 총괄하는 정치 기구인 교정도감을 설치하였다.

③ 몽골과의 전쟁 중에 재조대장경의 조판을 주도하였다.

④ 정방을 설치하여 모든 관직에 대한 인사권을 장악하였다.

14 조선 후기에 전개된 호락 논쟁에 대한 설명으로 옳지 않은 것은?

① 인간과 사물의 본성에 대한 노론 내부의 논쟁이다.

② 이간, 김창협 등 서울 중심의 노론은 '인물성동론'을 주장하였다.

③ 호론은 북학파의 과학 기술 존중과 이용후생 사상으로 이어졌다.

④ 충청도 노론의 주장은 청을 오랑캐로 보는 명분론으로 이어졌다.

15 조선 시대의 대외 관계에 대한 설명으로 옳지 않은 것은?

① 일본에서 주로 구리, 황, 향료 등을 수입하였다.

② 청나라에 조천사를 파견하여 선진 문물을 수용하였다.

③ 한양에 북평관을 설치하여 여진에게 조공 무역을 허용하였다.

④ 류큐에 불경, 유교 경전, 범종 등을 전해주어 문화 발전에 기여하였다.

16 밑줄 친 '왕'의 재위 시기에 있었던 사실로 옳은 것은?

> 당나라 현종은 대문예를 유주(幽州)로 보내 군사를 일으켜 발해 왕인 대무예를 토벌하게 하였다. 또한 경신년에 태복 원외경(太僕員外卿) 김사란을 신라에 사신으로 보내 군사를 일으켜 발해의 남쪽을 공격하게 하였다. 때마침 큰 눈이 1장(丈) 가까이 내리고 산길이 험하여 신라의 군졸이 절반이나 죽으니 공도 세우지 못하고 돌아갔다.

① 장문휴가 당의 산둥 지방을 공격하였다.

② 당나라로부터 '발해 국왕'으로 책봉되었다.

③ 수도를 동경 용원부에서 상경 용천부로 옮겼다.

④ 5경·15부·62주의 지방 행정 제도가 완비되었다.

17 다음 상소문이 발표된 시기로 옳은 것은?

일본에 머물고 있는 신(臣) 박영효는 삼가 네 번 절하며 대군주 폐하께 상소를 올립니다. …… 지금 세계의 모든 나라는 옛날 전국 시대의 열국들과 같습니다. 한결같이 병세(兵勢)를 으뜸으로 삼아 강한 나라는 약한 나라를 병합하고 큰 나라는 작은 나라를 삼키고 있습니다. …… 양반·상민·중인·서민이 임의로 서로 혼인하도록 해야 합니다. 재주와 덕이 있는 자라면 신분이 천할지라도 높은 관직에 등용하십시오.

	(가)	(나)	(다)	(라)	
운요호 사건		갑신 정변	아관 파천	을사 늑약	국권 피탈

① (가) ② (나)
③ (다) ④ (라)

18 밑줄 친 '이 사건' 이후 일제가 시행한 정책으로 옳지 않은 것은?

일제는 류타오후의 만주 철도를 스스로 파괴하고, 이를 중국의 소행이라고 트집잡아 이 사건을 일으켜 만주 일대를 장악하였다. 이후 일제는 괴뢰 정권으로 만주국을 성립시키고, 청 왕조의 마지막 황제였던 부의(푸이)를 만주국의 황제로 세웠다.

① 연초 전매령을 공포하였다.
② 조선 농지령을 제정하였다.
③ 남면 북양 정책을 시행하였다.
④ 중단된 산미 증식 계획을 재개하였다.

19 밑줄 친 '이 선언'에 대한 설명으로 옳은 것은?

오늘로 3·1절 쉰일곱 돌을 맞으면서 우리는 1919년 3월 1일 전 세계에 울려 퍼지던 이 민족의 함성, 자주 독립을 부르짖던 그 아우성이 쟁쟁히 울려와서 이대로 앉아 있는 것은 구국 선열들의 피를 땅에 묻어버리는 죄가 되는 것 같아 우리의 뜻을 모아 이 선언을 국내외에 선포하고자 한다.

① 김영삼이 국회에서 제명된 것을 계기로 발표되었다.
② 서울 시내 대학 교수들이 대통령의 퇴진을 요구하였다.
③ 윤보선, 김대중 등의 재야 인사들이 명동 성당에 모여 발표하였다.
④ 이 선언을 계기로 개헌 청원 백만인 서명 운동이 전개되었다.

20 다음 발표에 따라 추진된 개혁 내용으로 옳은 것을 모두 고른 것은?

개국 503년 12월 12일, 감히 황조와 열성조의 신령 앞에 고합니다. 저 소자가 어린 나이에 우리 조종의 큰 왕업을 이어 지켜 온 지 오늘까지 31년이 되는 동안 오직 하늘을 공경하고 두려워하였습니다. …… 이에 저 소자는 14개 조목의 대법을 하늘에 계신 우리 조종의 신령 앞에 서고하노니, 우러러 조종이 남긴 업적을 잘 이어서 감히 어기지 않을 것입니다.

㉠ 과부의 재가를 허용하였다.
㉡ 은본위 화폐 제도를 실시하였다.
㉢ 재판소를 설립하여 사법권을 독립시켰다.
㉣ 한성 사범 학교를 설립하고 외국어 학교 관제를 공포하였다.

① ㉠, ㉡ ② ㉠, ㉣
③ ㉡, ㉣ ④ ㉢, ㉣

정답·해설 _약점 보완 해설집 p.54

모바일 자동 채점 + 성적 분석 서비스 바로 가기
QR코드를 이용해 모바일로 간편하게 채점하고 나의 실력이 어느 정도인지, 취약 부분이 어디인지 바로 파악해 보세요!

14회 핵심 키워드 마무리 체크

☑ 빈칸에 들어갈 알맞은 키워드를 골라 채워보세요.

헤이그 특사	탁지지	문헌공도	제2차 갑오개혁
나 · 당 연합군	제1차 갑오개혁	장문휴	최충헌
제1차 한 · 일 협약	문무왕	4 · 19 혁명	발해 국왕
최우	4 · 3 사건	유신령	3 · 1 민주 구국 선언

선사~조선 후기

01 660년에 _____의 공격으로 백제가 멸망하였다.

02 _____ 때 신라가 웅진 도독 부여 융과 회맹을 맺었다.

03 발해 무왕 때는 _____가 당의 산둥 지방을 공격하였다.

04 발해 문왕은 당나라로부터 '_____'으로 책봉되었다.

05 고려 인종은 왕권을 회복하기 위해 15개조의 _____을 발표하였다.

06 최충은 _____를 설립하여 9경과 3사를 중심으로 교육하였다.

07 _____은 국정을 총괄하는 정치 기구인 교정도감을 설치하였다.

08 ____는 정방을 설치하여 모든 관직에 대한 인사권을 장악하였다.

09 정조는 호조의 사례를 모아 「_____」를 편찬하였다.

근대~현대

10 _____ 때 과부의 재가를 허용하였다.

11 _____ 때 재판소를 설립하여 사법권을 독립시켰다.

12 _____ 체결 결과 메가타가 재정 고문으로, 스티븐스가 외교 고문으로 부임하였다.

13 일본이 _____ 파견을 빌미로 고종을 강제로 퇴위시켰다.

14 제주도에서 남한 단독 정부 수립에 반대하는 _____이 일어났다.

15 _____ 때는 서울 시내 대학 교수들이 대통령의 퇴진을 요구하였다.

16 _____은 윤보선, 김대중 등의 재야 인사들이 명동 성당에 모여 발표하였다.

정답 | 01 나 · 당 연합군 02 문무왕 03 장문휴 04 발해 국왕 05 유신령 06 문헌공도 07 최충헌 08 최우 09 탁지지 10 제1차 갑오개혁 11 제2차 갑오개혁 12 제1차 한 · 일 협약 13 헤이그 특사 14 4 · 3 사건 15 4 · 19 혁명 16 3 · 1 민주 구국 선언

14회 실전동형모의고사 97

15회 실전동형모의고사

제한시간 : 15분 시작   시   분 ~ 종료   시   분 점수 확인 개/ 20개

01 밑줄 친 '이 유적'에 해당하는 곳으로 옳은 것은?

이 유적에서는 구석기 시대에서 청동기 시대에 걸친 화석, 고분, 주거지 등이 발견되었다. 특히 이 유적은 한반도에서 최초로 인골 화석이 발견된 곳이기도 하다.

① 예천 삼강리 유적
② 덕천 승리산 유적
③ 상원 검은모루 동굴 유적
④ 단양 상시리 바위 그늘 유적

02 다음 주장이 발표된 시기를 연표에서 고르면?

이제 우리는 무기 휴회된 미·소 공동 위원회가 재개될 기색도 보이지 않으며, 통일 정부를 고대하나 여의케 되지 않으니, 우리는 남방만이라도 임시 정부, 혹은 위원회 같은 것을 조직하여 38 이북에서 소련이 철퇴하도록 세계 공론에 호소하여야 할 것이니, 여러분도 결심하여야 할 것입니다.

1945. 12.	1946. 3.	1946. 12.	1947. 5.	1948. 4.
(가)	(나)	(다)	(라)	
모스크바 3국 외상 회의	제1차 미·소 공동 위원회 개최	남조선 과도 입법 의원 창립	제2차 미·소 공동 위원회 개최	제주 4·3 사건

① (가)
② (나)
③ (다)
④ (라)

03 (가) 신문에 대한 설명으로 옳은 것은?

우리 조정에서도 박문국을 설치하고 관리를 두어 외국의 신문을 번역하고 아울러 국내의 일까지 기재하여 나라 안에 알리는 동시에 다른 나라까지 공포하기로 하고, 이름을 ⎡ (가) ⎤(이)라고 하여 견문을 넓히고, 여러 가지 의문점을 풀어 주고, 상업에도 도움을 주고자 하였다. 중국, 서양의 관보(官報), 신보(申報)를 우편으로 교신하는 것도 그런 뜻에서이다.

① 우리나라 최초의 신문으로, 10일에 한 번씩 간행되었다.
② 서재필 등의 주도로 창간되었으며, 한글판과 영문판으로 발행되었다.
③ 국한문 혼용체의 신문으로 장지연의 '시일야방성대곡'을 게재하였다.
④ 천도교 측에서 발행한 신문으로, 일진회 등의 매국 행위를 비판하였다.

04 다음 사건 이후의 사실로 옳지 않은 것은?

전보에 따르면, 임시 정부 의정원에서는 재정난 때문에 내홍과 내분이 끊임없이 일어나고, 대통령 이승만은 단지 허명일 뿐 항상 미국에 있어서 실무를 보지 않는다는 것 등의 이유를 들어 지난달 18일에 의정원 회의를 열고 탄핵하였다.

① 임시 정부가 대일 선전 포고문을 발표하였다.
② 임시 정부가 개헌을 통해 국무위원제를 채택하였다.
③ 김구가 한국 국민당을 조직하여 정당 정치를 운영하였다.
④ 독립운동의 방향 전환을 위해 국민 대표 회의가 개최되었다.

05 다음 중 고려와 조선 시대의 조운 제도에 대한 설명으로 옳지 않은 것은?

① 고려 시대에는 13조창제를 기본으로 하는 조운 제도가 운영되었다.

② 고려 후기에 왜구의 침입으로 선박을 통한 조운 제도의 운영이 어려워졌다.

③ 조선 시대의 관리들은 풍저창으로 운반된 세곡을 녹봉으로 지급받았다.

④ 조선 후기에 조운량의 증가로 주교사나 훈련도감 소속의 배를 조운에 이용하기도 하였다.

06 (가) 인물에 대한 설명으로 옳은 것은?

　　　(가)　이/가 말하였다. "불교에는 보살계가 있어서 그 조항이 10가지나 되지만, 자네들은 남의 신하와 자식이 되었으니 아마도 감당하기 어려울 것이네. 지금 세속의 5계가 있으니, 첫째는 충성으로 임금을 섬기는 것이요, 둘째는 효로 부모를 섬기는 것이요, …… 다섯째는 산 것을 죽일 때에는 가림이 있어야 하네. 자네들은 이것을 실행하는 데 소홀해서는 안 될 것이다."라고 하였다.

① 중국에서 풍수지리설을 들여왔다.

② 화엄 사상을 바탕으로 관음 신앙을 중시하였다.

③ 미륵 신앙을 전파하며 불교 대중화의 길을 열었다.

④ 왕명으로 수나라에 군사를 청하는 글을 지어 바쳤다.

07 다음 문화유산에 대한 설명으로 옳은 것은?

　　우리 성상께서는 덕성을 기르던 어린 나이 때부터 세손이 되고 보위에 오를 때까지 행동과 말을 기록하지 않은 날이 없었는데 이것을 연월별로 편집하여 조석으로 보고 반성할 자료로 삼으셨다. 기록으로 자세히 남아 있는 것과 기록 없이 혼자만 아시는 것을 처음에는 모두 성상께서 손수 적으셨고, 이후에는 신하들에게 맡겼으나 필삭(筆削)은 또한 성상께서 직접 살피고 재결하시었다.

① 『비국등록』이라고도 불렸다.

② 주서(注書)가 왕의 언행과 업무 등을 기록하였다.

③ 업무 처리를 위해 신하들의 열람이 허용되기도 하였다.

④ 분쟁을 방지하기 위해 편찬 이후에는 초고 등을 세초하였다.

08 다음을 주장한 인물에 대한 설명으로 옳지 않은 것은?

　　우리나라가 아시아의 목구멍에 해당하는 지리적 위치는 유럽의 벨기에와 같고, 중국에 조공하던 처지는 터키에 조공하던 불가리아와 같다. 그런데 불가리아가 중립 조약을 체결한 것은 유럽의 여러 대국들이 러시아의 침략을 막으려는 목적에서 나온 것이었고, 벨기에가 중립 조약을 체결한 것은 유럽의 여러 대국들이 자국을 보전하려는 계책에서 나온 것이었다. 대저 조선이 아시아의 중립국이 된다면 러시아를 방어하는 큰 기틀이 될 것이고, 또한 아시아의 여러 대국들이 서로 보전하는 방책도 될 것이다.

① 국어 문법서인 『조선문전』을 저술하였다.

② 우정총국이 설립되자 초대 우정국 총판에 임명되었다.

③ 보빙사의 일원으로 미국에 건너가 유학 생활을 하였다.

④ 김옥균, 홍영식 등과 함께 박규수의 문하에서 수학하였다.

09 (가) 왕에 대한 설명으로 옳은 것은?

> 개로왕이 재위한 지 21년에 고구려가 쳐들어 와서 한성을 포위하였다. 개로왕이 성을 닫고 스스로 굳게 지키면서 [(가)]을/를 보내 신라에 구원을 요청하게 하자, 군사 1만 명을 얻어 돌아왔다. 고구려군은 비록 물러갔으나 성이 파괴되고 개로왕이 죽어서 마침내 [(가)]이/가 왕위에 올랐다.

① 탐라를 복속시켰다.

② 웅진으로 천도하였다.

③ 목지국을 정복하였다.

④ 한강 유역을 수복하였다.

10 (가), (나) 제도에 대한 설명으로 옳은 것은?

> ○ 태조 18년에 신라왕 김부(金傅)가 와서 항복하자 신라국을 없애고 경주라 하고 김부를 경주의 [(가)] (으)로 임명하였다.
> ○ 국초에 향리의 자제를 뽑아 개경에 볼모로 삼아 출신지의 일에 대하여 자문하게 하였는데, 이것을 [(나)] (이)라 한다.

① (가) – 퇴직한 고위 관료를 출신 지역에 거주하게 하는 제도였다.

② (나) – 임명된 관리는 부호장 이하의 향리 인사와 풍속 교정 등을 담당하였다.

③ (가) – 상수리 제도를 계승한 제도로, 지방 행정의 고문 역할을 담당하였다.

④ (가), (나) – 지방 세력을 제도적으로 통제·감시할 목적으로 시행되었다.

11 밑줄 친 '국회'의 활동으로 옳지 않은 것은?

> 유구한 역사와 전통에 빛나는 우리들 대한 국민은 기미 3·1 운동으로 대한민국을 건립하여 세계에 선포한 위대한 독립 정신을 계승하여 이제 민주 독립 국가를 재건함에 있어서 …… 이 헌법을 제정한 국회는 이 헌법에 의한 <u>국회</u>로서의 권한을 행하며 그 의원의 임기는 국회 개회일로부터 2년으로 한다.

① 국가 보안법을 제정하였다.

② 귀속 재산 처리법을 제정하였다.

③ 반민족 행위 처벌법을 제정하였다.

④ 최고 소작료 결정의 건을 공포하였다.

12 다음 자료에 나타난 시기의 사회·문화에 대한 설명으로 옳지 않은 것은?

> 조선에 가보니 역시 남방에서는 면작을 합니다. 또 북방에서는 소규모나마 목양장이 있어 사양(飼羊)을 하는데 이것을 개량할 것 같으면 매우 성적이 좋으리라 생각하고 면과 양을 합하여 장려를 시작하였든 것이오. …… 조선의 남방에는 주로 면작을 하고 북방에도 되기는 하나 주로 사양(飼羊)을 한다 하여 남면북양 정책을 수립해 논 것이고 그것을 장려하였소.

① 『신여성』, 『별건곤』 등의 잡지가 창간되었다.

② 극예술 연구회에서 유치진의 『토막』을 상영하였다.

③ 손기정 선수가 올림픽에서 마라톤 금메달을 획득하였다.

④ 일본 주류 대중 음악의 영향을 받은 트로트 양식이 정립되었다.

13 밑줄 친 '전하'가 실시한 정책에 대한 설명으로 옳은 것은?

> 천예(賤隸)들이 때나 만난 듯이 윗사람을 능욕하고 저마다 거짓말을 꾸며 본 주인을 모함하는 자가 헤아릴 수 없었습니다. …… 바라건대, 전하께서는 옛일을 심각한 교훈으로 삼아 천인이 윗사람을 능멸하지 못하게 하고, 종과 주인 사이의 명분을 공정하게 처리하십시오. …… 전대에 판결한 것을 캐고 따져서 분쟁이 열리지 않도록 해야 하겠습니다.

① 거란의 침입에 대비하기 위하여 광군을 조직하였다.

② 관료의 위계 질서 확립을 위해 백관의 공복을 제정하였다.

③ 『정계』, 『계백료서』 등을 지어 관리가 지켜야 할 규범을 제시하였다.

④ 문신 월과법을 실시하여 관리들에게 시(詩)와 부(賦)를 바치도록 하였다.

14 (가), (나) 붕당에 대한 설명으로 옳은 것은?

> 심의겸과 김효원이 당으로 나뉘었다는 말이 있었습니다. 그래서 당시의 대신과 근신들이 진정시킬 계책을 의논한 다음 경연에서 아뢰어 두 사람을 모두 외직으로 보임시켰으나, 조정은 조용해지지 않고 떠도는 의논이 구름처럼 일어났습니다. 그리하여 조금이라도 의겸의 무리에 가까운 자면 [(가)]이라 지목하고 조금이라도 효원의 무리에 가까운 자면 [(나)]이라 지목하여 조정의 인사들이 모두 지목하는 속에 들어가 있습니다.

① (가) – 광해군의 대외 정책을 지지하였다.

② (나) – 경신환국을 통해 정국을 주도하였다.

③ (가) – 예송 논쟁에서 신권보다 왕권을 강조하였다.

④ (나) – 정철의 처벌 문제 등을 두고 북인과 남인으로 나뉘었다.

15 다음 자료와 관련된 불교 사상에 대한 설명으로 옳지 않은 것은?

> 승려 도의가 서쪽으로 바다를 건너 중국에 가서 서당대사의 깊은 뜻을 보고 지혜의 빛이 스승과 비슷해져서 돌아왔으니, 그는 그윽한 이치를 처음 전한 사람이다. …… 그러나 메추라기의 작은 날개를 자랑하는 무리들이 대붕(大鵬)이 남쪽으로 가려는 높은 뜻을 힐뜯고 기왕에 공부했던 경전 외우는 데만 마음이 쏠려 다투어 마귀의 말과 같다고 비웃으니, 도의는 빛을 숨기고 자취를 감추어 서울에 갈 생각을 버리고 마침내 북산에 은거하였다.
>
> – 봉암사 지증대사적조탑비

① 가지산파를 포함한 9산 선문을 형성하였다.

② 왕실은 이 사상을 포섭하려는 노력을 하지 않았다.

③ 실천 수행을 통해 마음 속에 내재된 깨달음을 얻고자 하였다.

④ 승려의 사리를 모신 승탑과 탑비가 유행하는 데 영향을 주었다.

16 자료에 나타난 시기의 경제 모습으로 옳은 것은?

> 조류를 따라 예성항에 이르자, 정사와 부사는 큰 배로 옮겨 탔다. 낮 12시쯤 정사와 부사가 도할관과 제할관을 거느리고 (황제의) 조서를 봉안하였다. …… 벽란정으로 들어가 조서를 봉안하고 그 일이 끝나자 지위에 따라 나뉘어 잠시 휴식을 취하였다. 다음날 육로를 따라 왕성으로 들어갔다.

① 평시서를 두어 시장을 감독하였다.

② 수도에 서시와 남시가 설치되었다.

③ 감자, 고구마 등의 작물을 재배하였다.

④ 대도시에 주점, 다점 등의 관영 상점을 두었다.

17 다음 ㈀~㈃의 설명 중 옳은 것을 모두 고른 것은?

> ㈀ 세종 때 천체 관측 기구인 혼의, 간의 등이 제작되었다.
> ㈁ 태종 때 계절의 변화와 1년의 길이를 측정하는 규표를 제작하였다.
> ㈂ 정조 때 우리나라의 사정에 맞는 『천세력』을 간행하였다.
> ㈃ 이제마는 『동의수세보원』에서 우리나라 최초로 종두법을 소개하였다.

① ㈀, ㈁   ② ㈀, ㈂
③ ㈁, ㈂   ④ ㈂, ㈃

18 다음 사건이 일어난 지역에서 전개된 민족 운동으로 옳은 것은?

> 이봉창은 문 앞에서 시민을 가장하고 도열해 있다가 관병식을 끝낸 뒤 마차를 타고 돌아가는 일황을 향하여 힘껏 수류탄을 투척하였다. 한민족의 이름으로 침략의 원흉을 응징하였던 것이다. 평장한 폭음과 동시에 손에서 떨어져 나간 수류탄은 작렬하였으나 일황은 불행히도 명중되지 못하고 수행자인 공봉차(供奉車)의 일부와 경위자의 기마에 약간의 부상을 입혔을 뿐이다.

① 한인 자치 단체인 간민회가 조직되었다.
② 유인석, 이상설 등이 성명회를 조직하였다.
③ 조선 청년 독립단이 독립 선언서를 발표하였다.
④ 윤봉길이 폭탄을 던져 일본군 장성과 고관을 처단하였다.

19 1880년대의 개화 정책과 관련된 설명으로 옳지 않은 것은?

① 무위영과 장어영이 설치되었다.
② 서울에 조폐 기관인 전환국을 설치하였다.
③ 미국과 합작하여 한성 전기 회사를 설립하였다.
④ 통리기무아문을 설치하고 그 밑에 12사를 두었다.

20 (가)의 침입에 대한 고려의 대응으로 옳지 않은 것은?

> ____(가)____에서 조서를 보내 이르기를, "황제께서 살리타, 화리적의 군대를 보내 너희들이 투항하려는지 아니면 죽임을 당하려는지 묻게 하셨다. …… 저고여가 사라져서 사신이 저고여를 찾으러 갔으나 너희들은 활과 화살로 찾으러 온 사람을 쏘아서 돌아가게 했다. 그로 미루어 너희가 저고여를 살해한 것이 확실하다. 따라서 우리들은 책임을 물으러 갔다."

① 박서가 귀주에서 (가)의 군대에 항전하였다.
② 개경이 함락되고 국왕이 복주로 피난하였다.
③ 고려 정부는 산성, 해도 입보 정책을 펼쳤다.
④ 충주 다인철소 주민들이 (가)의 군대를 격퇴하였다.

정답·해설 _약점 보완 해설집 p.58

모바일 자동 채점 + 성적 분석 서비스 바로 가기
QR코드를 이용해 모바일로 간편하게 채점하고 나의 실력이 어느 정도인지, 취약 부분이 어디인지 바로 파악해 보세요!

15회 핵심 키워드 마무리 체크

☑ 빈칸에 들어갈 알맞은 키워드를 골라 채워보세요.

홍영식	사심관	국가 보안법	성종
일성록	웅진	민족 말살 통치	유길준
국민 대표 회의	미 군정	세종	원광
기인 제도	성명회	한성순보	정조

선사~조선 후기

01 백제의 문주왕은 ____으로 천도하였다.

02 ____은 왕명으로 수나라에 군사를 청하는 글을 지어 바쳤다.

03 고려 ____은 문신 월과법을 실시하여 관리들에게 시(詩) 와 부(賦)를 바치도록 하였다.

04 ____는 상수리 제도를 계승한 제도로, 지방 행정의 고문 역할을 담당하였다.

05 ____으로 임명된 관리는 부호장 이하의 향리 인사와 풍속 교정 등을 담당하였다.

06 조선 ____ 때 천체 관측 기구인 혼의, 간의 등이 제작되었다.

07 조선 ____ 때 우리나라의 사정에 맞는 『천세력』이 간행되었다.

08 『____』은 업무 처리를 위해 신하들의 열람이 허용되기도 하였다.

근대~현대

09 ____는 우리나라 최초의 신문으로, 10일에 한 번씩 간행되었다.

10 ____은 보빙사의 일원으로 미국에 건너가 유학 생활을 하였다.

11 ____은 우정총국이 설립되자 초대 우정국 총판에 임명되었다.

12 1923년에 독립운동의 방향 전환을 위해 ____ 가 소집되었다.

13 연해주에서 유인석, 이상설 등이 ____를 조직하였다.

14 ____ 시기에 손기정 선수가 올림픽에서 마라톤 금메달을 획득하였다.

15 ____은 최고 소작료 결정의 건을 공포하였다.

16 제헌 국회는 ____을 제정하였다.

정답 | 01 웅진 02 원광 03 성종 04 기인 제도 05 사심관 06 세종 07 정조 08 일성록 09 한성순보 10 유길준 11 홍영식 12 국민 대표 회의 13 성명회 14 민족 말살 통치 15 미 군정 16 국가 보안법

16회 실전동형모의고사

제한시간 : 15분 시작   시   분 ~ 종료   시   분 점수 확인   개/ 20개

01 (가) 인물에 대한 설명으로 옳은 것은?

> 1956년의 제3대 정 · 부통령 선거에서는 혁신 노선을 내세운 (가) 후보가 대통령 선거에 출마하여 전체 유효표의 30%를 차지하였고, 부통령 선거에서는 민주당의 장면 후보가 자유당의 이기붕 후보를 누르고 당선되었다.

① 평화 통일론을 주장하며 진보당 창당을 주도하였다.

② 7 · 4 남북 공동 성명의 합의를 위해 평양으로 파견되었다.

③ 일본 외상인 오히라 마사요시와 함께 비밀 각서를 작성하였다.

④ 제2공화국의 국무총리로 선출되어 경제 개발과 남북 관계 개선을 추진하였다.

02 고려의 중앙 통치 기구에 대한 설명으로 옳은 것을 모두 고른 것은?

> ㉠ 중서문하성은 문하시중을 중심으로 국정을 총괄하였다.
> ㉡ 삼사는 관리를 규찰하고 탄핵하는 언론 기능을 수행하였다.
> ㉢ 중추원은 2품 이상의 재신과 3품 이하의 낭사로 구성되었다.
> ㉣ 상서성은 상서도성과 상서6부로 구성되어 국정 집행을 담당하였다.

① ㉠, ㉡

② ㉠, ㉣

③ ㉡, ㉢

④ ㉢, ㉣

03 밑줄 친 '이곳'에 대한 설명으로 옳은 것은?

> 이곳은 이회영 · 이동녕 · 이관직 · 이상룡 · 윤기섭 등이 설립하였는데, 명칭은 신민회의 이름과 다시 일어나는 구국투쟁이란 의미를 합쳐서 정하였다. 이곳을 학교보다 등급이 낮은 강습소라고 한 것은 중국과 일본의 감시를 피하기 위해서였다.

① 연해주 블라디보스토크에서 설립되었다.

② 3 · 1 운동 이후 신흥 중학교로 이름을 바꾸었다.

③ 군사 교육과 함께 국어, 국사 교육을 실시하였다.

④ 일제가 만주 군벌과 체결한 미쓰야 협정으로 폐교되었다.

04 밑줄 친 '이 탑'에 대한 설명으로 옳은 것은?

> "신라 제27대에 여왕이 임금이 되니 비록 도(道)는 있으나 위엄이 없었으므로 9한(九韓)이 침범하였다. 만약 이 탑을 세우면 곧 이웃 나라의 재앙을 진압할 수 있으니, 제1층은 일본, 제2층은 중화, 제3층은 오월, 제4층은 탁라, 제5층은 응유, 제6층은 말갈, 제7층은 거란, 제8층은 여적, 제9층은 예맥이다."

① 석재를 벽돌 모양으로 만들어 쌓았다.

② 자장의 건의로 세워졌으며, 몽골의 침입으로 소실되었다.

③ 보수 과정에서 목판 인쇄물인 『무구정광대다라니경』이 출토되었다.

④ 네 마리의 사자가 탑을 이고 있는 형태를 하고 있는 신라 중대의 석탑이다.

05 다음 사건 이후에 일어난 사실로 옳은 것을 모두 고른 것은?

> 왕의 위임을 받은 공사관 측은 조선 내의 모든 외국 대표들에게, 조선의 국왕이 현 정세가 불안하여 궁궐에 머무는 것이 자신의 생명에 위험하다고 판단하여 세자와 함께 러시아 공사관에 피신하기로 결정하였다고 알렸다.

> ㉠ 군국기무처가 설치되었다.
> ㉡ 교육 입국 조서가 반포되었다.
> ㉢ 관민 공동회에서 헌의 6조를 결의하였다.
> ㉣ 고종이 환구단에서 황제 즉위식을 거행하였다.

① ㉠, ㉡   ② ㉠, ㉣
③ ㉡, ㉢   ④ ㉢, ㉣

06 밑줄 친 '나'에 대한 설명으로 옳은 것은?

> 어느 날 꿈에 신인(神人)이 나타나 말하기를, '나는 초 회왕의 손자인 심(心, 의제)이다. 서초 패왕(覇王, 항우)에게 피살되어 빈 강에 빠져 있느니라.' 하고는 갑자기 사라져버렸다. 나는 꿈에서 깨어 놀라며 생각하기를 '회왕은 중국 초나라 사람이요, 나는 동이 사람으로 거리가 만 리나 떨어져 있는데, 꿈에 나타난 징조는 무엇일까?' …… 마침내 글을 지어 조문하였다.

① 현량과의 실시를 주장하였다.
② 제1차 왕자의 난 때 죽임을 당하였다.
③ 고려 말 정몽주, 길재의 학풍을 이었다.
④ 「기축봉사」를 올려 명에 대한 의리를 강조하였다.

07 (가) 지역에 대한 설명으로 옳은 것은?

> 별초지유(別抄指諭) 김세충(金世沖)이 문을 밀치고 들어와 최우에게 따져 말하기를, " (가) 은/는 태조 이래 역대로 지켜 온 것이 무릇 200여 년입니다. 성은 견고하고 군사와 양식은 풍족하니, 진실로 마땅히 힘을 모아 지켜서 사직을 보위하여야 합니다. (가) 을/를 버리고 가면 장차 어느 곳에 도읍하겠습니까."라고 하였다. …… 최우가 왕에게 아뢰어 속히 대전(大殿)에서 내려와 서쪽 강화도로 행차할 것을 청하였으나, 왕이 망설이고 결정하지 못하였다.

① 궁예가 국호를 마진으로 바꾸고 도읍으로 삼았다.
② 남북 경제 협력 사업의 일환으로 공단이 세워졌다.
③ 유엔군과 북한군, 중국군이 정전 협정을 체결하였다.
④ 일제 강점기 최대 규모의 노동자 총파업이 전개되었다.

08 다음 선언에 대한 설명으로 옳은 것은?

> 세 위대한 연합국은 해로와 육로, 항공로로 야만적인 적국에 대하여 끊임없는 압력을 가할 결의를 표명하였다. 이 압박은 이미 증대하고 있다. 세 위대한 연합국은 일본의 침략을 제지하고 이를 벌하기 위하여 이 전쟁을 수행하고 있다. 연합국은 자국을 위하여 어떠한 이익도 요구하지 않으며, 영토를 확장할 의도 역시 갖고 있지 않다. …… 동맹국은 조선 인민의 노예 상태에 유의하여 적당한 시기에 한국을 자주 독립시킬 것을 결의한다.

① 최초로 한국의 독립을 약속하였다.
② 연합국이 일본의 무조건 항복을 요구하였다.
③ 소련이 일본과의 전쟁에 참전할 것을 결의하였다.
④ 미국, 영국, 소련의 외무장관이 모여 회담을 한 후 발표되었다.

09 (가) 나라에 대한 설명으로 옳은 것은?

> (가) 의 관직으로 높은 자를 대대로라고 부르는데, 이는 당나라의 1품에 비견된다. 대대로는 국사를 총괄하며 3년에 한 번씩 바꾸는데, 만약 직을 잘 수행하는 자는 연한에 구애받지 않는다. 대대로를 교체하는 날, 만약 서로 승복하지 않으면 모두 군대를 이끌고 서로 공격하여 이기는 자가 그 자리를 차지한다.

① 수도는 5부, 지방은 5방으로 정비하였다.

② 지방에 욕살, 처려근지 등을 파견하였다.

③ 지방에 소경이라는 특수 행정 구역을 설치하였다.

④ 중앙군으로 10위를 두어 왕궁과 수도의 경비를 맡겼다.

10 밑줄 친 '왕' 재위 시기의 사실로 옳은 것은?

> 한국사 신문
>
> ○○○○년 ○○월 ○○일
> 영릉(英陵)에서 숭모제전 개최
>
> 오는 15일에 영릉에서 이 왕의 탄신을 기념하는 숭모제전(崇慕祭典)을 개최한다. 숭모제전은 분향과 제례, 축문 낭독, 화환 헌화와 분향, 축사의 순서로 진행되는데, 특히 이번 행사에서는 이 왕 때 편찬된 최초의 한글 서적인 『용비어천가』를 궁중 음악인 여민락에 맞추어 노래하는 특별 공연이 이루어질 예정이다.

① 천상열차분야지도가 제작되었다.

② 토지 측량 기구인 인지의, 규형 등을 만들었다.

③ 우리나라 전쟁사를 정리한 『동국병감』을 편찬하였다.

④ 밀랍 대신 식자판 조립 방법으로 인쇄 능률을 향상시켰다.

11 (가) 서적에 대한 설명으로 옳은 것을 모두 고른 것은?

> 신이 (가) 을/를 삼가 편수하여 두 권으로 나누어 깨끗이 써서 바칩니다. …… 예로부터 지금까지 황제들이 이어온 역사, 즉 중국은 반고로부터 금까지, 동국은 단군으로부터 우리 본조(本朝)까지 그 시작한 근원을 책에서 두루 찾아내어, 같고 틀림을 비교하여 그 요긴함을 추려 시를 지으니 서로 계승하고 주고받으며 일어남이 손바닥을 가리키듯 분명합니다.

> ㉠ 독자적인 정통론으로 마한과 신라를 정통 국가로 보았다.
> ㉡ 예맥과 옥저 등을 모두 단군의 후손으로 서술하였다.
> ㉢ 국왕, 훈신, 사림이 서로 합의하여 통사 체계를 구성하였다.
> ㉣ 원 간섭기인 충렬왕 때 이승휴가 편찬하였다.

① ㉠, ㉡   ② ㉡, ㉢

③ ㉡, ㉣   ④ ㉢, ㉣

12 다음 내용과 관련된 사건 이후에 전개된 사실로 옳지 않은 것은?

> 왕이 말하길, "송시열은 산림의 영수로 나라의 형세가 험난한 때에 감히 원자의 명호를 정한 것이 너무 이르다고 하였으니, 삭탈 관작하고 성문 밖으로 내치라. 반드시 송시열을 구하려는 자가 있겠지만, 그런 자는 비록 대신이라 하더라도 용서하지 않을 것이다."라고 하였다.

① 인현 왕후가 복위되고 장씨가 희빈으로 강등되었다.

② 정여립 모반 사건으로 많은 동인들이 피해를 입었다.

③ 사도 세자의 죽음 이후 노론이 시파와 벽파로 분열되었다.

④ 나주 괘서 사건을 계기로 소론 인물들이 대거 처형당하였다.

13 밑줄 친 '그'에 대한 설명으로 옳은 것은?

> 그는 선왕의 큰아들로서 어머니는 제국대장공주이다. 성품은 총명하고 강직하면서 과단성이 있었다. 이로운 것을 일으키고 폐단을 제거하였으므로 무릇 베풀어 실행한 바들이 대략 볼 만하였다. 하지만 부자 사이에 허물이 진실로 많았으며, 오랫동안 상국(上國)에 머무르다가 스스로 유배형에 처해지는 치욕을 얻었다.

① 자제위를 설치하였다.

② 경사교수도감을 설치하였다.

③ 기철 등의 부원 세력을 제거하였다.

④ 사림원을 설치하여 개혁을 추진하였다.

14 (가), (나) 사이 시기에 있었던 사실로 옳은 것은?

> (가) 초토사 홍계훈은 동학 농민군 측의 폐정 개혁 요구를 국왕에게 보고하기로 약속하였다. 전주성의 동학 농민군은 정부와 화약을 체결하고 성에서 빠져나가 해산하였다.
> (나) 다시 거병을 결심한 전봉준이 태인을 출발, 원평을 거쳐 삼례에 도착하여 이곳에 대도소(大都所)를 설치하고 거병 준비에 착수하였다.

① 농민군이 황토현 전투에서 관군에 승리하였다.

② 일본군이 경복궁을 점령하고 청·일 전쟁을 일으켰다.

③ 전봉준의 남접과 손병희의 북접이 논산에 집결하였다.

④ 농민군이 우금치 전투에서 일본군과 관군에 패배하였다.

15 밑줄 친 '왕'의 재위 시기에 있었던 사실로 옳은 것은?

> 주전도감에서 아뢰기를, "백성이 비로소 동전 사용의 편리함을 알게 되었으니, 청컨대 종묘에 알리십시오."라고 하니 왕이 그대로 따랐다. 그리고 은병을 사용하게 하였는데, 그 제도가 은 1근으로써 우리나라 지형을 본떠 만드니 민간에서는 '활구(濶口)'라고 하였다.

① 개성부를 경중(京中) 5부와 경기로 분리하였다.

② 주현공부법을 제정하여 국가 재정을 확보하고자 하였다.

③ 윤관의 건의에 따라 여진을 정벌하기 위해 별무반을 조직하였다.

④ 호장과 부호장 등의 향리 직제를 마련하여 지방 세력을 통제하였다.

16 ㉠~㉢에 들어갈 내용을 바르게 연결한 것은?

> ○ 노비 출신으로 화원에 발탁된 (㉠)은/는 「송하보월도」에서 모진 비바람을 이겨 내고 있는 늙은 소나무를 통해 강인한 정신과 굳센 기개를 표현하였다.
> ○ 안견은 세종의 셋째 아들인 안평대군의 꿈을 바탕으로 (㉡)을/를 그려 이상 세계와 현실 세계를 조화롭게 표현하였다.
> ○ (㉢)은/는 주로 양반과 부녀자의 생활과 유흥, 남녀 사이의 애정 등을 감각적이고 해학적으로 묘사하였다.

	㉠	㉡	㉢
①	강세황	몽유도원도	김홍도
②	강세황	고사관수도	신윤복
③	이상좌	몽유도원도	신윤복
④	이상좌	고사관수도	김홍도

17 (가) 인물에 대한 설명으로 옳은 것은?

여러 대인과 왕은 몰래 □(가)□ 을/를 죽이고자 논의하였는데 일이 새어 나갔다. □(가)□ 은/는 부병(部兵)을 모두 모아 놓고 마치 군대를 사열할 것처럼 꾸몄다. 그리고 성 남쪽에다 술과 안주를 성대히 차려 두고, 여러 대신(大臣)을 불러 함께 (사열식을) 보자고 하였다. 손님들이 이르자 모두 살해하니 모두 100여 명이었다. 그리고 말을 달려 궁궐로 들어가 왕을 시해하고, 시신을 잘라 여러 토막으로 내고 도랑에 버렸다. □(가)□ 은/는 왕의 동생의 아들 장(臧)을 왕으로 세우고 스스로 막리지(莫離支)가 되었다. 전국을 호령하였고, 나라의 일을 마음대로 하였다.

① 신라에 의해 보덕국왕으로 책봉되었다.

② 요하 하류에 있는 안시성 전투에서 승리하였다.

③ 요서 지방을 선제 공격하여 수나라를 견제하였다.

④ 당나라의 침입에 대비하기 위한 천리장성의 축조를 주관하였다.

18 (가)~(라) 교육 기관에 대한 설명으로 옳지 않은 것은?

(가) 배재 학당	(나) 육영 공원
(다) 동문학	(라) 원산 학사

① (가) – 선교사 스크랜턴이 설립한 여성 교육 기관이다.

② (나) – 좌원(左院)과 우원(右院)의 두 반으로 편성되었다.

③ (다) – 정부가 설립한 외국어 교육 기관으로 통역관을 양성하였다.

④ (라) – 우리나라 최초의 근대적 사립 학교로 덕원 주민들과 개화파 인사들의 합자로 설립되었다.

19 (가)~(라) 시기에 있었던 사실로 옳은 것은?

	(가)	(나)	(다)	(라)	
무신 정변		이의민 집권	최충헌 집권	최우 집권	개경 환도

① (가) – 백제 부흥을 표방하며 이연년 형제가 반란을 일으켰다.

② (나) – 망이, 망소이가 공주 명학소에서 봉기하였다.

③ (다) – 서경에서 최광수가 고구려 부흥을 표방하며 반란을 일으켰다.

④ (라) – 김보당이 의종 복위를 내세우며 집권 무신을 타도하고자 하였다.

20 밑줄 친 '본사(本社)'와 관련된 설명으로 옳지 않은 것은?

공평은 사회의 근본이고 사랑은 인간의 본성이라. 그러므로 우리는 계급을 타파하고 모욕적인 칭호를 폐지하며 교육을 장려하여 우리도 참사람이 되고자 함이 본사(本社)의 주지(主늼)니라.

① 파업과 소작 쟁의에도 참여하였다.

② 이학찬을 중심으로 진주에서 조직되었다.

③ 조선 노동 총동맹이 창립된 해에 결성되었다.

④ 일제의 탄압이 심해지자 대동사로 개칭하였다.

정답·해설 _약점 보완 해설집 p.62

모바일 자동 채점 + 성적 분석 서비스 바로 가기
QR코드를 이용해 모바일로 간편하게 채점하고 나의 실력이 어느 정도인지, 취약 부분이 어디인지 바로 파악해 보세요!

16회 / 핵심 키워드 마무리 체크

☑ 빈칸에 들어갈 알맞은 키워드를 골라 채워보세요.

이화 학당	신흥 강습소	무구정광대다라니경	얄타 회담
조광조	안승	포츠담 선언	10위
이학찬	동문학	별무반	원산 학사
정여립	황룡사 9층 목탑	조봉암	주현공부법

선사~조선 후기

01 _____은 자장의 건의로 세워졌으며, 몽골의 침입으로 소실되었다.

02 ____은 신라에 의해 보덕국왕으로 책봉되었다.

03 불국사 3층 석탑의 보수 과정에서 목판 인쇄물인 「___
_____」이 출토되었다.

04 발해는 중앙군으로 _____를 두어 왕궁과 수도의 경비를 맡겼다.

05 고려 광종은 _____을 제정하여 국가 재정을 확보하고자 하였다.

06 고려 숙종 때 윤관의 건의에 따라 여진을 정벌하기 위해 _____을 조직하였다.

07 _____는 현량과의 실시를 주장하였다.

08 조선 선조 때 _____ 모반 사건으로 많은 동인이 피해를 입었다.

근대~현대

09 _____는 우리나라 최초의 근대적 사립 학교로 덕원 주민들과 개화파 인사들의 합자로 설립되었다.

10 _____은 정부가 설립한 외국어 교육 기관으로 통역관을 양성하였다.

11 _____은 선교사 스크랜턴이 설립한 여성 교육 기관이다.

12 남만주에 설립된 _____에서는 군사 교육과 함께 국어, 국사 교육을 실시하였다.

13 조선 형평사는 _____을 중심으로 진주에서 조직되었다.

14 _____에서는 소련이 일본과의 전쟁에 참전할 것을 결의하였다.

15 _____에서는 연합국이 일본의 무조건 항복을 요구하였다.

16 _____은 평화 통일론을 주장하며 진보당 창당을 주도하였다.

MEMO

MEMO

해커스공무원 실전동형모의고사 한국사 1 답안지

컴퓨터용 흑색사인펜만 사용

성명	
자필성명	본인 성명 기재
응시직렬	
응시지역	
시험장소	

[필적감정용 기재]
*아래 예시문을 옮겨 적으시오
본인은 OOO(응시자성명)임을 확인함

기재란

성명
책

※ 시험감독관 서명
(성명을 정자로 기재할 것)

감독관 확인란

생년월일

응시번호

문번	회				문번	회				문번	회				문번	회			
01	①	②	③	④	01	①	②	③	④	01	①	②	③	④	01	①	②	③	④
02	①	②	③	④	02	①	②	③	④	02	①	②	③	④	02	①	②	③	④
03	①	②	③	④	03	①	②	③	④	03	①	②	③	④	03	①	②	③	④
04	①	②	③	④	04	①	②	③	④	04	①	②	③	④	04	①	②	③	④
05	①	②	③	④	05	①	②	③	④	05	①	②	③	④	05	①	②	③	④
06	①	②	③	④	06	①	②	③	④	06	①	②	③	④	06	①	②	③	④
07	①	②	③	④	07	①	②	③	④	07	①	②	③	④	07	①	②	③	④
08	①	②	③	④	08	①	②	③	④	08	①	②	③	④	08	①	②	③	④
09	①	②	③	④	09	①	②	③	④	09	①	②	③	④	09	①	②	③	④
10	①	②	③	④	10	①	②	③	④	10	①	②	③	④	10	①	②	③	④
11	①	②	③	④	11	①	②	③	④	11	①	②	③	④	11	①	②	③	④
12	①	②	③	④	12	①	②	③	④	12	①	②	③	④	12	①	②	③	④
13	①	②	③	④	13	①	②	③	④	13	①	②	③	④	13	①	②	③	④
14	①	②	③	④	14	①	②	③	④	14	①	②	③	④	14	①	②	③	④
15	①	②	③	④	15	①	②	③	④	15	①	②	③	④	15	①	②	③	④
16	①	②	③	④	16	①	②	③	④	16	①	②	③	④	16	①	②	③	④
17	①	②	③	④	17	①	②	③	④	17	①	②	③	④	17	①	②	③	④
18	①	②	③	④	18	①	②	③	④	18	①	②	③	④	18	①	②	③	④
19	①	②	③	④	19	①	②	③	④	19	①	②	③	④	19	①	②	③	④
20	①	②	③	④	20	①	②	③	④	20	①	②	③	④	20	①	②	③	④

해커스공무원 실전동형모의고사 한국사 1 답안지

컴퓨터용 흑색사인펜만 사용

성명	
자필성명	본인 성명 기재
응시직렬	
응시지역	
시험장소	

[필적감정용 기재]
*아래 예시문을 옮겨 적으시오
본인은 OOO(응시자성명)임을 확인함

기재란

성	
명	

※ 시험감독관 서명
(성명을 정자로 기재할 것)

책임자확인 사용

생년월일

응시번호

문번	회			
01	①	②	③	④
02	①	②	③	④
03	①	②	③	④
04	①	②	③	④
05	①	②	③	④
06	①	②	③	④
07	①	②	③	④
08	①	②	③	④
09	①	②	③	④
10	①	②	③	④
11	①	②	③	④
12	①	②	③	④
13	①	②	③	④
14	①	②	③	④
15	①	②	③	④
16	①	②	③	④
17	①	②	③	④
18	①	②	③	④
19	①	②	③	④
20	①	②	③	④

해커스공무원 실전동형모의고사 한국사 1 답안지

컴퓨터용 흑색사인펜만 사용

※ 시험감독관 서명

(성명을 정자로 기재할 것)

채점위원 사용

성명	
자필성명	본인 성명 기재
응시직렬	
응시지역	
시험장소	

생 년 월 일

응 시 번 호

[필적감정용 기재]
*아래 예시문을 옳게 적으시오
본인은 OOO(응시자성명)임을 확인함

기 재 란

성 명
책 형

2024 최신개정판

해커스공무원
실전동형
모의고사
한국사 1

개정 8판 1쇄 발행 2024년 2월 5일

지은이	해커스 공무원시험연구소
펴낸곳	해커스패스
펴낸이	해커스공무원 출판팀

주소	서울특별시 강남구 강남대로 428 해커스공무원
고객센터	1588-4055
교재 관련 문의	gosi@hackerspass.com
	해커스공무원 사이트(gosi.Hackers.com) 교재 Q&A 게시판
	카카오톡 플러스 친구 [해커스공무원 노량진캠퍼스]
학원 강의 및 동영상강의	gosi.Hackers.com

ISBN	979-11-6999-779-9 (13910)
Serial Number	08-01-01

2024 최신개정판

해커스공무원
**실전동형
모의고사**
한국사 ①

약점 보완 해설집

해커스공무원

해커스공무원

실전동형
모의고사
한국사 1

약점 보완 해설집

해커스공무원

❯ 정답   p.14

01	③ 선사 시대	11	④ 고대
02	④ 고려 시대	12	③ 시대 통합
03	③ 고려 시대	13	④ 일제 강점기
04	① 근대	14	② 고대
05	④ 고려 시대	15	③ 조선 후기
06	③ 시대 통합	16	② 고려 시대
07	④ 근대	17	③ 현대
08	③ 고대	18	① 일제 강점기
09	① 일제 강점기	19	① 조선 후기
10	③ 현대	20	② 조선 전기

❯ 취약시대 분석표

영역	세부 유형	문항 수
전근대	선사 시대	/1
	고대	/3
	고려 시대	/4
	조선 전기	/1
	조선 후기	/2
근현대	근대	/2
	일제 강점기	/3
	현대	/2
통합	시대 통합	/2
총계		20

* 취약시대 분석표를 이용해 1개라도 틀린 문제가 있는 시대는 그 시대의 문제만 골라 해설을 다시 한번 꼼꼼히 학습하세요

---

01   선사 시대 | 청동기 시대   난이도 하 ●○○

자료분석

고인돌과 돌널무덤 + 사유 재산 → 청동기 시대

정답설명

③ 청동기 시대에는 반달 돌칼, 괭이, 홈자귀 등의 석기로 만들어진 농기구를 주로 사용하였다. 청동기 시대에는 괭이나 홈자귀 등의 석기로 만들어진 농기구를 이용하여 곡식을 심었고, 반달 돌칼로 이삭을 추수하였다.

오답분석

① 신석기 시대: 제주 한경 고산리 유적과 서울 암사동 유적은 신석기 시대의 유적이다.

② 신석기 시대: 조, 피, 수수 등을 재배하는 농경이 시작되고, 생산된 식량을 토기에 저장한 시대는 신석기 시대이다.

④ 신석기 시대: 움집의 바닥이 주로 원형이나 모서리가 둥근 사각형이며, 움집의 중앙에 화덕이 위치한 것은 신석기 시대이다.

---

02   고려 시대 | 이자겸   난이도 중 ●●○

자료분석

십팔자(十八子)가 왕이 된다는 도참(圖讖)설을 믿고 반역 → (가) 이자겸

정답설명

④ 이자겸은 자신의 생일을 인수절이라 칭하였으며, 척준경과 함께 난을 일으켰다.

오답분석

① 최충헌: 왕에게 봉사 10조를 올려 개혁안을 제시한 인물은 최충헌이다. 최충헌은 이의민을 제거한 후, 무신 정권 초기의 혼란을 극복하고 국가 기반을 확립할 목적으로 명종에게 사회 개혁안인 봉사 10조를 올렸다.

② 최우: 신라의 김생, 고려 문종 때 활동한 유신, 고려 인종 때 활동한 탄연과 함께 '신품사현'으로 불린 인물은 최우이다.

③ 최충헌: 진강후에 책봉되었고, 흥녕부라는 기구를 설치하여 식읍으로 받은 진주 일대를 관리한 인물은 최충헌이다.

✏️ 이것도 알면 합격!

이자겸의 난

원인	이자겸의 권력 독점에 대해 예종·인종 측근 세력들의 불만 확대
전개	• 이자겸이 척준경과 함께 난을 일으켜 예종 측근 세력 제거 • 인종이 이자겸과 척준경의 반목을 이용하여 이자겸을 제거하고 이후 척준경도 제거
결과	왕궁이 소실되고 왕권이 위축되자 서경 천도설 대두

---

03   고려 시대 | 『동명왕편』   난이도 중 ●●○

자료분석

동명왕 + 성인의 나라라는 것을 알림 → 『동명왕편』

정답설명

③ 이규보가 편찬한 『동명왕편』은 고구려 건국 시조인 동명왕의 업적을 칭송한 일종의 영웅 서사시로, 『동국이상국집』에 수록되어 있다.

오답분석

① 『삼국유사』: 왕력·기이·흥법·탑상·의해·신주 등 9편으로 구성되어 있는 것은 일연이 편찬한 『삼국유사』이다.

② 『삼국사기』: 우리나라 최고(最古)의 역사서로 왕명을 받아 편찬된 것은 김부식 등이 편찬한 『삼국사기』이다.

④ 『동국통감』: 고조선부터 고려 말까지의 역사를 편년체로 서술한 역사서는 조선 성종 때 편찬된 『동국통감』이다.

04 | 근대 | 제1차 갑오개혁 | 난이도 중 ●●○

자료분석

이제부터 개국 기년을 씀 → (가) 군국기무처 → 제1차 갑오개혁

정답설명

① 제1차 갑오개혁 때 의정부 산하의 6조를 8아문으로 개편하였다.

오답분석

② 의정부와 삼군부의 기능을 회복한 것은 고종 집권 초기 흥선 대원군의 개혁 정책 내용이다.

③ 을미개혁: 중앙에 친위대, 지방에 진위대를 설치한 것은 을미개혁의 내용이다.

④ 제2차 갑오개혁: 지방 행정 체제를 8도에서 23부로 개편한 것은 제2차 갑오개혁의 내용이다.

05 | 고려 시대 | 고려 시대의 사회 정책 | 난이도 중 ●●○

정답설명

④ 유랑자의 수용과 구휼을 위해 활인서를 설치한 것은 조선 시대이다. 한편, 고려 시대에는 환자의 진료와 빈민 구휼을 위해 동·서 대비원을 설치하였다.

오답분석

① 고려 시대에는 흉년에 대비하기 위해 성종 때 의창을 설치하였다. 의창에서는 평상시에 곡물을 비축하였다가, 흉년 등 어려운 때에 곡식을 빌려주고 가을에 갚게 하였다.

② 고려 시대에는 재난을 입은 백성을 구제하기 위해 예종 때 임시 기구인 구급도감을 설치하였다.

③ 고려 시대에는 백성의 질병을 치료하기 위해 예종 때 혜민국을 설치하였다.

06 | 시대 통합 | 평양 | 난이도 중 ●●○

자료분석

백제 왕(근초고왕)이 공격 + 고구려 왕(고국원왕)이 서거 → ⊙ 평양

정답설명

③ 평양은 조만식 등을 중심으로 조선 물산 장려회가 조직되면서 물산 장려 운동이 시작된 곳이다.

오답분석

① 의주: 중국과 대외 무역을 전개한 만상의 근거지는 의주이다.

② 개성: 만월대, 선죽교 등의 고려 시대 유적이 남아있는 곳은 개성이다.

④ 대구: 고려 시대에 초조대장경을 보관하던 부인사가 있는 곳은 대구이다.

07 | 근대 | 조·미 수호 조약과 조·프 수호 조약 사이의 사실 | 난이도 중 ●●○

자료분석

(가) 미국 관리와 국민이 똑같이 혜택 → 조·미 수호 통상 조약(1882)
(나) 프랑스국 국민으로서 조선국에 옴 → 조·프 수호 통상 조약(1886)

정답설명

④ (가)와 (나) 사이 시기인 1883년에 우리나라 최초의 근대식 무기 공장인 기기창이 설치되었다.

오답분석

① (나) 이후: 영국이 러시아의 남하를 막는다는 구실로 거문도를 불법 점령(1885)하였다가, 조선의 영토를 점령하지 않겠다는 러시아의 약속을 받아낸 후 거문도에서 철수한 것은 1887년으로, (나) 이후의 일이다.

② (나) 이후: 경복궁에 처음 전등이 가설된 것은 1887년으로, (나) 이후의 일이다.

③ (가) 이전: 김홍집 등이 2차 수신사로 일본에 다녀오면서 『조선책략』을 국내로 들여온 것은 1880년으로, (가) 이전의 일이다.

08 | 고대 | 고구려 광개토 대왕과 백제 성왕의 사실 | 난이도 중 ●●○

자료분석

(가) 백제의 수도 한성을 공격 + 아신왕으로부터 항복을 받아냄 → 고구려 광개토 대왕
(나) 신라와 연합하여 고구려의 한강 유역 공격 → 백제 성왕

정답설명

③ 22담로를 설치하여 지방 통제를 강화한 왕은 백제의 무령왕이다. 무령왕은 지방의 효율적인 통치를 위해 22담로를 설치하고 왕족을 파견하였다.

오답분석

① 광개토 대왕은 대규모 정복 사업을 단행하여 후연(선비족)을 공격하고 요동 지역에 진출하였다.

② 광개토 대왕은 '영락'이라는 독자적인 연호를 사용하였다.

④ 백제 성왕은 웅진에서 사비로 천도하고 국호를 남부여로 변경하였다.

09 | 일제 강점기 | 대한민국 임시 정부 | 난이도 중 ●●○

자료분석

연통제를 실시함 → 대한민국 임시 정부

정답설명

① 대한민국 임시 정부는 외교 활동을 위해 프랑스 파리와 미국 워싱턴에 각각 위원부를 두었으나, 독일에는 위원부를 설치하지 않았다.

오답분석

② 대한민국 임시 정부는 독립 운동 자금 마련을 위해 독립 공채를 발행하였다.

③ 대한민국 임시 정부는 독립군 비행사 양성을 위해 미국에 한인 비행 학교를 설립하였다.

④ 대한민국 임시 정부는 임시 사료 편찬 위원회를 설치하여 일본의 침략과 학정, 우리 민족의 독립운동과 관련된 사료를 모아 『한·일 관계 사료집』을 간행하였다.

④ **창덕궁**: 조선의 궁궐 중에서 유일하게 유네스코 세계 문화유산으로 등재된 궁궐은 창덕궁이다.

10 현대 | 대한민국 정부 수립 과정   난이도 중 ●●○

자료분석

(가) 모스크바 3국 외상 회의 개최(1945. 12.) ~ 좌·우 합작 7원칙 발표 (1946. 10.)
(나) 좌·우 합작 7원칙 발표(1946. 10.) ~ 5·10 총선거 실시(1948. 5.)

정답설명

③ 남조선 과도 입법 의원은 미 군정의 주도로 (나) 시기인 1946년 12월에 설립되었다.

오답분석

① (나) 이후: 경교장에서 김구가 안두희에게 암살당한 것은 1949년 6월로, 5·10 총선거 실시 이후의 일이다.
② (나) 시기: 제2차 미·소 공동 위원회가 개최된 것은 1947년 5월로, (나) 시기의 일이다.
④ (나) 이후: 유엔 총회에서 대한민국을 한반도 내 유일한 합법 정부로 승인한 것은 1948년 12월로, 5·10 총선거 실시 이후의 일이다.

11 고대 | 황산벌 전투 이후에 전개된 사실   난이도 중 ●●○

자료분석

계백 + 황산 → 황산벌 전투(660)

정답설명

④ 백제의 장수 윤충이 군사를 이끌고 신라의 대야성을 함락시킨 것은 황산벌 전투 이전인 642년의 사실이다.

오답분석

모두 황산벌 전투 이후에 전개된 사실이다.
① 매소성 전투: 나·당 전쟁 과정에서 신라는 당의 이근행이 이끄는 20만 대군을 매소성에서 격파하여 나·당 전쟁의 주도권을 장악하였다(675).
② 평양성 함락: 신라의 김인문(태종 무열왕 둘째 아들)과 당의 이적·설인귀가 이끄는 나·당 연합군이 평양성을 공격하였고, 결국 평양성이 함락되면서 고구려는 멸망하였다(668).
③ 백강 전투: 백제 부흥군과 왜의 연합군은 나·당 연합군과 백강에서 전투를 벌였지만 크게 패배하였다(663).

12 시대 통합 | 경복궁   난이도 상 ●●●

자료분석

남문을 열고 파루를 치니 + 도편수의 거동 → 경복궁 타령 → 경복궁

정답설명

③ 경복궁은 태조 때 한양으로 천도하면서 지어진 조선 왕조의 법궁이다. 경복궁은 임진왜란 때 소실되었다가 흥선 대원군 때 중건되었다.

오답분석

① 창경궁: 일제에 의해 내부에 동물원과 식물원이 만들어진 궁궐은 창경궁이다.
② 덕수궁: 주요 건물로 중화전, 석조전, 정관헌 등이 있는 궁궐은 덕수궁이다.

13 일제 강점기 | 백남운   난이도 중 ●●○

자료분석

조선의 역사적 발전 과정 + 세계사적인 일원론적 역사 법칙 → 『조선사회경제사』 → 백남운

정답설명

④ 백남운은 한국사가 세계사의 보편적 법칙에 따라 발전하였음을 강조하며 일제 강점기의 식민 사관인 정체성론을 비판하였다.

오답분석

① 정인보: 민족 정신으로 조선의 얼을 강조한 인물은 정인보이다.
② 신채호: 대한매일신보에 「독사신론」을 연재하여 민족주의 사학의 연구 방향을 제시한 인물은 신채호이다.
③ 박은식: 「유교구신론」을 써서 유교의 폐단을 개혁하고, 실천적이고 새로운 유교 정신을 강조한 인물은 박은식이다.

14 고대 | 금관가야   난이도 중 ●●○

자료분석

이름을 수로라 하고 왕으로 삼음 → 금관가야

정답설명

② 김해 대성동 고분군은 금관가야의 대표적인 문화유산이다.

오답분석

① 대가야: 진흥왕 대에 신라에 병합된 나라는 대가야이다. 한편, 금관가야는 법흥왕 대에 신라에 병합되었다.
③ 대가야: 신라와 결혼 동맹을 체결하여 국제적인 고립에서 벗어나고자 한 나라는 대가야이다. 대가야의 이뇌왕은 신라의 법흥왕에게 혼인을 청하였고, 이에 법흥왕이 이찬 비조부의 누이를 시집보내면서 결혼 동맹이 성사되었다.
④ 대가야: 전성기인 6세기 초 무렵에 소백산맥 서쪽까지 세력을 확장하여 일시적으로 남원, 임실 지역을 차지한 나라는 대가야이다.

15 조선 후기 | 백두산 정계비 건립과 『대전통편』 편찬 사이의 사실   난이도 중 ●●○

자료분석

(가) 서쪽은 압록강, 동쪽은 토문강 → 백두산 정계비 건립(숙종, 1712)
(나) 『대전통편』 편찬(정조, 1785)

정답설명

③ (가), (나) 사이 시기인 1728년 영조 때는 일부 소론 강경파와 남인이 이인좌를 중심으로 난을 일으켰다(이인좌의 난).

오답분석

① **(가) 이전:** 김육 등의 건의로 시헌력이 채택(1653)된 것은 효종 때로, (가) 시기 이전이다.

② **(나) 이후:** 공노비 6만 6천여 명을 양인으로 해방(1801)시킨 것은 순조 때로, (나) 시기 이후이다.

④ **(나) 이후:** 황사영이 북경의 주교에게 서신을 보내려다 발각된 황사영 백서 사건(1801)은 순조 때로, (나) 시기 이후이다.

---

16 고려 시대 | **고려 우왕 재위 시기의 사실** 난이도 중 ●●○

자료분석

(가)와 창(창왕)은 본디 왕씨가 아님 + 거짓 임금을 폐하고 참 임금을 새로 세움(폐가입진) → (가) 우왕

정답설명

② 우왕 재위 시기에 명은 과거에 원이 지배한 철령 이북의 땅을 차지하기 위해 고려에 철령위 설치를 통보하였다.

오답분석

① **공민왕:** 흥왕사의 변이 일어난 것은 공민왕 때이다. 흥왕사의 변은 김용이 흥왕사 행궁에 머무르던 공민왕을 시해하려 한 사건이다.

③ **충렬왕:** 탐라총관부 지역이 고려에 반환된 것은 충렬왕 때이다.

④ **공민왕:** 성균관을 순수 유학 교육 기관으로 개편한 것은 공민왕 때이다.

---

17 현대 | **이승만 정부 시기의 경제 상황** 난이도 중 ●●○

자료분석

정전이 조인됨 → 정전 협정 체결(1953) → 이승만 정부

정답설명

③ 이승만 정부 시기에는 미국의 원조로 수입된 밀가루, 면화, 설탕의 원료를 바탕으로 제분, 면방직, 제당 공업 등의 삼백 산업이 발달하였다.

오답분석

① **장면 내각:** 경제 개발 5개년 계획이 수립된 것은 장면 내각 시기의 일이다. 한편 경제 개발 5개년 계획은 5·16 군사 정변으로 실행에 옮기지는 못하였고, 박정희 정부 때 시행되었다.

② **박정희 정부:** 건설업의 중동 진출로 제1차 석유 파동을 극복한 것은 박정희 정부 시기의 일이다.

④ 신한 공사는 동양 척식 주식회사의 재산과 일본인 소유의 귀속 재산을 처리하기 위해 미 군정기에 설치된 기구이다.

---

18 일제 강점기 | **조선 사상범 보호 관찰령 공포 이후의 사실** 난이도 하 ●○○

자료분석

치안 유지법의 죄를 범한 자 + 보호 관찰 + 사상 및 행동을 관찰 → 조선 사상범 보호 관찰령(1936)

정답설명

① 조선 사상범 보호 관찰령 공포 이후인 1941년에 일제는 금속류 회수령을 제정하여 전쟁 수행에 필요한 물자를 공출하였다.

오답분석

모두 조선 사상범 보호 관찰령 공포 이전에 전개된 사실이다.

② 광업권에 대한 허가제를 실시하는 조선 광업령이 제정된 것은 1915년이다.

③ 일본인의 이민 장려를 위해 동양 척식 주식회사가 설립된 것은 1908년이다.

④ 일본이 토지의 소유권과 가격, 지형 등을 조사하는 토지 조사 사업을 실시한 것은 1912~1918년이다.

---

19 조선 후기 | **붕당 정치의 전개** 난이도 중 ●●○

자료분석

(가) 인조 반정 이후 정국 주도 → 서인
(나) 숙종 원년(갑인예송 직후)에 주요 관직 차지 → 남인

정답설명

① 옳은 것을 모두 고르면 ㉠이다.

㉠ 심의겸 등 기성 사림 중심으로 성립된 서인은 척신 정치의 잔재 청산에 소극적이었다.

오답분석

㉡ **동인:** 선조에게 광해군을 세자로 책봉할 것을 건의한 정철의 처벌을 둘러싸고 남인과 북인으로 나뉜 것은 동인이다.

㉢ **서인:** 예송 논쟁에서 왕실의 예와 사대부의 예가 같다고 주장한 것은 서인이다. 남인은 왕실의 예는 사대부의 예와 다르다고 주장하였다.

㉣ **서인:** 경신환국 이후 노론과 소론으로 분열된 것은 서인이다.

---

20 조선 전기 | **조선 전기의 역사서** 난이도 중 ●●○

정답설명

② 옳은 것을 모두 고르면 ㉠, ㉣이다.

㉠ 『동국통감』은 성종 때 서거정 등이 단군 조선부터 고려 말까지의 역사를 편년체로 정리한 역사서이다.

㉣ 『삼국사절요』는 성종 때 노사신, 서거정 등이 단군 조선부터 삼국의 멸망까지의 역사를 편년체로 정리한 역사서이다.

오답분석

㉡ 정인지, 김종서 등이 고려 왕조의 역사를 기전체로 정리한 역사서는 『고려사절요』가 아닌 『고려사』이다. 한편, 『고려사절요』는 김종서 등이 『고려사』를 보완하여 편년체로 서술한 역사서이다.

㉢ 정도전이 고려의 역사를 저술하여 조선 건국의 정당성을 강조한 역사서는 『동국사략』이 아닌 『고려국사』이다. 한편, 『동국사략』은 태종 때 권근, 하륜 등이 단군 조선부터 신라 말까지의 역사를 편년체로 정리한 역사서이다.

정답

p.20

01	② 고대	11	④ 조선 전기
02	④ 고려 시대	12	① 근대
03	③ 일제 강점기	13	④ 조선 전기
04	③ 일제 강점기	14	③ 시대 통합
05	② 근대	15	① 조선 전기
06	① 선사 시대	16	② 현대
07	① 조선 후기	17	② 현대
08	③ 고려 시대	18	① 고려 시대
09	③ 고대	19	② 조선 후기
10	④ 고대	20	① 현대

취약시대 분석표

영역	세부 유형	문항 수
전근대	선사 시대	/1
	고대	/3
	고려 시대	/3
	조선 전기	/3
	조선 후기	/2
근현대	근대	/2
	일제 강점기	/2
	현대	/3
통합	시대 통합	/1
총계		/20

* 취약시대 분석표를 이용해 1개라도 틀린 문제가 있는 시대는 그 시대의 문제만 골라 해설을 다시 한번 꼼꼼히 학습하세요

---

01 고대 | 고이왕의 업적
난이도 중 ●●○

자료분석

내신·내두·내법·위사·조정·병관좌평(6좌평) + 자주색·붉은색·푸른색의 관복 제정 → 고이왕

정답설명

② 백제 고이왕은 목지국을 몰아내어 한강 유역을 완전히 장악하였다. 또한 낙랑군과 대방군을 공격하며 한 군현과 대립하기도 하였다.

오답분석

① 근초고왕: 왕위의 부자 상속제를 확립한 왕은 백제 근초고왕이다.

③ 침류왕: 중국 동진에서 온 인도 승려 마라난타로부터 불교를 수용한 왕은 백제 침류왕이다.

④ 근초고왕: 박사 고흥에게 『서기』를 편찬하게 한 왕은 백제 근초고왕이다.

---

02 고려 시대 | 삼별초
난이도 중 ●●○

자료분석

배중손 + 승화후 온을 왕으로 삼음 → (가) 삼별초

정답설명

④ 양계 지방에서 국경 지역 방어를 맡았던 상비군은 주진군이다.

오답분석

① 삼별초는 일본에 외교 문서를 보내 대몽 연합을 제의하였다.

② 삼별초는 김통정의 지휘 아래 진도에서 제주도로 근거지를 옮겨 대몽 항쟁을 전개하였다.

③ 삼별초는 최우가 치안 유지를 위해 설치한 야별초에서 비롯되었다. 삼별초는 야별초가 확대되어 구성된 좌·우별초에 몽골에 잡혀갔다가 도망친 병사들로 구성된 신의군이 합쳐져 조직되었다.

이것도 알면 합격!

삼별초의 대몽 항쟁(1270~1273)

강화도	배중손의 지휘, 왕족 승화후 온을 왕으로 삼고 정부 수립
진도	• 용장성에서 배중손의 지휘 아래 항전 • 일본에 외교 문서를 보내 대몽 연합 전선 구축 제의
제주도	김통정의 지휘 아래 항전, 여·몽 연합군에 의해 진압됨

---

03 일제 강점기 | 조선어 학회
난이도 중 ●●○

자료분석

한글 맞춤법 통일안을 제정 → 조선어 학회

정답설명

③ 조선어 학회는 한글 맞춤법 통일안을 제정한 이후 표준어 및 외래어 표기법 통일안을 제정하였다.

오답분석

① 독립 협회: 최초의 한글 신문인 독립신문을 제작한 단체는 독립 협회이다.

② 국문 연구소: 지석영, 주시경 등이 활동한 연구 단체는 국문 연구소이다. 국문 연구소는 1907년에 학부 산하로 설립된 국문 연구 기관이다.

④ 조선어 연구회: 잡지인 「한글」을 발간하고 가갸날을 제정한 단체는 조선어 학회의 전신인 조선어 연구회이다.

---

04 일제 강점기 | 광주 학생 항일 운동
난이도 중 ●●○

자료분석

검거된 학생들을 탈환 + 식민지적 노예 교육 제도 철폐 → 광주 학생 항일 운동

정답설명

③ 옳은 것을 모두 고르면 ㉡, ㉢이다.

㉡ 광주 학생 항일 운동 때 학생들은 격문을 통해 언론, 집회, 결사, 출판의 자유를 요구하고, 식민지 교육 제도의 철폐와 조선인 본위의 교육 제도 확립을 주장하였다.

㉢ 광주 학생 항일 운동은 3·1 운동 이후 전개된 최대 규모의 항일 운동이었다.

오답분석

㉠ 6·10 만세 운동: 순종의 인산일을 계기로 전개된 운동은 6·10 만세 운동이다. 한편, 광주 항일 학생 운동은 한국과 일본 학생들의 충돌을 계기로 전개되었다.

㉣ 민립 대학 설립 운동: 일제가 경성 제국 대학을 설립하는 계기가 된 운동은 민립 대학 설립 운동이다.

---

05 근대 | **을사늑약** 난이도 중 ●●○

정답설명

② 옳은 것을 모두 고르면 ㉠, ㉢이다.

㉠ 을사늑약이 체결되자 고종은 헐버트를 특사로 파견하여 미국 대통령에게 을사늑약의 부당성을 호소하는 밀서를 전달하려 하였으나 실패하였다.

㉢ 을사늑약의 체결로 대한 제국의 외교권이 박탈되었으며, 대한 제국에 주재하던 미국, 영국, 독일, 청 등의 외국 공사들이 철수하였다.

오답분석

㉡ 한·일 신협약: 한국 고등 관리의 임면은 통감의 동의를 거칠 것을 명시한 것은 한·일 신협약이다.

㉣ 한·일 의정서: 러·일 전쟁 중 체결되었으며, 일본이 독도를 불법 점령하는 근거가 된 것은 한·일 의정서이다.

---

06 선사 시대 | **부여** 난이도 하 ●○○

자료분석

신(개로왕)과 고구려의 조상이 나옴 + 발해가 유속을 이음 → (가) 부여

정답설명

① 부여는 매년 12월에 수렵 사회의 전통을 보여주는 영고라는 제천 행사를 지냈다.

오답분석

② 고구려: 왕 아래의 상가·고추가 등의 대가들이 각기 사자·조의·선인 등의 관리들을 거느렸던 국가는 고구려이다.

③ 동예: 특산물로 단궁, 과하마, 반어피가 유명하였던 나라는 동예이다.

④ 옥저: 사람이 죽으면 가매장한 다음 뼈만 추려 가족 공동 무덤인 목곽에 안치하는 골장제의 풍습이 있었던 나라는 옥저이다.

---

07 조선 후기 | **숙종** 난이도 하 ●○○

자료분석

대보단 설치 + 이순신의 사우에 '현충'이라는 호를 내림 → 숙종

정답설명

① 숙종은 왕권을 강화하기 위해 세 차례의 환국(경신환국, 기사환국, 갑술환국)을 단행하였다.

오답분석

② 영조: 준천사를 설치하여 청계천 준설 사업을 추진한 왕은 영조이다.

③ 광해군: 명나라의 요청으로 도원수 강홍립이 이끄는 원군을 파견한 왕은 광해군이다.

④ 효종: 민간의 광산 개발을 허용하는 설점수세제를 처음 실시한 왕은 효종이다.

---

08 고려 시대 | **고려의 후삼국 통일 과정** 난이도 중 ●●○

자료분석

㉠ 고창에서 후백제에게 승리 → 고창 전투(930)
㉡ 공산 전투에서 후백제에게 패함 → 공산 전투(927)
㉢ 경순왕이 스스로 나라를 고려에 넘겨줌 → 신라 항복(935)
㉣ 일리천 전투에서 후백제군에 승리 → 일리천 전투(936)

정답설명

③ 시기순으로 바르게 나열하면 ㉡ 공산 전투(927) → ㉠ 고창 전투(930) → ㉢ 신라 항복(935) → ㉣ 일리천 전투(936)가 된다.

㉡ 공산 전투: 후백제의 견훤이 신라를 침공하자, 신라는 고려에 구원 요청을 하였다. 이에 고려는 신라에서 철수하는 후백제를 공산에서 공격하였으나 크게 패하였다(927).

㉠ 고창 전투: 고려가 고창(경북 안동)에서 후백제에게 승리하였고, 이를 계기로 고려가 후삼국의 주도권을 잡게 되었다(930).

㉢ 신라 항복: 신라 경순왕은 국가의 유지가 어려워지자, 친 신라적이었던 고려 왕건에게 항복하여 스스로 나라를 고려에 넘겨주었다(935).

㉣ 일리천 전투: 고려는 일리천 전투에서 신검의 후백제군을 상대로 크게 승리하면서 후삼국을 통일하였다(936).

---

09 고대 | **삼국의 정치 제도** 난이도 중 ●●○

정답설명

③ 관직의 등급에 따라 솔 계열과 덕 계열로 구분한 나라는 백제이다. 한편, 고구려의 관등은 크게 형 계열과 사자 계열로 나뉘는데, 형계 관등은 기존의 족장 집단이, 사자계 관등은 행정 관리 세력이 개편된 것이었다.

오답분석

① 백제는 성왕 때 중앙 관청을 22부로 확대·정비하였으며, 수도를 5부로, 지방을 5방으로 개편하였다.

② 백제는 지방에 5방(동·서·남·북·중)을 두고 방(方) 아래에는 군(郡)을 두었다. 지방의 5방에는 방령이, 군에는 군장이 파견되었다.

④ 신라의 귀족 회의 기구인 화백 회의는 만장일치제로 운영되었으며, 그 의장은 상대등이었다.

10 고대 | 진성 여왕 재위 시기의 사실 　난이도 중 ●●○

자료분석

위홍 + 도적이 벌떼처럼 일어남 → 진성 여왕(887~897)

정답설명

④ 진성 여왕 재위 시기에 서남 지방을 중심으로 붉은 바지를 입은 도적인 적고적의 반란이 일어났다.

오답분석

① 혜공왕: 각간 대공이 반란을 일으킨 것은 혜공왕 때의 사실이다. 대공이 그의 동생인 대렴과 함께 반란을 일으키자 이를 계기로 전국이 혼란에 휩싸였고, 전국 각지에서 여러 귀족들이 난에 동참하였다.

② 흥덕왕: 장보고가 서남해안의 해적을 소탕하기 위해 완도에 청해진을 설치한 것은 흥덕왕 때의 사실이다.

③ 경덕왕: 집사부 중시의 명칭을 시중으로 고치는 등 관직과 군현의 이름을 중국식 한자로 바꾼 것은 경덕왕 때의 사실이다.

📖 **이것도 알면 합격!**

진성 여왕 재위 기간(887~897)의 사실

- 각간 위홍과 대구화상이 『삼대목』을 편찬함(888)
- 최치원이 시무 10여 조를 올림(894)
- 원종과 애노의 난(889), 적고적의 난(896) 등의 농민 반란이 발생함

11 조선 전기 | 혼일강리역대국도지도 　난이도 하 ●○○

자료분석

태종 때 김사형, 이무, 이회 등이 제작함 + 현존하는 동양 최고(最古)의 세계 지도 → 혼일강리역대국도지도

정답설명

④ 혼일강리역대국도지도에는 중국이 실제 크기보다 크게 그려져 있어 중국이 세계의 중심이라는 중화 사상이 반영되어 있음을 알 수 있다.

오답분석

① 혼일강리역대국도지도에는 아메리카 대륙이 묘사되어있지 않다. 혼일강리역대국도지도에는 유럽과 아프리카까지 묘사되어있다.

② 동국지도: 우리나라 최초로 100리 척을 사용한 지도는 조선 후기 영조 때 정상기가 제작한 동국지도이다.

③ 혼일강리역대국도지도는 중국에서 들여온 곤여만국전도를 참고하지 않았다. 곤여만국전도는 마테오 리치가 제작한 세계 지도로, 선조 때 이광정에 의해 우리나라에 전래되었다.

12 근대 | 신민회 　난이도 중 ●●○

자료분석

새로운 사상 + 새로운 개혁 + 새로운 단체 → (가) 신민회

정답설명

① 신민회는 대성 학교와 오산 학교를 설립하여 민족 교육을 실시하였고, 자기 회사와 태극서관을 설립하여 민족 산업을 육성하였다.

오답분석

② 천도교: 국·한문 혼용체를 사용한 만세보라는 기관지를 발간한 것은 천도교이다. 천도교는 만세보라는 민족 신문을 발간하여 민족의식을 고취시켰다.

③ 독립 협회: 중국 사신을 맞이하던 영은문을 허물고 그 자리에 프랑스의 개선문을 모방한 독립문을 건립한 단체는 독립 협회이다.

④ 대한 자강회: 고종 강제 퇴위 반대 운동을 주도하다가 통감부에 의해 해산된 단체는 대한 자강회이다.

13 조선 전기 | 조선 전기의 사실 　난이도 중 ●●○

자료분석

(가) 조선 건국(1392) ~ 제1차 왕자의 난(1398)
(나) 제1차 왕자의 난(1398) ~ 태종 즉위(1400)
(다) 태종 즉위(1400) ~ 세종 즉위(1418)
(라) 세종 즉위(1418) ~ 세조 즉위(1455)

정답설명

④ 지방 재정과 군자의 부족을 보충하기 위해 변경이나 군사 요지에 설치하는 토지인 둔전이 증설 또는 신설된 것은 세조 대로, (라) 시기 이후에 해당한다.

오답분석

① (가) 시기에 정도전이 중심이 되어 요동 정벌을 추진하였으나 제1차 왕자의 난 때 정도전이 제거되면서 무산되었다.

② (나) 시기인 정종 때 제2차 왕자의 난(1400)으로 실권을 장악한 이방원의 주도 아래 사병이 혁파되고 도평의사사가 의정부로 개편되었다.

③ (다) 시기인 태종 때 권근 등이 단군 조선부터 신라 말까지의 역사를 정리한 『동국사략』이 편찬되었다.

14 시대 통합 | 독도 　난이도 중 ●●○

자료분석

울도(울릉도) + 일본 영토가 됨 → ⊙ 독도

정답설명

③ 1877년에 일본 메이지 정부의 최고 통치 기관인 태정관은 지령을 내려 울릉도와 독도가 일본과 관계가 없음을 명시하였다.

오답분석

① 중종 때 편찬된 『신증동국여지승람』에 수록된 팔도총도에는 울릉도와 독도가 표기되어 있다.

② 『세종실록』 「지리지」에는 울릉도와 독도가 강원도 울진현에 속한 섬이며, 날씨가 좋으면 육안으로 볼 수 있다고 기록되어 있다.

④ 일본에서 기록한 사서인 『통항일람』에는 안용복이 일본으로 건너가 울릉도와 독도가 우리 영토임을 확인받은 기록이 있다.

15 조선 전기 | 삼포왜란과 을묘왜변 사이의 사실 난이도 중 ●●○

자료분석

삼포왜란(1510) → (가) → 을묘왜변(1555)

정답설명

① (가) 시기인 1547년에 정미약조가 체결되어 세견선 25척으로 무역 규모를 제한하고, 일본인에 대한 통제를 강화하였다.

오답분석

② (가) 이전: 이종무가 왜구의 소굴인 대마도를 정벌한 것은 세종 때인 1419년으로, (가) 시기 이전의 사실이다.

③ (가) 이후: 사명 대사가 임진왜란 때 일본으로 잡혀간 조선인들을 데려오기 위하여 일본에 파견된 것은 선조 때인 1604년으로, (가) 시기 이후의 사실이다.

④ (가) 이전: 부산포, 제포, 염포의 3포를 개항하여 일본과의 무역을 허용한 것은 세종 때인 1426년으로, (가) 시기 이전의 사실이다.

16 현대 | 김구 난이도 중 ●●○

자료분석

단독 정부를 세우는 데 협력하지 아니함 → 김구

정답설명

② 김구는 한반도의 신탁 통치를 저지하기 위해 신탁 통치 반대 국민 총동원 위원회를 조직하였다.

오답분석

① 이승만: 제헌 국회에서 초대 대통령으로 선출된 인물은 이승만이다.

③ 김규식: 여운형이 암살된 이후 중도파 세력을 규합하여 민족 자주 연맹을 결성하고, 남한만의 단독 선거에 반대한 인물은 김규식이다.

④ 여운형: 일제의 패망에 대비하여 조선 건국 동맹을 조직한 인물은 여운형이다.

17 현대 | 박정희 정부 시기의 경제 상황 난이도 하 ●○○

자료분석

100억 불 수출을 실현함 → 박정희 정부 시기

정답설명

② 저금리, 저유가, 저달러의 3저 호황을 누린 것은 전두환 정부 시기의 사실이다.

오답분석

① 박정희 정부 시기인 1970년대부터 다수확 품종인 통일벼가 전국적으로 보급되어 쌀 생산량이 획기적으로 증가하였다.

③ 박정희 정부 시기인 1970년대에 두 차례의 오일 쇼크(1973, 1978)와 중화학 공업에 대한 과잉 중복 투자로 경제 불황이 심화되었다.

④ 박정희 정부는 외국인의 투자 촉진, 고용 증대 등을 위해 1970년대에 마산과 익산을 수출 자유 무역 지역으로 선정하였다.

18 고려 시대 | 지눌 난이도 하 ●○○

자료분석

돈오 + 점수 → 지눌

정답설명

① 지눌은 타락한 불교계의 각성을 촉구하면서 순천 송광사(길상사 → 수선사 → 송광사)를 중심으로 수선사 결사 운동을 주도하였다.

오답분석

② 제관: 천태종의 기본 교리를 정리한 『천태사교의』를 저술한 승려는 제관이다.

③ 혜심: 유교와 불교가 서로 다르지 않다는 유·불 일치설을 주장한 승려는 혜심이다.

④ 보우: 원으로부터 선종의 일파인 임제종을 들여와 전파한 승려는 보우이다.

19 조선 후기 | 비변사 난이도 중 ●●○

자료분석

변방의 방비를 담당하는 것 → 비변사

정답설명

② 비변사는 중종 때의 삼포왜란을 계기로 여진과 왜구의 침입에 대비하기 위한 임시 회의 기구로 처음 설치되었다.

오답분석

① 비변사는 고종 때 흥선 대원군에 의해 사실상 폐지되었으며, 정치를 총괄하는 의정부와 군사 업무를 담당하는 삼군부의 기능이 회복되었다.

③ 비변사는 임진왜란 이후 구성원이 확대되고 모든 정무를 총괄하는 최고 국정 기구로 발전하였다.

④ 비변사는 의정부의 정승과, 공조를 제외한 5조 판서, 강화유수 등 고위 관리가 참여하는 합좌 기관이었다.

20 현대 | 노태우 정부 시기에 있었던 사실 난이도 하 ●○○

자료분석

소련과 국교를 열고 + 남북한 유엔 가입 → 노태우 정부 시기(1988~1993)

정답설명

① 노태우 정부 시기인 1988년에 서울 올림픽이 개최되었다.

오답분석

② 노무현 정부: 감염병에 관한 사무 및 각종 질병에 관한 조사·연구를 하기 위한 기관인 질병관리본부는 노무현 정부 때인 2004년에 설치되었다. 질병관리본부는 2020년에 질병관리청으로 승격되었다.

③ 박정희 정부: 서울과 부산을 잇는 경부 고속도로는 박정희 정부 때인 1970년에 개통되었다.

④ 김대중 정부: 생활이 어려운 계층의 최저 생활을 보장하고 자활을 조성하기 위한 국민 기초 생활 보장법은 김대중 정부 때인 2000년 10월에 시행되었다.

정답 p.26

정답

01	④ 고대	11	① 고대
02	② 선사 시대	12	③ 고려 시대
03	④ 고려 시대	13	③ 근대
04	④ 현대	14	④ 고대
05	② 조선 후기	15	① 현대
06	④ 고대	16	③ 조선 전기
07	② 고려 시대	17	③ 근대
08	③ 근대	18	③ 조선 전기
09	③ 일제 강점기	19	④ 일제 강점기
10	④ 고려 시대	20	② 시대 통합

취약시대 분석표

영역	세부 유형	문항 수
전근대	선사 시대	/1
	고대	/4
	고려 시대	/4
	조선 전기	/2
	조선 후기	/1
근현대	근대	/3
	일제 강점기	/2
	현대	/2
통합	시대 통합	/1
총계		/20

* 취약시대 분석표를 이용해 1개라도 틀린 문제가 있는 시대는 그 시대의 문제만 골라 해설을 다시 한번 꼼꼼히 학습하세요

---

01 고대 | 백제 　　　　　 난이도 하 ●○○

자료분석

정사암 + 재상을 뽑음 → 정사암 회의 → (가) 백제

정답설명

④ 백제는 전성기인 근초고왕 때 우수한 군사력과 경제력을 바탕으로 중국의 요서 지방 및 산둥 반도와 일본의 규슈 지방까지 진출하였다.

오답분석

① 고구려: 수상인 대대로가 국정을 총괄한 나라는 고구려이다.
② 발해: 관리를 감찰하는 기관으로 중정대를 둔 나라는 발해이다.
③ 통일 신라: 군사 조직으로 중앙에 9서당, 지방에 10정을 둔 나라는 통일 신라이다.

02 선사 시대 | 위만 조선 시기의 사실 　 난이도 중 ●●○

자료분석

(위)만도 망명 + 왕이 되어 왕검에 도읍을 정함 → 위만 조선(기원전 194)

정답설명

② 옳은 것을 모두 고르면 ⓒ, ⓒ이다.
ⓒ 위만 조선은 지리적 이점을 이용하여 한반도 남부의 진국과 한 사이에서 중계 무역으로 이익을 독점하였다.
ⓒ 위만 조선은 철제 무기 등을 바탕으로 활발한 정복 활동을 전개하여 진번과 임둔을 복속시키는 등 영토를 확장하였다.

오답분석

㉠ 고조선이 연의 장수 진개의 침략을 받아 서쪽 땅인 랴오둥(요동)을 잃고 세력이 위축된 것은 기원전 3세기 초로, 위만 조선이 성립하기 이전의 일이다.

㉣ 부왕, 준왕 등의 강력한 왕이 등장하여 왕위를 세습한 것은 기원전 3세기 경으로, 위만 조선이 성립하기 이전의 일이다.

03 고려 시대 | 김윤후 　　　　 난이도 상 ●●●

자료분석

몽골군이 쳐들어와 충주성을 포위 → 충주성 전투 → 김윤후

정답설명

④ 김윤후는 몽골의 2차 침입 때 처인성(용인)에서 몽골의 장수 살리타를 사살하였다.

오답분석

① 박서: 몽골의 1차 침입 때 귀주성에서 항전한 인물은 박서이다.
② 이의방, 정중부 등: 보현원에서 정변을 일으켜 정권을 장악한 인물은 이의방, 정중부 등이다.
③ 각훈: 우리나라 고승의 전기를 모은 『해동고승전』을 저술한 인물은 각훈이다.

04 현대 | 5·16 군사 정변~부·마 항쟁 사이의 사실 난이도 중 ●●○

자료분석

5·16 군사 정변(1961) → (가) → 부·마 항쟁(1979)

정답설명

④ (가) 시기인 1970년에 동대문 평화시장에서 재단사로 일하던 전태일이 근로기준법 준수를 요구하며 분신 자살하였다. 이 사건은 노동자는 물론 지식인과 대학생들이 노동 문제에 관심을 기울이는 계기가 되었다.

오답분석

① (가) 이전: 국회에서 신국가 보안법이 통과된 것은 1958년으로, (가) 시기 이전의 사실이다.

② (가) 이후: 신군부의 주도로 국가 보위 비상 대책 위원회가 설치된 것은 1980년으로, (가) 시기 이후의 사실이다.

③ (가) 이후: 전두환 정부의 4·13 호헌 조치에 맞서 민주 헌법 쟁취 국민 운동 본부가 결성된 것은 1987년으로, (가) 시기 이후의 사실이다.

---

05 조선 후기 | **기해예송과 기사환국 사이에 있었던 사실** 난이도 중 ●●○

자료분석

(가) 효종이 승하 + 기년복을 입게 함 → 기해예송(1659)
(나) 기사년 + 장씨를 왕비로 삼음 → 기사환국(1689)

정답설명

② 숙종 때 서인 세력이 남인의 영수인 허적의 서자 허견이 모반을 꾀하였다고 고발한 사건을 계기로 경신환국이 일어났다(1680). 이에 허적과 윤휴가 처형당하고 남인들이 정계에서 대거 축출되었으며 서인이 집권하게 되었다.

오답분석

① 이괄의 난은 (가) 이전인 인조 때의 일이다. 인조 반정 때 공을 세운 이괄은 논공행상에 불만을 품고 반란을 일으켰으나 관군에 의하여 진압되었다.

③ 대동법이 경기도에서 처음 시행된 것은 (가) 이전인 광해군 때의 일이다. 대동법은 가호에 부과하던 토산물을 토지 결수에 따라 쌀, 동전 등으로 징수한 제도이다.

④ 청의 요구에 따라 조총 부대를 영고탑으로 파견한 것(나선 정벌)은 (가) 이전인 효종 때의 일이다.

---

06 고대 | **발해 문왕** 난이도 중 ●●○

자료분석

정효 공주 + 황상 → 발해 문왕

정답설명

④ 발해 문왕은 전륜성왕을 자처하였으며 일본에 보낸 문서에 고려 국왕이라는 명칭을 사용하였다.

오답분석

① 건흥은 발해 선왕이 사용한 연호이고, 인안은 발해 무왕이 사용한 연호이다. 한편, 문왕은 대흥, 보력 등의 독자적인 연호를 사용하였다.

② 선왕: 대부분의 말갈족을 복속하여 요동 지역으로 진출하고, 남쪽으로는 신라와 국경을 접할 정도로 넓은 영토를 차지한 것은 발해 선왕이다.

③ 무왕: 당과 신라를 견제하기 위해 일본과 처음으로 통교한 것은 발해 무왕이다. 무왕 때부터 발해는 일본과 우호 관계를 유지하였다.

---

07 고려 시대 | **고려 시대의 토지 제도** 난이도 중 ●●○

정답설명

② 고려 시대에는 중앙과 지방의 각 관청에 공해전을 지급하여 경비를 충당하게 하였다. 내장전은 왕실의 경비를 충당하기 위한 것이었다.

오답분석

① 고려 태조는 후삼국 통일 과정에서 공을 세운 신하와 군사들에게 충성도와 공로에 따라 역분전을 지급하였다.

③ 고려 시대에는 하급 관료와 군인의 유가족에게 구분전을 지급하여 생활 대책을 마련해 주었다.

④ 고려 시대에는 6품 이하 하급 관료의 자제로서 관직에 오르지 못한 사람에게는 한인전을 지급하였다.

📝 **이것도 알면 합격!**

고려 전시과의 토지 종류

- 공해전: 중앙과 지방의 각 관청의 경비를 충당하기 위해 지급
- 내장전: 왕실의 경비를 충당하기 위해 지급
- 구분전: 하급 관리와 군인의 유가족에게 지급
- 별사전: 지리업 종사자와 법계를 지닌 승려에게 지급
- 한인전: 6품 이하 하급 관리의 자제 중 무관직자에게 지급
- 공음전: 5품 이상의 관리에게 지급
- 군인전: 중앙군(2군 6위)에게 지급
- 외역전: 지방 향리에게 지급

---

08 근대 | **외세의 침략적 접근** 난이도 중 ●●○

정답설명

③ 시기순으로 바르게 나열하면 ② 제너럴셔먼호 사건(1866. 7.) → ① 병인양요(1866. 9.) → ⑥ 오페르트 도굴 사건(1868) → ⑥ 신미양요(1871)가 된다.

② 제너럴셔먼호 사건: 미국 상선 제너럴셔먼호가 조선에 통상을 요구하며 대동강을 거슬러 평양까지 들어와서 횡포를 부리자, 평안도 관찰사 박규수와 평양 관민이 힘을 합쳐 제너럴셔먼호를 불태웠다(1866. 7.).

① 병인양요: 프랑스군은 병인박해를 빌미로 조선을 침략하였다가 퇴각하면서 『의궤』 등 외규장각 도서를 약탈하였다(1866. 9.).

⑥ 오페르트 도굴 사건: 독일 상인 오페르트는 조선에 통상을 요구하기 위해 흥선 대원군의 아버지인 남연군의 묘 도굴을 시도하였지만 실패하였다(1868).

⑥ 신미양요: 제너럴셔먼호 사건을 구실로 미군이 강화도에 침입하여 초지진을 함락하고 광성보를 공격하였다. 이때 어재연이 이끄는 부대가 격렬하게 항전하였다(1871).

---

09 일제 강점기 | **한국광복군** 난이도 하 ●○○

자료분석

대한민국 임시 정부가 조직한 부대 → 한국광복군

정답설명

③ 중국 관내에서 조직된 최초의 한국인 군사 조직은 조선 민족 전선 연맹의 산하 군사 조직인 조선 의용대이다.

오답분석

모두 한국광복군에 대한 설명이다.

① 한국광복군은 한국광복군 행동 준승 9개 항을 체결함으로써 초기에는 중국 군사 위원회의 지휘를 받았다.

② 한국광복군은 인도·미얀마 등에서 영국군과 연합 작전을 수행하였다.

④ 한국광복군은 1942년에 김원봉이 이끄는 조선 의용대 일부를 흡수하여 군사력을 증강하였다.

---

10 고려 시대 | 고려 광종   난이도 중 ●●○

자료분석

고려 + 백관의 공복을 제정함 → 고려 광종

정답설명

④ 고려 광종은 귀법사를 창건하고, 화엄종 승려인 균여를 귀법사의 주지로 삼아 화엄종을 중심으로 교종의 여러 종파를 통합하는 등 불교를 정비하였다.

오답분석

① 고려 현종: 현화사를 창건한 왕은 고려 현종이다. 고려 현종은 부모의 명복을 빌기 위하여 현화사를 창건하였다.

② 고려 성종: 노비환천법을 실시한 왕은 고려 성종이다. 고려 성종은 고려 광종 대에 노비안검법으로 해방된 노비 중 일부를 노비로 되돌림으로써 신분 질서를 확립하고자 하였다.

③ 고려 태조: 천수라는 독자적인 연호를 사용한 왕은 고려 태조 왕건이다. 한편, 고려 광종은 광덕, 준풍이라는 연호를 사용하였다.

---

11 고대 | 신라사의 전개   난이도 중 ●●○

자료분석

(가) 문무왕 즉위(661) ~ 경덕왕 즉위(742)
(나) 경덕왕 즉위(742) ~ 경순왕 즉위(927)

정답설명

① 인재 양성을 위해 독서삼품과가 시행된 것은 원성왕 때로, (나) 시기의 사실이다.

오답분석

② (나) 시기인 헌덕왕 때는 급찬 숭정이 발해에 사신으로 파견되었다(812).

③ (가) 시기인 신문왕 때는 유교 정치 이념을 확립시키기 위해 국학이 설치되었다(682).

④ (나) 시기인 효공왕 때는 견훤이 후백제를 건국하고 완산주를 도읍으로 하였다(900).

---

12 고려 시대 | 팔관회   난이도 중 ●●○

자료분석

고려 시대에 개경과 서경에서 각각 10월 15일, 11월 15일에 개최되었던 국가 행사 + 국제 무역의 장 → (가) 팔관회

정답설명

③ 팔관회는 우리나라의 토착 신앙과 도교 및 불교 등이 융합된 고려의 국가 행사로, 군신이 가무와 음주를 즐기며 부처나 천지신명에게 제사 지내고 국가와 왕실의 태평을 기원하였다.

오답분석

① 향음주례(술을 마시는 의식), 향사례(활을 쏘는 행사)는 조선 시대에 향촌 사회 교화와 결속력 강화를 위해 서원과 향교에서 진행된 유교 행사이다.

② 팔관회는 유네스코 세계 무형유산으로 등재되지 않았다. 한편, 연등회는 2020년에 유네스코 세계 무형유산으로 등재되었다.

④ 향나무를 땅에 묻는 매향 활동이 이루어진 것은 향도가 주관한 활동이다. 향도는 고려 초기에 불교 신앙 조직으로 활동하며 불상이나 탑 등을 조성하였고, 위기가 닥쳤을 때 미륵을 만나 구원받고자 하는 염원을 담아 향나무를 땅에 묻는 매향 활동을 하였다.

---

13 근대 | 임오군란   난이도 중 ●●○

자료분석

난병들이 대궐을 침범함 + 대원군 이하응이 정사를 돌봄 → 임오군란

정답설명

③ 일본의 경제적 침탈과 곡물 유출로 쌀값이 폭등하면서 정부의 개화 정책에 반대하는 하층민도 구식 군인들이 일으킨 임오군란에 참여하였다.

오답분석

모두 갑신정변에 대한 설명이다.

① 갑신정변은 김옥균, 박영효 등의 급진 개화파 인사들이 주도하였다.

② 급진 개화파는 일본의 군사적 지원을 약속 받아 정변을 일으켰으나, 청나라군이 3일 만에 개입하였으며, 일본군이 청나라군과 제대로 싸우지 않고 철수하면서 실패하였다.

④ 갑신정변은 조선과 일본 사이에 한성 조약이 체결되는 계기가 되었다.

---

14 고대 | 궁예   난이도 하 ●○○

자료분석

스스로 선종이라 이름함 + 양길에게 의탁함 → 궁예

정답설명

④ 궁예는 무태, 성책, 수덕만세 등의 독자적인 연호를 사용하면서 황제국 체제를 지향하였다.

오답분석

① 견훤: 중국의 후당, 오월 및 일본에 사신을 보내 적극적으로 교류한 인물은 후백제의 견훤이다.

② 견훤: 신라의 수도인 금성을 습격하여 경애왕을 죽게 한 인물은 후백제의 견훤이다.

③ 왕건: 귀순한 호족 김순식에게 왕씨 성을 하사한 인물은 태조 왕건이다. 태조 왕건은 국가에 큰 공이 있는 호족에게 왕씨 성을 하사하는 사성 정책을 실시하였다.

15 현대 | 6·25 전쟁의 정전 협정 난이도 중 ●●○

자료분석

모든 전쟁 포로의 석방과 송환은 합의한 바에 따라 집행 → 6·25 전쟁의 정전 협정(1953. 7.)

정답설명

① 한국군은 6·25 전쟁의 정전 협정에 조인하지 않았다. 휴전에 반대한 이승만 정부는 북진 통일을 주장하며 정전 협정 서명을 거부하였고, 이로 인해 유엔군, 중국군, 북한군만이 정전 협정에 조인하였다.

오답분석

② 이승만 정부는 정전 협상에 반대하며 북한 송환을 거부하는 반공 포로를 석방하였다.

③ 정전 협정이 체결된 1953년에 한·미 상호 방위 조약도 체결되었다.

④ 6·25 전쟁의 정전 협정에서는 비무장 지대 설치, 군사 분계선 확정, 중립국 감시 위원단의 설치를 합의하였다.

16 조선 전기 | 성종 때 편찬된 서적 난이도 중 ●●○

자료분석

존경각을 성균관에 세우고 + 『동국여지승람』 → 조선 성종

정답설명

③ 『고려사절요』는 고려 시대의 역사를 편년체로 정리한 역사서로, 조선 전기 문종 때 편찬되었다.

오답분석

① 『삼국사절요』는 조선 성종 때 신숙주 등이 단군 조선부터 삼국의 역사를 자주적 입장에서 편년체로 정리한 역사서이다.

② 『악학궤범』은 조선 성종 때 성현이 음악의 원리와 역사, 악기, 무용, 의상 및 소도구까지 정리하여 편찬한 음악 이론서이다.

④ 『국조오례의』는 조선 성종 때 국가 왕실의 행사 의식 절차를 규범하여 편찬한 의례서이다.

17 근대 | 을미개혁 난이도 중 ●●○

자료분석

머리카락을 자름(단발령) → 을미개혁

정답설명

③ 을미개혁 때는 근대적 우편 업무를 관장하는 관청으로 우체사를 설치하여 갑신정변으로 중단된 우편 사무를 재개하였다.

오답분석

① 제1차 갑오개혁: 과거제를 폐지한 것은 제1차 갑오개혁의 내용이다.

② 지방 행정 체제를 23부에서 13도로 개편한 것은 아관 파천 시기의 사실로, 을미개혁과는 관련이 없다.

④ 제1차 갑오개혁: 경무청을 신설하여 근대적 경찰 제도를 도입한 것은 제1차 갑오개혁 때이다.

18 조선 전기 | 태종의 업적 난이도 하 ●○○

자료분석

송도 + 의정부를 없애자는 논의 + 모든 일이 내 한 몸에 모이면 → 6조 직계제 → 태종

정답설명

③ 태종은 사섬서를 설치하여 지폐인 저화를 발행하였다.

오답분석

① 세조: 정군과 정군의 복무 비용을 부담하는 보인으로 군역을 편제하는 보법을 제정하여 군사 제도를 정비한 왕은 세조이다.

② 세조: 토지 측량 기구인 인지의와 규형을 만들어 양전에 활용한 왕은 세조이다.

④ 성종: 독서당을 운영하여 관료들의 학문 연구를 장려한 왕은 성종이다.

19 일제 강점기 | 안재홍 난이도 중 ●●○

자료분석

통합 민족 국가 건설 + 『신민족주의와 신민주주의』 → 안재홍

정답설명

④ 안재홍은 해방 이후 국민당 창당을 주도하였고, 미 군정기에 미 군정청 민정 장관을 역임하였다.

오답분석

① 신채호: 『조선상고사』를 저술하여 민족 의식을 고취시킨 인물은 신채호이다.

② 문일평: '조선심'을 강조하며 『대미 관계 50년사』를 저술한 인물은 문일평이다.

③ 백남운: 『조선 민족의 진로』에서 연합성 신민주주의를 제창한 인물은 백남운이다.

20 시대 통합 | 유네스코에 등재된 세계 기록유산 난이도 중 ●●○

정답설명

② 일본군 위안부 기록물은 유네스코 세계 기록유산에 등재되지 않았다.

오답분석

① 4·19 혁명 기록물은 4·19 혁명 당시의 신문 기사, 문서, 사진 자료 등 혁명의 전후 과정과 관련된 기록물로, 2023년에 유네스코 세계 기록유산으로 등재되었다.

③ 동학 농민 혁명 기록물은 동학 농민 혁명 당시 농민군, 정부, 관료, 민간 지식인 등이 작성한 기록물로, 2023년에 유네스코 세계 기록유산으로 등재되었다.

④ 조선 통신사 기록물은 17~19세기에 일본에 파견되며 문화 교류 사절의 역할을 하였던 조선 통신사에 관한 기록으로, 2017년에 유네스코 세계 기록유산에 등재되었다.

정답

p.32

01	② 선사 시대	11	② 조선 전기
02	② 고대	12	④ 근대
03	③ 시대 통합	13	③ 근대
04	④ 조선 전기	14	③ 고려 시대
05	④ 고대	15	③ 현대
06	④ 고려 시대	16	④ 일제 강점기
07	③ 고려 시대	17	② 일제 강점기
08	③ 조선 후기	18	④ 현대
09	① 고대	19	④ 조선 후기
10	① 고려 시대	20	③ 근대

취약시대 분석표

영역	세부 유형	문항 수
전근대	선사 시대	/1
	고대	/3
	고려 시대	/4
	조선 전기	/2
	조선 후기	/2
근현대	근대	/3
	일제 강점기	/2
	현대	/2
통합	시대 통합	/1
총계		/20

* 취약시대 분석표를 이용해 1개라도 틀린 문제가 있는 시대는 그 시대의 문제만 골라 해설을 다시 한번 꼼꼼히 학습하세요

---

01 선사 시대 | 선사 시대의 유물과 사회 모습 난이도 중 ●●○

정답설명

② 옳은 것을 모두 고르면 ㉠, ㉣이다.

㉠ 덧무늬 토기가 사용된 신석기 시대에는 조개류를 많이 먹었으며, 때로는 껍데기를 장식으로 이용하기도 하였다.

㉣ 눌러찍기무늬 토기를 사용한 신석기 시대에는 가락바퀴와 뼈바늘을 이용하여 옷이나 그물을 만들어 사용하는 원시 수공업이 발달하였다.

오답분석

㉡ 붉은 간 토기가 사용된 청동기 시대에는 보리, 조, 기장 등의 밭농사가 주로 이루어졌으며, 일부 저습지에서는 벼농사를 짓기도 하였다.

㉢ 주먹 도끼가 사용된 시기는 구석기 시대이나, 주거지가 하천이나 바닷가 근처에서 산간이나 구릉지로 이동된 것은 청동기 시대이다.

---

02 고대 | 진흥왕 재위 시기의 사실 난이도 하 ●○○

자료분석

절로 고쳐 지음 + 황룡이라는 이름을 내림 → 황룡사 → 진흥왕

정답설명

② 진흥왕은 이사부의 건의에 따라 거칠부로 하여금 신라의 역사를 정리한 『국사』를 편찬하게 하였다.

오답분석

① 선덕 여왕: 경주에 영묘사를 창건한 것은 선덕 여왕 때이다.

③ 지증왕: 시장을 감독하는 관청인 동시전을 설치한 것은 지증왕 때이다.

④ 법흥왕: 이차돈의 순교를 통해 불교를 공인한 것은 법흥왕 때이다. 신라는 고구려를 통해 불교가 전해졌지만, 귀족들의 반발로 갈등을 겪다가 법흥왕 때 이차돈의 순교를 통해 불교를 공인하였다.

🖋 이것도 알면 합격!

6세기 신라 왕의 업적

지증왕	신라 국호, 왕 칭호 사용, 우경 장려, 순장 금지, 동시전 설치
법흥왕	'건원' 연호 사용, 율령 반포, 불교 공인, 병부 설치
진흥왕	화랑도 공인, 한강 유역 확보, 대가야 정복, 『국사』 편찬

---

03 시대 통합 | 시대별 지방 행정 제도 난이도 중 ●●○

정답설명

③ 고려 시대에 형성된 특수 행정 구역인 소(所)는 조선 시대에 일반 군현으로 편입되었다.

오답분석

① 고구려는 지방 행정 구역을 5부로 나누었으며, 백제는 5방으로 나누었다.

② 통일 신라의 5소경에 파견된 장관은 사신이다. 한편, 도독은 통일 신라의 지방 행정 구역인 주(州)의 장관이다.

④ 조선 시대에 각 군현에 설치된 향촌 자치 기구는 경재소가 아닌 유향소이다. 경재소는 유향소를 통제하기 위해 설치된 중앙 기구로, 중앙 정부의 고관에게 자기 출신지의 경재소를 관할하게 하였다.

---

04 조선 전기 | 『경국대전』 난이도 중 ●●○

자료분석

조선의 기본 법전 + 세조 때 편찬되기 시작하여 성종 때 완성됨 → 『경국대전』

정답설명

④ 『속육전』은 『경제육전』을 수정·보완하여 간행한 것이다. 『경국대전』을 보완하기 위해 편찬된 법전으로는 영조 때 편찬된 『속대전』 등이 있다.

[오답분석]

① 『경국대전』은 세조가 육전 상정소를 설치하여 편찬하기 시작하였다.

② 『경국대전』은 세조 때 최항, 노사신, 강희맹의 주도로 편찬되었다.

③ 『경국대전』은 세조 때 편찬되기 시작하였으며, 「호전」과 「형전」이 먼저 완성되어 시행되었다.

05 고대 | 고대의 석탑   난이도 중 ●●○

[정답설명]

④ 신문왕 때 세워졌으며, 삼국 통일 이후 조성된 석탑 양식의 전형을 보여주는 탑은 감은사지 3층 석탑이다. 분황사 모전 석탑은 돌을 벽돌 모양으로 다듬어 쌓은 탑으로 선덕 여왕 때 건립된 것으로 추정된다.

[오답분석]

① 정림사지 5층 석탑은 백제의 대표적인 석탑으로, 1층 탑신에 당나라 장군 소정방이 백제를 평정하였다는 내용을 새겨놓아 평제탑이라고 불리기도 하였다.

② 익산 미륵사지 석탑의 보수 과정에서 미륵사의 창건 연대 등이 기록된 금제 사리 봉안기가 발견되었다.

③ 양양 진전사지 3층 석탑의 1층 몸돌에는 다양한 모습의 불상 조각들이 돋을새김(부조)으로 조각되어 있다.

06 고려 시대 | 도병마사   난이도 중 ●●○

[자료분석]

충렬왕 때 도평의사사로 고침 → (가) 도병마사

[정답설명]

④ 도병마사는 중서문하성의 재신과 중추원의 추밀이 함께 모여 국가의 중대사를 의논하였던 기구로, 주로 국방 문제를 논의하였다.

[오답분석]

① 중추원: 군사 기밀과 왕명 전달을 담당하였던 기구는 중추원이다. 중추원은 국정을 총괄하는 추밀과 왕명의 출납을 담당하는 승선으로 구성되었다.

② 삼사: 화폐와 곡식의 출납, 회계를 담당하였던 기구는 삼사이다.

③ 중서문하성: 고려 시대 최고의 중앙 관서로 국정을 총괄한 기구는 중서문하성이다.

07 고려 시대 | 의천   난이도 중 ●●○

[자료분석]

진수 대법사 문하에서 교관을 대강 배움 → 의천

[정답설명]

③ 의천은 고려, 송나라, 요나라 등의 대장경에 대한 주석서를 모아 『신편제종교장총록』이라는 불서 목록을 편찬하였으며, 이를 바탕으로 불교 경전 주석서인 교장(속장경)을 편찬하였다.

[오답분석]

① 균여: 화엄 사상을 정비하고 보살의 실천행을 펼친 승려는 균여이다.

② 혜심: 수선사의 2대 교주로, 유교와 불교가 다르지 않다는 유·불 일치설을 통해 심성의 도야를 강조하여 이후 성리학을 수용할 수 있는 사상적 토대를 마련한 인물은 혜심이다.

④ 지눌: 내가 곧 부처임을 깨닫고 꾸준한 수행으로 깨달음을 확인할 것을 강조하는 돈오점수를 주장한 승려는 지눌이다.

08 조선 후기 | 조광조   난이도 중 ●●○

[자료분석]

정암 + 기묘년 11월에 사화(기묘사화) → (가) 조광조

[정답설명]

③ 옳은 것을 모두 고르면 ⓒ, ⓒ이다.

ⓒ 조광조는 성리학적 생활 규범을 향촌 사회에 정착시키고자 중국의 『여씨향약』을 들여와 보급하였다.

ⓒ 조광조는 농민들에게 고리대를 거두고 있던 내수사의 장리를 폐지할 것을 주장하였다. 장리란 연 5할의 이자를 받는 고리대를 말하는 것으로, 조선 전기부터 내수사는 농민에게 장리를 놓아 왕실의 비용에 충당하였다.

[오답분석]

㉠ 정도전: 『불씨잡변』을 저술하여 성리학자의 입장에서 불교를 비판한 인물은 정도전이다.

㉢ 신숙주: 세종 때 서장관으로 일본에 다녀와서 성종 때 일본의 지세와 국정 등을 기록한 견문록인 『해동제국기』를 저술한 인물은 신숙주이다.

09 고대 | 무령왕릉   난이도 하 ●○○

[자료분석]

영동대장군 백제 사마왕 + 토지신 → 무령왕릉 지석 → 무령왕릉

[정답설명]

① 무령왕릉의 내부에서는 벽화가 발견되지 않았다.

[오답분석]

② 무령왕릉은 중국 남조 양식의 영향을 받아 벽돌무덤 양식으로 축조되었다.

③ 무령왕릉에서 출토된 왕과 왕비의 관은 일본에서 나는 금송으로 제작되어, 당시 백제가 일본과 활발히 교류하였음을 보여준다.

④ 무령왕릉에서는 무덤을 수호하는 동물을 조각한 석수 등이 출토되었다.

10 고려 시대 | 고려 원 간섭기의 사실   난이도 중 ●●○

[자료분석]

(가) 개경 환도(1270) ~ 충렬왕 즉위(1274)

(나) 충렬왕 즉위(1274) ~ 충숙왕 즉위(1313)

(다) 충숙왕 즉위(1313) ~ 공민왕 즉위(1351)

(라) 공민왕 즉위(1351) ~ 명 건국(1368)

정답설명

① 여·몽 연합군의 1·2차 일본 원정 실패는 모두 충렬왕 재위 기간인 (나) 시기에 있었던 사실이다(1차: 1274, 2차: 1281).

오답분석

② (나) 시기인 충선왕 때 국가의 재정을 확보하기 위해 국가가 소금을 전매하는 소금 전매제를 실시하였다(1309).

③ (다) 시기인 충숙왕 때 찰리변위도감을 설치하여 권세가들이 불법으로 빼앗은 토지와 노비를 본 주인에게 환원하도록 하는 등 개혁을 시도하였다.

④ (라) 시기인 공민왕 때 승려 신돈을 등용하여 전민변정도감을 설치하고 권문세족이 불법으로 탈점한 토지를 원래 주인에게 돌려주었으며, 억울하게 노비가 된 자들을 양인으로 해방시켜 권문세족의 기반을 약화시켰다.

---

11 조선 전기 | 정도전   난이도 상 ●●●

자료분석

재상은 만민을 다스리는 자리 + 『조선경국전』 → 정도전

정답설명

② 정도전은 성리학의 철학 체계를 그림과 해설을 붙여 설명한 성리학 입문서인 『학자지남도』를 편찬하였다.

오답분석

① 권근: 성리학을 처음 배우는 이들에게 성리학의 기본적인 지식을 쉽게 알리기 위하여 그림을 넣어 설명한 성리학 입문서인 『입학도설』을 저술한 인물은 권근이다.

③ 안향: 자신의 호를 주자와 비슷한 '회헌'이라 지은 인물은 안향이다.

④ 주세붕: 우리나라에 성리학을 처음 소개한 안향을 제사 지내기 위해 우리나라 최초의 서원인 백운동 서원을 설립한 인물은 주세붕이다.

---

12 근대 | 열강의 이권 침탈   난이도 하 ●○○

자료분석

㉠ 번국이라 칭함 + 신의가 두터운지 200년이 됨 → 청
㉡ 우리에게 얽매여 있음 + 쳐들어 올 가능성 → 일본
㉢ 우리가 모르던 나라 + 다른 사람의 종용으로 끌어들임 → 미국
㉣ 우리와 감정이 없음 + 남의 이간질 → 러시아

정답설명

④ 러시아는 압록강·두만강·울릉도의 삼림 벌채권과 함경도 경원·종성의 광산 채굴권 등을 획득하였다.

오답분석

① 미국: 전기 및 전차 부설권을 획득한 나라는 미국이다.

② 강원도 당현 금광 채굴권을 차지한 나라는 독일이다. 한편, 일본은 충청도의 직산 금광 채굴권을 차지하였다.

③ 일본: 경부선의 철도 부설권을 획득한 나라는 일본이다.

---

13 근대 | 보안회   난이도 중 ●●○

자료분석

황폐지의 개척을 일본인에게 특허 + 일제의 황무지 개간 요구 → 보안회

정답설명

③ 보안회는 송수만, 원세성 등의 관료 출신과 유생들을 중심으로 조직된 단체로, 일제의 황무지 개간권 요구에 대응하여 설립되었다.

오답분석

① 대한 자강회: 『월보』를 간행하고 전국 각지에 지회를 설치한 단체는 대한 자강회이다. 대한 자강회는 윤효정, 장지연을 중심으로 설립된 단체로, 전국에 25개 지회를 설치하고 교육 진흥·산업 개발·『월보』 간행·강연회 개최 등의 활동을 전개하였다.

② 신민회: 일제가 조작한 105인 사건으로 인해 조직이 발각되어 해체된 단체는 신민회이다.

④ 독립 협회: 재정·군사·인사권을 자주적으로 행사하여 자주 독립을 지켜야 한다는 '구국 운동 상소문'을 고종에게 올린 단체는 독립 협회이다.

---

14 고려 시대 | 과거제와 개정 전시과 실시 사이의 사실   난이도 중 ●●○

자료분석

(가) 쌍기의 건의 + 처음으로 과거를 실시함 → 과거제(958)
(나) 전시과를 고쳐 정함 + 범위 안에 들지 못한 자에게 17결을 지급(한외과) → 개정 전시과(998)

정답설명

③ (가)와 (나) 사이 시기인 983년에는 지방의 주요 지역에 12목을 설치하고 지방관인 목사를 파견하였다.

오답분석

모두 (나) 이후에 일어난 사실이다.

① 빈민 구제를 위해 구제도감이 설치된 것은 예종 때인 1109년이다. 예종 때, 개경에 전염병이 크게 유행하자, 병자의 치료와 병사자 처리, 빈민 구제를 위해 임시 기구로 구제도감을 설치하였다.

② 서적포라는 국립 출판사를 두어 책을 간행한 것은 숙종 때인 1101년이다. 숙종 때 서적 간행의 활성화를 위해 국자감 내에 서적포라는 국립 출판사를 두고 책을 간행하였다.

④ 송나라 사신 서긍이 고려를 방문하고 견문한 여러 가지 고려의 실정을 글과 그림으로 설명한 『고려도경』을 지은 것은 인종 때인 1123년이다.

---

15 현대 | 제헌 헌법   난이도 중 ●●○

정답설명

③ 제헌 헌법 제55조에는 '대통령과 부통령의 임기는 4년으로 한다. 단 재선에 의하여 1차 중임할 수 있다.'는 내용이 명시되어 있다.

오답분석

① 제8차 개헌: '대통령은 대통령 선거인단에서 무기명 투표로 선거한다.'는 제8차 개헌의 내용이다.

② 제7차 개헌: '통일 주체 국민회의는 국민의 직접 선거에 의하여 선출된 대의원으로 구성한다.'는 제7차 개헌의 내용이다.

④ 제7차 개헌: '대통령은 외교, 국방, 경제, 사법 등 국정 전반에 걸쳐 필요한 긴급 조치를 할 수 있다.'는 제7차 개헌의 내용이다.

16 일제 강점기 | 문화 통치 시기의 사실　난이도 중 ●●○

자료분석

신임 총독 + 부 협의회 → 문화 통치 시기

정답설명

④ 문화 통치 시기인 1925년에 대종교 계통 인사들이 북만주 지역에서 신민부를 결성하였다.

오답분석

① 민족 말살 통치 시기: 대한 애국 청년단 단원인 조문기, 유만수 등이 전시 선전과 동원을 위한 아세아 민족 분격 대회가 열린 경성 부민관에 폭탄을 투척한 것은 1945년이다.

② 이상설, 이승희 등이 북만주 밀산부에 독립 운동 기지인 한흥동을 건설한 것은 1909년이다.

③ 안중근이 만주 하얼빈역에서 초대 통감인 이토 히로부미를 처단한 것은 1909년이다.

17 일제 강점기 | 한인 애국단　난이도 하 ●○○

자료분석

만보산 사건 + 새로운 국면을 타개 + 임시 정부 → 한인 애국단

정답설명

② 한인 애국단은 1931년에 김구에 의해 중국 상하이에서 대한민국 임시 정부의 침체를 극복하고자 조직되었다.

오답분석

①, ③ 의열단: 신채호가 작성한 「조선혁명선언」을 지침으로 삼아 활동하였으며, 주요 단원으로 박재혁, 나석주 등이 있었던 단체는 의열단이다.

④ 독립 의군부: 조선 총독부에 국권 반환 요구서를 제출하려 하였던 단체는 임병찬이 고종의 밀지를 받아 조직한 독립 의군부이다.

18 현대 | 7·4 남북 공동 성명과 남북 기본 합의서 사이의 사실　난이도 중 ●●○

자료분석

(가) 자주적 + 평화적 + 민족적 대단결 → 7·4 남북 공동 성명(1972)
(나) 상대방의 체제 인정 → 남북 기본 합의서(1991. 12. 13.)

정답설명

④ (가)와 (나) 사이 시기인 1985년에 남북 이산가족 상봉이 최초로 이루어져 남북한의 이산가족이 각각 서울과 평양을 방문하였다.

오답분석

모두 (나) 이후의 사실이다.

① 개성 공단의 조성에 합의한 것은 김대중 정부 때인 2000년이다. 김대중 정부 때 남북한은 경제 협력 사업의 하나로 개성 공단 조성에 합의하였다.

② 금강산 관광 사업이 시작된 것은 김대중 정부 때인 1998년이다. 김대중 정부 때는 남북 교류가 활성화되었고, 그 결과 최초로 금강산 해로 관광 사업이 시작되었다.

③ 한반도 비핵화 공동 선언이 체결된 것은 1991년 12월 31일이다. 남북은 남북 기본 합의서 채택 직후인 1991년 12월 31일에 한반도 비핵화 공식 선언을 체결하였다.

19 조선 후기 | 향전　난이도 중 ●●○

자료분석

㉠ 향교에 다니는 자 → 교파 → 신향
㉡ 향약을 주관하는 자 → 약파 → 구향

정답설명

④ 향촌 지배력이 약화된 구향은 군현 단위의 향약에서 범위를 좁혀 촌락 단위로 동계와 동약을 실시하였으며, 이를 통해 향촌 사회에 대한 영향력을 유지하고자 하였다.

오답분석

① 기존의 향촌 사회를 지배하던 재지 사족은 ㉡ 구향이다.

② ㉠ 신향은 수령과 결탁해 향회에 참여하고, 향임직에도 진출하여 자신들의 영향력을 확대하였다.

③ 경제력을 바탕으로 신분을 상승시킨 세력은 ㉠ 신향인 부농층이다. 조선 후기에 부농층은 경제력을 바탕으로 신분 상승을 추구하였으며, 향촌 운영을 둘러싸고 ㉡ 구향과 대립하였다.

20 근대 | 조·청 상민 수륙 무역 장정　난이도 중 ●●○

자료분석

청이 속방을 우대하는 뜻에서 상정 → 조·청 상민 수륙 무역 장정

정답설명

③ 조·청 상민 수륙 무역 장정에는 치외법권은 물론 조선 연안 어업권, 서울 양화진에 청국인이 점포를 개설할 수 있는 권리 등을 인정하였다.

오답분석

① 조·미 수호 통상 조약: 조약을 체결한 양 국가 중 한 국가가 제3국의 압박을 받으면 서로 도와주도록 거중조정을 규정한 것은 조·미 수호 통상 조약이다.

② 조·청 상민 수륙 무역 장정은 임오군란 이후 체결되었다.

④ 강화도 조약: 부산(1876)·원산(1880)·인천(1883)이 개항되는 결과를 가져온 조약은 강화도 조약(조·일 수호 조규)이다.

정답

p.38

01	① 시대 통합	11	③ 조선 전기
02	② 고려 시대	12	④ 선사 시대
03	③ 고대	13	④ 근대
04	② 현대	14	③ 고대
05	② 현대	15	③ 고려 시대
06	② 조선 후기	16	② 조선 전기
07	② 조선 후기	17	② 일제 강점기
08	④ 고대	18	④ 근대
09	③ 근대	19	④ 고려 시대
10	③ 일제 강점기	20	① 일제 강점기

취약시대 분석표

영역	세부 유형	문항 수
전근대	선사 시대	/1
	고대	/3
	고려 시대	/3
	조선 전기	/2
	조선 후기	/2
근현대	근대	/3
	일제 강점기	/3
	현대	/2
통합	시대 통합	/1
총계		/20

* 취약시대 분석표를 이용해 1개라도 틀린 문제가 있는 시대는 그 시대의 문제만 골라 해설을 다시 한번 꼼꼼히 학습하세요

01 시대 통합 | 금속 활자의 발달   난이도 중 ●●○

정답설명

① 순서대로 나열하면 ⊙ 『상정고금예문』 인쇄(고려 고종) → ⓒ 『직지심체요절』 간행(고려 우왕) → ⓒ 경자자·갑인자 주조(조선 세종) → ⓔ 한구자·정리자 주조(조선 정조)이다.

⊙ 『상정고금예문』 인쇄: 고려 고종 때 강화도 천도 당시 『상정고금예문』을 가져오지 못하자 당시 집권자였던 최우의 소장본을 바탕으로 강화도에서 금속 활자로 28부를 인쇄하였다. 현재는 전해지지 않으며, 『동국이상국집』에 금속 활자로 인쇄하였다는 기록만 남아 있다.

ⓒ 『직지심체요절』 간행: 고려 우왕 때 청주 흥덕사에서 현존하는 최고(最古)의 금속 활자본인 『직지심체요절』이 간행되었다(1377).

ⓒ 경자자·갑인자 주조: 조선 세종 때 주자소에서 경자자, 갑인자 등의 금속 활자를 주조하였다.

ⓔ 한구자·정리자 주조: 한구자는 숙종 때 처음 주조되어 정조 때 다시 주조된 금속 활자이며, 정리자는 정조 때 『원행을묘정리의궤』 등을 인쇄하기 위해 주조된 금속 활자이다.

02 고려 시대 | 고려 시대 거란과의 관계   난이도 중 ●●●

자료분석

소손녕 + 동경 → ⊙ 거란

정답설명

② 이자겸이 자신의 정권을 유지하기 위해 사대 요구를 수용한 나라는 금(여진)이다.

오답분석

① 거란의 2차 침입 때 고려 현종이 나주로 피난하였다.

③ 거란의 2차 침입 때 거란과의 강화 조건으로 현종의 친조가 제시되었다.

④ 고려 고종 때 거란족 일부가 몽골에 쫓겨 고려 영토로 들어왔다가 고려군

의 공격에 막혀 평양성 동쪽의 강동성에 포위당하였는데, 이때 고려와 몽골, 동진 연합군이 거란을 격퇴하였다(강동성 전투).

03 고대 | 장보고   난이도 중 ●●○

자료분석

신무 대왕 + 딸을 왕비로 삼을 것을 약속 받음 → ⊙ 장보고

정답설명

③ 장보고는 완도에 청해진을 설치하고 해상 교통권을 장악하여 당나라 - 신라 - 일본을 잇는 국제 무역을 주도하였는데, 당나라에는 견당매물사, 일본에는 회역사라는 교역 사절을 파견하기도 하였다.

오답분석

① 최치원: 당나라에서 『토황소격문』을 지어 명문장가로 이름을 떨친 인물은 최치원이다.

② 혜초: 기행문인 『왕오천축국전』을 지은 인물은 혜초이다. 혜초는 인도와 중앙아시아를 순례한 뒤 『왕오천축국전』을 저술하였다.

④ 김헌창: 공주(웅천주)를 근거지로 반란을 일으켜 장안이라는 나라를 세운 인물은 김헌창이다. 김헌창은 아버지인 김주원이 왕이 되지 못한 것에 불만을 품고 난을 일으켜 '장안'이라는 나라를 세우고, 연호를 '경운'이라 하였다.

04 현대 | YH 무역 사건 이후의 사실   난이도 중 ●●○

자료분석

YH 무역 주식회사 + 신민당의 당사를 점거 → YH 무역 사건(1979. 8.)

정답설명

② YH 무역 사건 이후인 1979년 12월에 전두환을 비롯한 신군부 세력이 반란을 일으켜 군권과 정치적 실권을 장악한 12·12 사태를 일으켰다.

오답분석

모두 YH 무역 사건 이전의 사실이다.

① 7·4 남북 공동 성명이 발표된 것은 1972년이다. 남북은 7·4 남북 공동 성명을 통해 자주·평화·민족적 대단결의 3대 통일 원칙에 합의하였다.

③ 함석헌, 장준하 등 재야 인사들에 의해 유신 헌법 철폐를 위한 개헌 청원 1백만인 서명 운동이 전개된 것은 1973년이다.

④ 한·일 회담에 반대하는 6·3 항쟁이 전개된 것은 1964년이다. 박정희 정부가 한·일 기본 조약의 체결을 위한 한·일 회담을 비밀리에 진행하였다는 사실이 폭로되자 학생들을 중심으로 굴욕적인 대일 외교에 반대하는 6·3 항쟁이 전개되었다.

---

05 현대 | 김영삼 정부   난이도 중 ●●○

자료분석

> 노태우 대통령을 비롯한 전직 대통령 + 문민 민주주의 → 김영삼 정부

정답설명

② 김영삼 정부는 경제 협력 개발 기구(OECD)에 가입하고, 세계 무역 기구(WTO)에 가입하는 등 시장 개방 정책을 실시하였다.

오답분석

① **전두환 정부**: 국민 연금 제도를 처음 시행(1988)한 것은 전두환 정부이다. 국민 연금 제도는 1970년대에 박정희 정부에 의해 '국민 복지 연금법'이 제정되었으나 석유 파동의 여파로 시행되지 못하였고, 이후 1986년에 '국민 연금법'으로 전면 개정하여 전두환 정부의 임기 말인 1988년에 시행되었다.

③ **김대중 정부** : 상록수 부대를 동티모르에 파병(1999)하여 현지 주민들에 대한 인도적 지원 활동과 복구 활동을 지원한 것은 김대중 정부이다.

④ **김대중 정부**: 대북 화해 협력 정책을 추진하여 2000년에 분단 이후 최초로 남북 정상 회담을 성사시킨 것은 김대중 정부이다.

📖 이것도 알면 합격!

김영삼 정부의 경제 활동

- 1993년: 금융 실명제 실시
- 1995년: WTO(세계 무역 기구) 출범
- 1996년: OECD(경제 협력 개발 기구) 가입
- 1997년: IMF(국제 통화 기금)에 구제 금융 공식 요청

---

06 조선 후기 | 홍경래의 난, 임술 농민 봉기   난이도 중 ●●○

자료분석

> (가) 평서대원수 + 관서 → 홍경래의 난(1811)
> (나) 임술년 + 진주 → 임술 농민 봉기(1862)

정답설명

② 노비 문서의 소각과 탐관오리의 엄징 요구는 동학 농민 운동 당시 농민군이 주장한 내용이다.

오답분석

① 홍경래의 난은 세도 정권과 유착된 특권 어용 상인들의 과도한 경제적 수탈에 대한 불만으로 인해 일어났다.

③ 홍경래의 난은 홍경래를 중심으로 한 세력이 일시적으로 청천강 이북 지역을 점령하였지만 관군에 의해 진압되었다.

④ 임술 농민 봉기 당시 정부는 사건 수습을 위해 삼정이정청을 설치하여 삼정의 문란을 해결하려 하였다.

---

07 조선 후기 | 대동법   난이도 하 ●○○

자료분석

> 강원도 + 충청도·전라도 + 토호들만 싫어할 뿐 백성들은 좋아함 → 대동법

정답설명

② 대동법은 토지 결수에 따라 쌀, 삼베나 무명, 동전 등을 부과하였기 때문에 토지가 없거나 적은 농민들의 부담이 어느 정도 감소하였다.

오답분석

① 대동법 실시 이후에도 별공과 진상이 존속되어 현물 징수가 완전히 없어지지는 않았다.

③ 대동법은 방납의 폐단을 없애기 위해 시행되었다. 한편, 백골징포, 황구첨정과 같은 군정의 폐단을 없애기 위해 시행된 제도로는 균역법이 있다.

④ **영정법**: 풍흉에 관계없이 토지 1결당 4~6두를 징수하도록 한 제도는 영정법이다.

---

08 고대 | 화랑도   난이도 중 ●●○

자료분석

> 원화를 폐지함 + 풍월도를 먼저 일으킴 + 좋은 가문 출신의 남자를 뽑음 → ㉠ 화랑

정답설명

④ 매향 활동을 하면서 각종 불교 행사를 주관하였던 것은 불교 신앙 조직인 향도이다.

오답분석

① 화랑도는 진평왕 때 원광 법사가 제시한 세속 5계를 행동 규범으로 삼아 활동하였다.

② 화랑도는 원시 사회의 청소년 집단에서 기원하였으며, 진흥왕 때 국가적인 조직으로 개편되었다.

③ 화랑도는 명승지를 찾아 다니며 유람을 즐기거나 산천을 돌아다니며 심신을 연마하기도 하였다.

---

09 근대 | 한·일 의정서 체결 이후의 사실   난이도 상 ●●●

자료분석

> 대일본 제국 정부는 군사 전략상 필요한 지점을 수용할 수 있음 → 한·일 의정서(1904. 2.)

정답설명

③ 일본은 한·일 의정서 체결 이후인 1904년 5월에 대한 제국을 식민지화 하기 위한 구체적인 방침을 정리한 대한 시설 강령을 발표하였다.

오답분석

모두 한·일 의정서 체결 이전의 사실이다.

① 고종은 1904년 1월에 국외 중립 선언을 발표하여 각국에 통보하였다. 그러나 일본은 대한 제국의 국외 중립 선언을 무시하고, 강제로 한·일 의정서를 체결하였다.

② 1903년에 러시아가 한국의 용암포 및 압록강 하구를 강제 점령하고 조차를 요구한 사건인 용암포 사건이 일어났다.

④ 1902년에 일본은 러시아를 견제하기 위한 목적으로 영국과 제1차 영·일 동맹을 체결하였다.

---

10 일제 강점기 | 하와이의 민족 운동 난이도 중 ●●○

자료분석

사탕수수 농장으로의 노동 이민 시작 → 하와이

정답설명

③ 하와이에서는 박용만이 군사 양성 기관인 대조선 국민 군단을 조직하여 군사 훈련을 하였다.

오답분석

① 서간도: 자치 기구인 경학사와 부민단이 조직된 곳은 서간도이다. 경학사는 이회영, 이상룡 등이 조직한 한인 자치 기구로, 이후 부민단으로 계승되었다.

② 연해주: 대한 국민 의회를 통해 외교 활동을 전개한 곳은 연해주이다. 대한 국민 의회는 1919년에 러시아 연해주에 설립된 임시 정부로, 전로 한족회 중앙 총회가 개편된 것이다.

④ 상하이: 박은식, 신규식 등을 중심으로 동제사가 조직된 곳은 상하이이다.

---

11 조선 전기 | 율곡 이이 난이도 중 ●●○

자료분석

현명한 신하가 군주에게 성학을 가르쳐 기질을 변화시켜야 함 → 『성학집요』 → 율곡 이이

정답설명

③ 이이는 왕도 정치의 이상을 문답 형식으로 정리한 『동호문답』, 기자의 행적을 정리한 『기자실기』 등을 저술하였다.

오답분석

① 조식: 학문의 실천성을 강조한 인물은 조식이다. 조식은 '경(敬)'이라 하고 밖으로 과단성 있는 것을 '의(義)'라하며 학문의 실천성을 강조하였다.

② 이황: 영남 학파 형성에 영향을 준 인물은 이황이다. 한편, 이이는 기호 학파 형성에 영향을 주었다.

④ 이황: 백운동 서원의 사액을 왕(명종)에게 건의하여 소수 서원이라는 편액을 하사받은 인물은 이황이다.

---

12 선사 시대 | 신석기 시대 난이도 하 ●○○

자료분석

부산 동삼동 유적 + 원시 신앙이 등장함 → 신석기 시대

정답설명

④ 신석기 시대에는 농경이 시작되어 곡식을 저장하거나 음식을 조리하기 위해 빗살무늬 토기를 만들어 널리 사용하였다.

오답분석

① 청동기 시대: 반달 돌칼을 이용하여 벼를 수확한 시기는 청동기 시대이다.

② 구석기 시대: 채집과 사냥을 주로 하며 동굴이나 막집에서 생활하였던 시대는 구석기 시대이다.

③ 청동기 시대: 농업 생산력이 발전하면서 잉여 생산물이 생겨나 사유 재산과 계급이 발생한 시대는 청동기 시대이다.

---

13 근대 | 을미의병 난이도 하 ●○○

자료분석

국모를 시해 + 임금의 모발을 강제로 자름 → 을미의병

정답설명

④ 을미의병은 아관 파천으로 친일 정권이 붕괴되면서 단발령이 철회되고, 고종의 해산 권고 조칙이 내려지면서 대부분 해산하였다.

오답분석

① 정미의병: 군대 해산에 반발한 군인들이 의병 부대에 합류하여 전력이 크게 증강된 것은 정미의병이다.

② 정미의병: 이인영을 총대장으로 13도 창의군을 결성하여 서울 진공 작전을 계획한 것은 정미의병이다.

③ 제1차 동학 농민 운동: 황토현 전투에서 정부군에 승리하고 전주성까지 점령한 것은 제1차 동학 농민 운동이다.

---

14 고대 | 신문왕 난이도 하 ●○○

자료분석

만파식적 → 신문왕

정답설명

③ 위화부를 설치하고 관리의 인사 업무를 담당하게 한 왕은 진평왕이다.

오답분석

① 신문왕은 문무 관료들에게 관등에 따라 수조권만을 인정한 관료전을 지급하였다.

② 신문왕은 김흠돌의 난을 계기로 귀족 세력을 숙청하여 왕권을 강화하였다.

④ 신문왕은 달구벌(지금의 대구)로 천도하려 하였으나, 귀족들의 반발로 실패하였다.

15 고려 시대 | 고려 시대의 불상 난이도 하 ●○○

정답설명

③ 논산 관촉사 석조 미륵보살 입상은 고려 시대의 거대 불상으로, 논산시 은진면에 있어 '은진 미륵'이라는 별칭으로도 불린다.

오답분석

① 하남 하사창동 철조 석가여래 좌상은 고려 초기에 제작된 대표적인 철불로, 원의 영향을 받아 제작되지 않았다.

② 부석사 소조 아미타여래 좌상은 백제가 아닌 신라의 불상 양식을 계승하였다.

④ 파주 용미리 마애이불 입상은 고구려의 영향을 받아 제작되지 않았다. 파주 용미리 마애이불 입상은 지역 특색이 반영되어 투박하게 제작된 고려 시대의 대표적인 거대 석불이다.

16 조선 전기 | 사헌부와 사간원 난이도 중 ●●○

자료분석

(가) 시정을 논함 + 관원을 규찰함 → 사헌부
(나) 문하부을 혁파하고 낭사를 고침 → 사간원

정답설명

② 옳은 것을 모두 고르면 ㉠, ㉣이다.

㉠ 사헌부는 고려의 어사대와 비슷하게 관리의 비리 감찰 등의 기능을 담당하였다.

㉣ 사헌부와 사헌부의 관원인 대간은 5품 이하 관리 임명에 대한 동의권인 서경권을 행사하였다.

오답분석

㉡ **홍문관**: 옥당이라는 별칭으로 불리기도 한 기구는 홍문관이다. 한편, 사헌부는 상대, 오대, 백부 등의 별칭으로 불렸다.

㉢ **사헌부**: 수장이 정3품 대사헌이었던 기구는 사헌부이다. 한편, 사간원의 수장은 정3품 대사간이었다.

17 일제 강점기 | 지청천 난이도 중 ●●○

자료분석

한국 독립군의 총사령관 + 쌍성보 전투를 지휘 → (가) 지청천

정답설명

② 지청천은 대한민국 임시 정부가 한국광복군을 창설하는 데 중심 역할을 하며 한국광복군 총사령관을 역임하였다.

오답분석

① **김원봉**: 난징에 조선 혁명 간부 학교를 설립한 인물은 김원봉이다.

③ **김두봉**: 화북 조선 독립 동맹의 주석으로 선출되어 활동한 인물은 김두봉이다.

④ **양세봉**: 영릉가 전투, 흥경성 전투에서 중국 의용군과 연합하여 일본군에게 승리한 인물은 조선 혁명군을 이끈 양세봉이다.

18 근대 | 강화도 조약 난이도 하 ●○○

자료분석

조선국은 자주국 + 일본국 인민이 죄를 범하였을 경우 일본국 관원이 심리하여 판결(치외 법권) → 강화도 조약

정답설명

④ 조·일 수호 조규의 제7관에는 '조선국 연해의 섬과 암초는 극히 위험하므로 일본국의 항해자가 해안을 자유롭게 측량하도록 허가한다'는 내용이 있다.

오답분석

① **제물포 조약**: 일본 경비병의 공사관 주둔을 명시한 조약은 제물포 조약이다.

② **조·프 수호 통상 조약**: 천주교 포교의 자유를 인정하는 계기가 된 조약은 조·프 수호 통상 조약이다.

③ **조·미 수호 통상 조약**: 외국에 대한 최혜국 대우를 처음으로 규정한 조약은 조·미 수호 통상 조약이다.

19 고려 시대 | 공민왕의 복주 피난 이후의 사실 난이도 중 ●●○

자료분석

홍건적이 개경 함락 + 왕이 복주에 도착 → 공민왕의 복주 피난(1361)

정답설명

④ 최영은 우왕 때인 1376년에 약탈을 자행하던 왜구를 홍산(부여)에서 크게 격퇴하였다.

오답분석

모두 공민왕의 복주 피난 이전의 사실이다.

① 쌍성총관부를 공격하여 철령 이북을 되찾은 것은 공민왕 때인 1356년이다.

② 윤관이 별무반을 이끌고 여진족을 토벌한 후 동북 지방 일대에 9성을 축조한 것은 예종 때인 1107년이다.

③ 강조가 정변을 일으켜 목종을 폐위하고 대량원군(현종)을 왕으로 옹립한 것은 1009년이다.

20 일제 강점기 | 무단 통치 시기의 사실 난이도 하 ●○○

자료분석

헌병 경찰제 + 제복을 입히고 칼을 차게 함 → 무단 통치 시기

정답설명

① 무단 통치 시기에 조선인에 대해 태형을 실시할 수 있도록 한 법인 조선 태형령이 공포되었다.

오답분석

② **민족 말살 통치 시기**: 한국인의 성과 이름을 일본식으로 바꾸도록 강요하는 창씨개명 조치가 시행된 것은 민족 말살 통치 시기의 사실이다.

③ 산미 증식 계획이 시행된 것은 무단 통치 시기 이후이다. 일제는 자국의 식량 부족 문제 해결을 위해 1920년부터 산미 증식 계획을 시행하였다.

④ **민족 말살 통치 시기**: 학도 지원병 제도가 시행된 것은 민족 말살 통치 시기이다.

▶ 정답
p.44

01	② 선사 시대	11	④ 조선 전기
02	② 고대	12	② 근대
03	④ 고려 시대	13	③ 일제 강점기
04	③ 일제 강점기	14	② 고대
05	③ 고대	15	② 조선 후기
06	① 고대	16	② 조선 전기
07	④ 고려 시대	17	③ 일제 강점기
08	③ 현대	18	② 현대
09	③ 고려 시대	19	④ 고려 시대
10	① 시대 통합	20	③ 근대

▶ 취약시대 분석표

영역	세부 유형	문항 수
전근대	선사 시대	/1
	고대	/4
	고려 시대	/4
	조선 전기	/2
	조선 후기	/1
근현대	근대	/2
	일제 강점기	/3
	현대	/2
통합	시대 통합	/1
총계		/20

* 취약시대 분석표를 이용해 1개라도 틀린 문제가 있는 시대는 그 시대의 문제만 골라 해설을 다시 한번 꼼꼼히 학습하세요

---

01 선사 시대 | 동예와 삼한
난이도 하 ●○○

자료분석
(가) 낙랑단궁이라는 활 + 바다표범 가죽 + 과하마 → 동예
(나) 5월이면 씨뿌리기를 마치고 제사를 지냄 + 10월에 농사일을 마치고 함 → 삼한

정답설명
② 동예는 후·읍군·삼로 등의 군장이 피지배층인 하호를 통치하는 군장 국가였다.

오답분석
① 부여: 여러 가(加)들이 사출도라는 행정 구획을 다스린 국가는 부여이다. 부여는 왕 아래에 가축 이름을 딴 부족장인 마가, 우가, 저가, 구가 등의 가(加)들이 있었으며 이들은 저마다 사출도라는 별도의 행정 구획을 다스렸다.
③ 동예: 다른 읍락의 영역을 침범하면 노비, 소, 말로 배상하는 책화의 풍습이 있던 국가는 동예이다.
④ 고구려: 혼인 풍속으로 서옥제가 있던 나라는 고구려이다. 서옥제는 혼인을 정한 뒤 신부 집 뒤꼍에 조그만 집(서옥)을 짓고, 거기서 자식을 낳아 장성하면 아내를 데리고 신랑 집으로 돌아가는 풍습이다.

이것도 알면 합격!
여러 나라의 풍습

부여	• 제천 행사: 영고(12월) • 순장, 우제점법, 1책 12법, 형사취수제
고구려	• 제천 행사: 동맹(10월, 국동대혈) • 서옥제, 1책 12법, 형사취수제
옥저	골장제, 민며느리제
동예	• 제천 행사: 무천(10월) • 족외혼, 책화
삼한 (마한, 진한, 변한)	• 제천 행사: 수릿날(5월), 계절제(10월) • 두레, 편두

---

02 고대 | 원효와 의상
난이도 중 ●●○

자료분석
⊙ 요석궁 + 설총을 낳음 → 원효 / ⓒ 부석사를 창건함 → 의상

정답설명
② 『법장화상전』는 원효가 아닌 유학자인 최치원의 저술이다. 원효는 『십문화쟁론』, 『대승기신론소』 등을 저술하여 화쟁 사상을 주장하면서 여러 종파의 사상을 융합하고자 하였다.

오답분석
① 원효는 서당 화상이라 불렸으며 무애가라는 노래를 지은 후 유포하여 일반 백성을 교화하는 등 불교의 대중화에 기여하였다.
③ 의상은 '일즉다 다즉일'의 원융 사상을 설파하였다. 원융 사상은 모든 법의 이치가 완전히 하나로 융합하여 구별이 없어진다는 사상이다.
④ 의상은 인간의 현실적인 고뇌를 해결해주는 관음 신앙과 함께 아미타 신앙을 화엄 교단의 주요 신앙으로 삼았다.

---

03 고려 시대 | 태조 왕건
난이도 중 ●●○

자료분석
왕씨 성 하사 → ⊙ 태조 왕건

정답설명
④ 태조는 빈민을 구제하기 위한 구휼 기구로 흑창을 설치하였다. 흑창은 고려 성종 때 의창으로 확대·개편되었다.

오답분석
① 현종: 주현공거법을 실시하여 지방 향리의 자제에게 과거 응시 자격을 부여한 왕은 현종이다.
② 광종: 스스로를 황제로 칭하고, 수도 개경을 황도, 서경을 서도로 격상한 왕은 광종이다.

③ **광종**: 광덕·준풍 등의 독자적인 연호를 사용한 왕은 광종이다. 한편, 태조 왕건은 '천수'라는 연호를 사용하였다.

④ **비유왕**: 장수왕의 남하 정책에 대항하여 신라의 눌지 마립간과 나·제 동맹을 체결한 왕은 비유왕이다.

---

04 일제 강점기 | 3·1 운동   난이도 중 ●●○

자료분석

공약 3장 → 기미 독립 선언서(3·1 독립 선언서) → 3·1 운동

정답설명

③ 1919년에 전개된 3·1 운동은 미국 대통령 윌슨의 민족 자결주의와 일본 도쿄 유학생들이 발표한 2·8 독립 선언의 영향을 받아 전개되었다.

오답분석

① **물산 장려 운동**: '내 살림 내 것으로' '조선 사람 조선 것으로' 등의 구호를 내세운 운동은 물산 장려 운동이다.

② **광주 학생 항일 운동**: 한국인 학생과 일본인 학생 간의 충돌에서 비롯된 운동은 광주 학생 항일 운동이다. 광주 학생 운동 때 학생들은 식민지 교육 제도의 철폐와 조선인 본위의 교육 제도 확립을 주장하였다.

④ **6·10 만세 운동**: 조선 학생 과학 연구회를 비롯한 학생들 중심으로 진행된 운동은 6·10 만세 운동이다.

---

05 고대 | 발해의 문화   난이도 중 ●●○

정답설명

③ 천장이 평행 고임 구조로 조성된 발해의 무덤은 정효 공주의 무덤이다. 정혜 공주의 무덤은 고구려의 영향을 받은 모줄임 천장 구조로 조성되었다.

오답분석

① 발해 상경성의 절터에서는 고구려의 영향을 받은 석등이 발견되었다. 석등에 조각된 연꽃무늬는 고구려 미술이 가진 강건함과 웅장함을 잘 드러내고 있다.

② 발해는 당의 도성(수도)인 장안을 본떠 상경을 건설하였다. 상경은 직사각형의 외성과 내성을 2중으로 쌓고 외성 안에 바둑판 모양의 도로를 갖춘 시가지를 형성하였으며, 남북으로 넓은 주작대로를 축조하였다.

④ 발해의 영광탑은 당나라의 영향을 받아 축조된 전탑(벽돌 탑)으로, 8세기에서 10세기 사이에 축조된 것으로 추정된다.

---

06 고대 | 근초고왕   난이도 하 ●○○

자료분석

평양성을 공격 + 고구려왕 사유(고국원왕)가 죽음 → 근초고왕

정답설명

① 근초고왕은 마한을 정복하여 전라남도 해안까지 영토를 확장하였다.

오답분석

② **무왕**: 백제 중흥을 내세우며 익산에 미륵사를 창건한 왕은 무왕이다.

③ **고이왕**: 왕위의 형제 상속제를 확립한 왕은 고이왕이다. 한편, 근초고왕은 왕위의 부자 상속제를 확립하였다.

---

07 고려 시대 | 식목도감   난이도 하 ●○○

자료분석

고려 시대 + 독자적인 합좌 기구 + 법제와 각종 시행 규정을 담당함 → (가) 식목도감

정답설명

④ 식목도감은 법의 제정이나 각종 시행 규정을 논의하였던 고려의 독자적인 합좌 기구로, 중서문하성의 재신과 중추원의 추밀이 주요 구성원이었다.

오답분석

① **삼사**: 고려 시대의 삼사는 화폐와 곡식의 출납과 회계 등을 담당한 기구로, 송과 달리 단순 회계 기구의 역할을 담당하였다.

② **중추원**: 고려 시대의 중추원은 군사 기밀과 왕명 전달을 담당한 기구로, 국정을 총괄하는 추밀과 왕명의 출납을 담당하는 승선으로 구성되었다.

③ **도병마사**: 도병마사는 주로 국방과 군사 문제를 논의하였던 고려의 독자적인 합좌 기구로, 식목도감과 동일하게 중서문하성의 재신과 중추원의 추밀이 주요 구성원이었다.

---

08 현대 | 박정희 정부 시기의 사실   난이도 상 ●●●

자료분석

함평 고구마 사건(1976)은 두 돌을 몇 달 남겨두지 않음 → 박정희 정부 시기

정답설명

③ 우리나라가 국제 노동 기구(ILO)에 가입한 것은 노태우 정부 시기인 1991년이다.

오답분석

① 박정희 정부 시기인 1964년에 울산 정유 공장이 완공되었다.

② 박정희 정부 시기인 1969년에 전통적인 관혼상제의 허례허식을 지양하고 의례를 간소화 하기 위해 가정 의례 준칙이 고시되었다.

④ 박정희 정부 시기인 1970년부터 낙후된 농촌 개발을 위해 새마을 운동이 추진되었다.

---

09 고려 시대 | 묘청과 김부식   난이도 중 ●●○

자료분석

(가) 낭가 및 불교 + 국풍파 + 독립당 + 진취 사상 → 묘청
(나) 유교 + 한학파 + 사대당 + 보수 사상 → 김부식

정답설명

③ 묘청은 인종에게 서경 천도와 함께 황제를 칭하고 연호를 사용할 것(칭제건원)과 금국을 정벌할 것을 주장하였다.

오답분석

① **김부식**: 인종의 명을 받아 『삼국사기』를 편찬한 인물은 김부식이다.

② **묘청**: 국호를 대위, 연호를 천개로 정하고 서경에서 반란을 일으킨 인물은 묘청이다.

④ 김부식은 서경이 아닌 개경 중심의 문벌 귀족 세력을 대표하는 인물이었다.

---

10 | 시대 통합 | **고려, 조선 시대의 수공업**　　난이도 중 ●●○

정답설명

① 옳은 것을 모두 고르면 ㉠, ㉡이다.

㉠ 고려 시대에는 관청, 소(所), 사찰, 민간에서 수공업 활동이 이루어졌다.

㉡ 고려 전기에는 주로 관수품 위주의 관청 수공업과 소(所) 수공업이 발달하였으나, 고려 후기에는 관청 수공업이 쇠퇴하고 사원이나 농민을 중심으로 한 가내 수공업 형태의 민간 수공업이 발달하였다.

오답분석

㉢ 고려 시대의 소(所)는 특정 공납품을 만들어 국가에 세금으로 납부하였기 때문에 만든 제품을 민간에 팔 수 없었다.

㉣ 선대제가 성행한 것은 조선 후기의 일이다. 조선 전기에는 국가의 통제를 받는 관영 수공업이 성행하였다.

㉤ 조선 후기에는 관영 수공업이 점차 쇠퇴하고, 국가에 장인세를 납부하는 대신 자유롭게 생산 활동을 할 수 있는 납포장이 증가하였다.

---

11 | 조선 전기 | **중종 대의 사실**　　난이도 중 ●●○

자료분석

『이륜행실도』 → 중종

정답설명

④ 중종 때에 박세무가 아동용 수신서인 『동몽선습』을 편찬하였다. 박세무는 『동몽선습』에서 오륜(五倫)의 중요성을 설명하고, 중국 및 한반도의 역사를 약술하였다.

오답분석

① **세조**: 서울의 원각사 안에 십층 탑이 건립된 것은 세조 때이다.

② **성종**: 강희맹이 금양(경기도 시흥)에서 직접 경험하고 들은 농경 방법을 정리한 농서인 『금양잡록』을 편찬한 것은 성종 때이다.

③ **태종**: 주자소를 설치하고 구리로 계미자가 주조된 것은 태종 때이다.

---

12 | 근대 | **대한매일신보**　　난이도 중 ●●○

자료분석

베델이 경영 → 대한매일신보

정답설명

② 대한매일신보는 을사늑약의 불법성을 폭로하는 고종의 친서를 발표하여 고종이 을사늑약에 서명하지 않았음을 보도하였다.

오답분석

① **한성주보**: 우리나라 신문 최초로 상업 광고를 게재한 신문은 한성주보이다.

③ **제국신문**: 순 한글판으로 만들어 하층민과 부녀자들이 많이 구독하였던 신문은 제국신문이다.

④ **만세보**: 천도교의 기관지로 일진회 등의 매국 행위를 주로 비판한 신문은 만세보이다.

---

13 | 일제 강점기 | **물산 장려 운동**　　난이도 중 ●●○

자료분석

조선 사람의 물산을 장려 → 물산 장려 운동

정답설명

③ 사회주의 계열에서는 물산 장려 운동이 자본가와 일부 상인의 이윤 추구에만 국한되어 있다고 비판하였다.

오답분석

① **민립 대학 설립 운동**: 민립 대학 설립 기성회를 만들고 모금 운동을 한 것은 민립 대학 설립 운동이다.

② **국채 보상 운동**: 서상돈 등을 중심으로 대구에서 시작되어 전국적으로 확산된 운동은 국채 보상 운동이다. 한편, 물산 장려 운동은 평양에서 조만식을 중심으로 시작되어 전국적으로 확산되었다.

④ **국채 보상 운동**: 각종 애국 계몽 단체와 대한매일신보, 황성신문, 만세보 등의 언론 기관이 모금 운동에 참여한 운동은 국채 보상 운동이다.

---

14 | 고대 | **법흥왕**　　난이도 하 ●○○

자료분석

율령을 반포 + 공복을 제정 + 건원 → 법흥왕

정답설명

② 법흥왕은 상대등 제도를 처음 시행하였다. 상대등은 귀족의 대표자로서 화백 회의를 주관하였다.

오답분석

① **진흥왕**: 단양 적성비를 건립한 왕은 진흥왕이다. 단양 적성비는 진흥왕이 단양의 적성을 점령하고 세운 비석으로, 적성 점령에 도움을 준 주민 야이차를 포상하였다는 내용 등이 기록되어 있다.

③ **지증왕**: 아라가야가 있던 곳으로 추정되는 아시촌에 최초의 소경을 설치한 왕은 지증왕이다.

④ **소지 마립간**: 백제 동성왕과 혼인 동맹을 맺은 왕은 소지 마립간이다.

---

15 | 조선 후기 | **유득공**　　난이도 중 ●●○

자료분석

발해에 관한 일을 차례로 편찬 + 고(考) + 『발해고』 → (가) 유득공

정답설명

② 유득공은 정조 때 박제가, 이덕무 등과 함께 규장각 검서관으로 등용되어 활동하였다.

오답분석

① 이종휘: 고구려의 전통을 강조한 『동사』를 편찬한 인물은 이종휘이다.

③ 이익: 한 가정이 생활하는 데 필요한 최소한의 토지를 영업전으로 설정하고, 영업전 이외의 토지만 매매를 허락하는 한전론을 주장한 인물은 이익이다.

④ 한백겸: 『동국지리지』를 통해 고구려의 발상지가 만주 지방임을 고증한 인물은 한백겸이다.

---

16 조선 전기 | 세종 난이도 중 ●●○

자료분석

『아악보』가 완성됨 + 정인지가 서를 지음 → 세종

정답설명

② 세종은 화약 무기의 제작법과 사용법을 정리한 병서인 『총통등록』을 편찬하도록 하였다.

오답분석

① 성종: 승려가 출가할 때 국가가 발급해주는 허가증인 도첩제를 폐지한 왕은 성종이다.

③ 태종: 백성이 억울함을 알릴 수 있도록 신문고를 처음 설치한 왕은 태종이다.

④ 세조: 단종 복위 운동을 계기로 집현전과 경연 제도를 폐지한 왕은 세조이다.

---

17 일제 강점기 | 1910년대 독립운동 단체 난이도 상 ●●●

정답설명

③ 박상진 등이 조직하였으며, 공화제 건설을 목표로 한 단체는 대한 광복회이다. 한편, 송죽회는 평양 숭의여학교 교사와 졸업생 등의 주도로 조직된 여성 단체이다.

오답분석

① 독립 의군부는 고종의 밀명에 따라 임병찬이 조직한 단체로, 국권을 회복하여 임금을 다시 세우겠다는 복벽주의를 표방하였다(1912).

② 연해주 신한촌에서 최재형, 이상설 등의 주도로 권업회라는 독립운동 단체가 조직되었다(1911).

④ 대종교는 북간도에서 1911년에 서일을 중심으로 의병들을 규합하여 무장 독립 단체인 중광단을 조직하였다. 중광단은 3·1 운동 이후에는 북로 군정서로 조직을 확대·개편하였다(1919).

---

18 현대 | 조선 건국 준비 위원회 난이도 중 ●●○

자료분석

새 국가 건설의 준비 기관 → 조선 건국 준비 위원회

정답설명

② 옳은 것을 모두 고르면 ㉠, ㉢이다.

㉠ 조선 건국 준비 위원회는 미군과의 협상에서 유리한 입장을 차지하기 위하여 미군이 한반도에 진주하기 전에 조선 인민 공화국의 수립을 선포하였다.

㉢ 조선 건국 준비 위원회는 국내의 치안과 행정을 담당하는 치안대를 조직하고, 전국에 145개의 지부를 조직하였다.

오답분석

㉡ 한국 민주당: 송진우, 김성수 등이 주도하여 결성한 것은 한국 민주당이다. 한편, 조선 건국 준비 위원회는 여운형 등의 중도 좌파와 안재홍 등의 중도 우파가 합작하여 결성되었다.

㉣ 남조선 과도 입법 의원: 민선 의원 45명과 미군정이 임명한 관선 의원 45명으로 구성된 것은 남조선 과도 입법 의원이다.

---

19 고려 시대 | 강동 6주 획득과 귀주 대첩 사이의 사실 난이도 중 ●●○

자료분석

강동 6주 획득(994) → (가) → 귀주 대첩(1019)

정답설명

④ (가) 시기인 1010년에 거란이 고려에 2차 침입하자, 양규가 흥화진 전투에서 거란군에 승리하였다.

오답분석

① (가) 이후: 거란과 여진의 침입에 대비하기 위해 압록강에서 도련포에 이르는 고려의 북쪽 국경 지대에 천리장성이 축조된 것은 고려 덕종~정종 때인 1033~1044년으로, (가) 시기 이후의 사실이다.

② (가) 이전: 거란에서 보낸 낙타 50마리를 만부교 아래에 매달아 굶어 죽게 하고, 사신 30명을 섬으로 귀양보낸 만부교 사건이 일어난 것은 고려 태조 왕건 때인 942년으로, (가) 시기 이전의 사실이다.

③ (가) 이후: 부처의 힘으로 몽골을 물리치기 위해 팔만대장경을 조판한 것은 고려 고종 때인 1236~1251년으로, (가) 시기 이후의 사실이다.

---

20 근대 | 안중근 난이도 중 ●●○

자료분석

동양의 평화를 어지럽힌 장본인은 이등(이토 히로부미) + 의병 중장의 자격으로 제거함 → 안중근

정답설명

③ 안중근은 이토 히로부미를 처단한 직후 체포되어, 옥중에서 『동양평화론』을 집필하였다.

오답분석

① 안중근은 일본이 아닌 중국의 뤼순 감옥에서 순국하였다.

② 안중근은 의열단에서 활동하지 않았다. 의열단은 1919년에 김원봉, 윤세주 등이 조직한 단체로, 암살·파괴·폭력 등에 의한 독립 쟁취를 목표로 하였다.

④ 이재명: 명동 성당 앞에서 을사 오적의 한명인 이완용을 습격하여 중상을 입힌 인물은 이재명이다.

07회 실전동형모의고사 정답·해설

❯ 정답   p.50

01	④ 고대	11	② 고대
02	④ 고려 시대	12	② 조선 후기
03	② 조선 전기	13	① 일제 강점기
04	① 근대	14	③ 일제 강점기
05	③ 고려 시대	15	④ 조선 후기
06	② 고대	16	④ 조선 전기
07	④ 근대	17	③ 현대
08	③ 고대	18	④ 일제 강점기
09	③ 고려 시대	19	④ 시대 통합
10	① 현대	20	③ 일제 강점기

❯ 취약시대 분석표

영역	세부 유형	문항 수
전근대	선사 시대	/0
	고대	/4
	고려 시대	/3
	조선 전기	/2
	조선 후기	/2
근현대	근대	/2
	일제 강점기	/4
	현대	/2
통합	시대 통합	/1
총계		/20

* 취약시대 분석표를 이용해 1개라도 틀린 문제가 있는 시대는 그 시대의 문제만 골라 해설을 다시 한번 꼼꼼히 학습하세요.

---

01 고대 | 골품 (제도)   난이도 중 ●●○

자료분석
4두품에서 백성은 방의 길이와 너비가 15자를 넘지 못함 → ⊙ 골품 (제도)

정답설명
④ 신라의 골품 제도는 부족장들을 세력의 크기에 따라 중앙 귀족에 편입하는 과정에서 성립되었다.

오답분석
① 골품 제도는 계층에 따라 관등 승진의 상한선, 일상 생활까지 정해져 있어서 계층간의 갈등을 심화시키는 요인이 되었다.
② 관리들의 공복 색깔을 정하는 기준이 된 것은 관등이다. 한편, 골품에 따라 결정된 것은 관등의 승진의 상한선이다.
③ 화랑도: 진흥왕 때 인재 양성을 위한 제도로 정착된 것은 화랑도이다. 골품 제도는 법흥왕 때 정비되었다.

02 고려 시대 | 『상정고금예문』   난이도 중 ●●○

자료분석
최윤의 + 예문을 모아 책을 만듦 → 『상정고금예문』

정답설명
④ 『상정고금예문』은 고려 인종 때 최윤의 등이 편찬한 의례서로, 강화도 천도 당시 이 책을 가져오지 못하자 최우의 소장본을 바탕으로 강화도에서 금속 활자로 28부를 인쇄하였다는 내용이 『동국이상국집』에 기록되어 있다.

오답분석
① 『무구정광대다라니경』: 현존하는 세계에서 가장 오래된 목판 인쇄물은 신라 중대에 제작된 『무구정광대다라니경』이다.
② 팔만대장경: 몽골의 침략을 물리치기 위한 염원에서 조판을 시작한 것은 팔만대장경이다.

---

③ 『가례집람』: 조선 중기 학자인 김장생이 『주자가례』에 제가의 이론을 엮어 편찬한 책은 『가례집람』이다.

03 조선 전기 | 이황과 기대승   난이도 중 ●●○

자료분석
나이 어린 (나)와 사단 칠정에 대해 의논함 → (가) 이황, (나) 기대승

정답설명
② 이황이 저술한 『자성록』, 『주자서절요』 등은 일본에 전해져 일본 성리학이 발전하는 데 큰 영향을 주었다.

오답분석
① 이이: 아홉 차례의 과거 시험에 장원하여 '구도장원공(九度壯元公)'이라는 별칭을 얻은 인물은 이이이다.
③ 이황: 주자의 서찰 중 중요한 내용을 뽑아 『주자서절요』를 편찬한 인물은 이황이다.
④ 이이: 향촌 사회의 안정을 위해 해주 향약을 만들어 보급한 인물은 이이이다.

04 근대 | 조·미 수호 통상 조약   난이도 중 ●●○

자료분석
대아메리카 합중국과 조약 체결 → 조·미 수호 통상 조약

정답설명
① 조·미 수호 통상 조약에는 최혜국 대우에 대한 조항이 처음으로 명시되었다.

오답분석
② 강화도 조약(조·일 수호 조규): 조선 정부가 외국과 맺은 최초의 근대적 조약은 강화도 조약이다. 조·미 수호 통상 조약은 조선 정부가 서양 국가와 맺은 최초의 근대적 조약이다.

③ 조·미 수호 통상 조약은 러시아와 일본을 견제하고자 한 청나라의 주선으로 체결되었다.

④ **조·일 무역 규칙**: 양곡의 무제한 유출과 수출입 상품에 대한 무관세, 일본국 소속의 선박에 대한 무항세의 조항이 포함된 조약은 조·일 무역 규칙이다.

---

05 고려 시대 | **고려 시대의 수취 제도** 난이도 상 ●●●

자료분석

귀향형 → 고려 시대

정답설명

③ 고려 시대에는 인구와 장정의 많고 적음에 따라 6등호가 아닌, 9등호로 나누어 역을 부과하였다.

오답분석

① 고려 시대에는 거두어들인 조세를 군현민이 조창까지 옮기면 조창에서 수도 개경까지의 운반은 조창민이 담당하였다.

② 고려 시대에는 토지를 비옥도에 따라 상·중·하의 3등급으로 나누어 각 등급에 맞게 조세를 차등 징수하였다.

④ 고려 시대에는 면재법을 실시하여 자연재해로 전답의 피해가 4할 이상일 때는 조(조세)를 면제하고, 6할 이상이면 조(조세)와 용(역)을, 7할 이상일 때에는 조(조세)·용(역)·조(포)를 모두 면제하도록 하였다.

---

06 고대 | **고대의 도교** 난이도 중 ●●○

정답설명

② 신라 말 지방에서 새로이 대두한 호족들의 사상으로 받아들여진 것은 풍수지리설과 선종이다.

오답분석

① 신라의 청소년 조직인 풍류도(국선도, 화랑도)의 기원은 민족 고유 사상으로 도교와 유교, 불교가 결합된 정신에서 유래되었다.

③ 백제에서는 신선이 산다는 도교적 이상 세계를 정교하게 표현한 금동 대향로가 제작되었다.

④ 고구려의 연개소문은 귀족 세력과 연계된 불교를 견제하기 위해 도교 진흥책을 전개하며 불교 사찰을 도관(도교 사원)으로 사용하였다.

🖋️ **이것도 알면 합격!**

삼국의 도교	
고구려	• 연개소문의 도교 진흥책 • 강서 대묘 사신도, 을지문덕의 오언시
백제	• 산수무늬 벽돌, 백제 금동 대향로, 사택지적 비문 • 무령왕릉 지석의 매지권
신라	화랑도를 '국선도, 풍류도, 풍월도' 등으로 지칭

---

07 근대 | **온건 개화파** 난이도 중 ●●○

자료분석

신이 변혁을 꾀하고자 하는 것은 기(器)이지, 도(道)가 아님 → 온건 개화파

정답설명

④ 온건 개화파는 전통적인 유교 사상을 지키며 서양의 과학과 기술을 받아들이는 동도서기의 입장을 지녔다.

오답분석

①, ③ **급진 개화파**: 청나라와의 사대 관계 청산을 주장하고 민씨 정권의 무능과 부패를 비판하면서 일본의 메이지 유신을 모델로 정치, 사회, 제도 등을 근대식으로 개혁하고자 한 것은 급진 개화파이다.

② **급진 개화파**: 대표적인 인물로 박영효, 홍영식 등이 있는 세력은 급진 개화파이다.

---

08 고대 | **독서삼품과 실시 이후의 사실** 난이도 중 ●●○

자료분석

독서삼품을 제정함 → 독서삼품과 실시(788)

정답설명

③ 웅천주 도독이었던 김헌창은 헌덕왕 때인 822년에 아버지인 김주원이 왕위를 계승하지 못한 데에 불만을 품고 반란을 일으켰다.

오답분석

모두 독서삼품과 실시 이전의 사실이다.

① 김지정이 난을 일으킨 것(780)은 혜공왕 때이다. 한편 김지정의 난을 진압하는 과정에서 혜공왕이 피살되었다.

② 중앙군이 9개의 서당으로 늘어난 것은 신문왕 때이다. 9서당은 통일 신라의 수도인 경주에 주둔하면서 수도의 방어와 치안을 담당한 중앙군으로, 신라인과 함께 고구려, 백제, 보덕국, 말갈인도 포함되었다.

④ 집사부 중시의 명칭이 시중으로 변경된 것(747)은 경덕왕 때이다.

---

09 고려 시대 | **부석사 무량수전** 난이도 중 ●●○

자료분석

영주 + 의상이 창건함(부석사) + 주심포 양식의 고려 시대 건축물 → (가) 부석사 무량수전

정답설명

③ 부석사 무량수전에는 통일 신라의 전통 불상 양식을 계승한 부석사 소조 아미타여래 좌상이 있다.

오답분석

① 부석사 무량수전의 지붕 형태는 맞배 지붕이 아닌 건물 정면에서 볼 때 팔(八)자로 보이는 팔작 지붕이다. 맞배 지붕으로 지어진 대표적인 고려 시대의 건축물로는 예산 수덕사 대웅전이 있다.

② **봉정사 극락전**: 현존하는 우리나라 최고(最古)의 목조 건축물은 안동 봉정사 극락전이다.

④ 부석사 무량수전은 통층 구조로 되어있지 않다. 내부가 하나로 통하는 통층 구조는 조선 후기에 유행하였으며, 대표적인 건축물로는 법주사 팔상전, 금산사 미륵전 등이 있다.

---

10 현대 | 광복 전후 사건의 전개   난이도 중 ●●○

정답설명

① 순서대로 바르게 나열하면 ⓒ 카이로 선언 발표(1943. 11.) → ⓒ 얄타 회담 개최(1945. 2.) → ㉠ 제1차 미·소 공동 위원회 개최(1946. 3.) → ㉣ 좌·우 합작 7원칙 발표(1946. 10.)가 된다.

ⓒ **카이로 선언 발표**: 카이로 회담에 참여한 미국의 루즈벨트, 영국의 처칠, 중국의 장제스는 최초로 한국의 독립을 국제적으로 보장한 카이로 선언을 발표하였다(1943. 11.).

ⓒ **얄타 회담 개최**: 얄타 회담에서는 미·영·중·소의 4개국에 의한 20~30년 기한의 신탁 통치 실시가 논의되었다(1945. 2.).

㉠ **제1차 미·소 공동 위원회 개최**: 모스크바 3국 외상 회의의 결과를 실현하기 위해 제1차 미·소 공동 위원회가 개최되었다(1946. 3.).

㉣ **좌·우 합작 7원칙 발표**: 좌·우 합작 위원회는 좌·우 합작에 의한 임시 정부 수립, 미·소 공동 위원회의 속개 촉구, 토지 개혁 실시, 친일파 처단 등을 골자로 한 좌·우 합작 7원칙을 발표하였다(1946. 10.).

---

11 고대 | 견훤   난이도 중 ●●○

자료분석

넷째 아들 금강에게 왕위를 전해주려고 함 + 신검 → (가) 견훤

정답설명

② 견훤은 자신의 지위를 국제적으로 인정받아 권위를 강화하기 위해 후당, 오월, 일본 등의 나라와 적극적인 외교 관계를 수립하였다.

오답분석

모두 궁예에 대한 설명이다.

① 궁예는 신라의 왕족 출신으로, 북원 지방의 양길 휘하에서 세력을 키웠다.

③ 궁예는 부석사에 그려진 신라 왕의 화상을 칼로 훼손하는 등 반신라적인 감정을 드러내었다.

④ 궁예는 국정을 총괄하는 광평성과 병부 등 여러 관서를 설치하였고, 9관등제를 실시하였다.

---

12 조선 후기 | 정조의 업적   난이도 중 ●●○

자료분석

이쪽이 옳고 저쪽이 그른 것을 분명하게 말함(준론 탕평) + 탕탕평평의 큰 의리 → 정조

정답설명

② 정조는 조선 후기의 대청·대일 관계와 관련된 문서를 정리한 외교 문서집인 『동문휘고』를 간행하였다.

오답분석

① **숙종**: 금위영을 설치하여 5군영 체제를 완성한 왕은 숙종이다.

③ **영조**: 『수성윤음』을 반포하여 수도 방어 체계를 강화한 왕은 영조이다.

④ **영조**: 중앙군의 편성 및 진법 등을 기록한 병서인 『속병장도설』을 간행한 왕은 영조이다.

📌 **이것도 알면 합격!**

정조의 왕권 강화 정책

초계문신제 시행	신진 인물이나 중·하급 관리 중 유능한 인사 재교육
규장각 설치	자신의 개혁을 뒷받침할 수 있는 정치 기구 육성
장용영 설치	국왕의 친위 부대로 왕권을 뒷받침함
수령 권한 강화	수령이 향약을 직접 주관하게 하여 지방 사족의 향촌 지배력을 줄이고 수령의 권한을 강화

---

13 일제 강점기 | 민족적 경륜 발표 이후의 사실   난이도 상 ●●●

자료분석

조선 내에서 일본이 허락하는 범위 내 정치적 결사를 조직 → 이광수의 민족적 경륜(1924)

정답설명

① 서울에서 청년 운동 단체인 조선 청년 연합회가 조직된 것은 1920년으로, 민족적 경륜 발표 이전의 사실이다.

오답분석

모두 민족적 경륜 발표 이후에 전개된 사실이다.

② 정우회 선언은 사회주의 계열의 정우회가 민족주의 세력과 적극적으로 제휴할 것을 주장한 것으로, 1926년에 발표되었다.

③ 동아일보의 주도로 농촌 계몽 운동인 브나로드 운동이 전개된 것은 1931~1934년이다.

④ 청구 학회의 한국사 왜곡에 맞서기 위해 이병도, 손진태 등이 진단 학회를 창립한 것은 1934년이다.

---

14 일제 강점기 | 이동휘   난이도 중 ●●○

자료분석

상하이 임시 정부의 국무총리 → 이동휘

정답설명

③ 이동휘는 1918년에 하바로프스크에서 한인 사회당을 조직하였으며, 이후 상하이로 건너가 대한민국 임시 정부의 초대 국무총리를 역임하였다.

오답분석

① **이상설**: 북간도 용정에 항일 민족 교육 기관인 서전서숙을 설립한 인물은 이상설이다.

② **양세봉**: 남만주에서 창설된 조선 혁명군의 총사령관을 역임한 인물은 양세봉이다.

④ **이준·이상설·이위종**: 헤이그에서 열린 제2차 만국 평화 회의에 특사로 파견된 인물은 이준, 이상설, 이위종이다.

④ 6월 민주 항쟁의 결과, 집권 여당인 민주 정의당의 대표이자 대통령 후보인 노태우가 직선제 개헌을 수용한다는 6·29 민주화 선언을 발표하였다.

---

15 조선 후기 | 조선 통신사 난이도 중 ●●○

자료분석

일본 관백이 즉위 + 비국(비변사)에서 차출 → 조선 통신사

정답설명

④ 조선 통신사에 대한 설명으로 옳은 것을 모두 고르면 ⓒ, ⓒ, ②이다.
ⓒ 조선 통신사에 관한 기록물은 2017년에 유네스코 세계 기록유산으로 등재되었다.
ⓒ 조선 통신사는 일본 파견 시 부산에서 오사카까지는 배로 이동하였고, 오사카에서 에도(도쿄)까지는 육로를 이용하여 갔다.
② 18세기 후반 일본에서는 점차 막대한 예산이 나가는 조선 통신사에 대해 부정적으로 인식이 변화하였고, 이는 일본에서 반한적인 성격의 국학 운동이 일어나는 배경이 되었다.

오답분석

⊙ 조선 통신사는 임진왜란 이후 일본으로 파견된 비정기적인 사절단으로, 기유약조가 체결(1609)되기 이전인 1607년부터 파견되기 시작하였다.

---

16 조선 전기 | 태조 이성계 재위 시기의 사실 난이도 중 ●●○

자료분석

운봉(전라도 남원) + 아지발도를 사살 → 황산 대첩 → ⊙ 태조 이성계

정답설명

④ 최윤덕과 김종서를 파견하여 압록강과 두만강 유역에 4군 6진을 설치한 것은 세종 때이다.

오답분석

① 태조 때 병권을 장악하기 위해 공양왕 때 설치된 삼군도총제부를 의흥삼군부로 개편하였다.
② 태조 때 명은 조선이 명에 보낸 외교 문서에 불손한 표현이 있다고 주장하면서, 표전문의 교정을 본 정도전의 압송을 요구하였다.
③ 태조 때 권중화·조준·김사형 등이 의학서인 『향약제생집성방』을 편찬하였다.

---

17 현대 | 4·19 혁명과 6월 민주 항쟁 난이도 중 ●●○

자료분석

(가) 김주열의 참혹한 시신 → 4·19 혁명(1960)
(나) 고문 살인 조작 규탄 및 호헌 철폐 → 6월 민주 항쟁(1987)

정답설명

③ 6월 민주 항쟁 관련 기록물은 유네스코 세계 기록유산으로 등재되지 않았다. 민주화 운동 관련 기록물 중 유네스코 세계 기록 유산으로 등재된 것은 4·19 혁명 기록물과 5·18 민주화 운동 기록물이다.

오답분석

① 4·19 혁명은 3·15 부정 선거에 항의하는 시위에서 시작되었다.
② 4·19 혁명의 결과 이승만 대통령이 하야하고, 외무장관 허정을 수반으로 하는 과도 정부가 수립되었다.

---

18 일제 강점기 | 조선 혁명군과 한국 독립군 난이도 중 ●●○

자료분석

(가) 중국 의용군 + 합작 → 조선 혁명군
(나) 대전자령의 공격 → 한국 독립군

정답설명

④ 한국 독립군은 중국 관내로 이동하여 대한민국 임시 정부에 합류하였고, 이후 한국광복군이 창설되는 데 기여하였다.

오답분석

① 조선 혁명군을 이끈 인물은 양세봉이다.
② **한국 독립군**: 쌍성보 전투에서 일본군에 승리를 거둔 것은 한국 독립군이다.
③ **조선 혁명군**: 조선 혁명당 소속의 무장 독립 부대는 조선 혁명군이다.

---

19 시대 통합 | 러시아에 대한 사실 난이도 중 ●●○

자료분석

청이 이 국가를 토벌 + 군병을 도움 + 『효종실록』 → 나선 정벌 → 러시아

정답설명

④ 갑신정변 이후 조선 정부와 러시아가 비밀 협약을 체결한 것은 맞지만, 거문도에 군대를 주둔(1885~1887)시킨 국가는 영국이다.

오답분석

① 러시아는 대한 제국에 저탄소 설치를 위해 절영도의 조차를 요구하였다.
② 러시아는 명성 황후 시해 사건(을미사변) 이후 고종에게 러시아 공사관을 거처로 제공하였다(아관 파천).
③ 청·일 전쟁에서 승리한 일본이 랴오둥 반도를 차지하자, 러시아는 프랑스, 독일과 함께 일본에 압력을 가하여 청에 이를 돌려주도록 하였다(삼국 간섭).

---

20 일제 강점기 | 일제 강점기의 노동 운동 난이도 중 ●●○

정답설명

③ 옳은 것을 모두 고르면 ⊙, ⓒ, ②이다.
⊙ 1923년에 경성 고무 공장 여성 노동자들이 임금 인하 반대와 악덕 감독의 파면을 요구하며 아사 동맹을 결성하여 단식 투쟁을 전개하였다.
ⓒ 1929년 원산 지역에서 최대 규모의 노동자 파업인 원산 노동자 총파업이 전개되었다.
② 1931년에 평양 평원 고무 공장의 여성 노동자 강주룡이 을밀대 지붕에 올라가 노동 해방과 여성 해방을 주장하며 고공 농성을 전개하였다.

오답분석

ⓒ **1920년대**: 전국 단위의 노동 운동 단체인 조선 노동 공제회가 조직된 것은 1920년이다.

▶ 정답

p.56

01	③ 선사 시대	11	② 고대
02	③ 고려 시대	12	① 조선 전기
03	③ 일제 강점기	13	③ 현대
04	② 조선 전기	14	② 고대
05	④ 조선 전기	15	③ 고려 시대
06	② 고대	16	① 일제 강점기
07	② 조선 후기	17	① 근대
08	④ 근대	18	③ 근대
09	④ 일제 강점기	19	② 현대
10	④ 고려 시대	20	④ 시대 통합

▶ 취약시대 분석표

영역	세부 유형	문항 수
전근대	선사 시대	/1
	고대	/3
	고려 시대	/3
	조선 전기	/3
	조선 후기	/1
근현대	근대	/3
	일제 강점기	/3
	현대	/2
통합	시대 통합	/1
총계		/20

* 취약시대 분석표를 이용해 1개라도 틀린 문제가 있는 시대는 그 시대의 문제만 골라 해설을 다시 한번 꼼꼼히 학습하세요

---

01 선사 시대 | 우리나라의 선사 시대 유적 난이도 하 ●○○

정답설명

③ 흥수 아이라 불리는 인골 화석은 연천 전곡리 유적이 아닌 청원 두루봉 동굴 유적에서 출토되었다. 연천 전곡리에서는 동아시아 최초로 아슐리안형 주먹도끼가 출토되었다.

오답분석

① 구석기 시대 유적지인 강원도 양구 상무룡리에서는 백두산계 흑요석, 찍개 등의 유물이 출토되었다.

② 신석기 시대 유적지인 황해도 봉산 지탑리에서는 탄화된 좁쌀이 출토되어 농경이 시작되었음을 알 수 있다.

④ 구석기 시대 유적지인 함경북도 종성 동관진에서는 한반도 최초로 구석기 시대 유물인 석기와 골각기 등이 출토되었다.

---

02 고려 시대 | 공민왕 재위 시기의 사실 난이도 중 ●●○

자료분석

노국공주 + 신돈 → 공민왕

정답설명

③ 공민왕 때는 기철을 비롯한 부원 세력을 숙청하고 고려의 내정을 간섭하던 정동행성 이문소를 폐지하였다.

오답분석

① **충목왕**: 정치도감을 설치하여 권문세족의 농장을 혁파하고 이들이 빼앗은 토지와 노비를 본 주인에게 돌려준 것은 충목왕 때이다.

② **우왕**: 최무선의 건의에 따라 화약 및 화기의 제조를 담당하는 화통도감을 설치한 것은 우왕 때이다.

④ **충렬왕**: 원이 자비령 이북 지역을 통치하기 위하여 서경에 설치한 동녕부가 반환된 것은 충렬왕 때이다.

---

03 일제 강점기 | 안창호 난이도 하 ●○○

자료분석

대한인 국민회 중앙 총회 조직 + 대한민국 임시 정부 내무총장 겸 국무총리 대리 → 안창호

정답설명

③ 의열단의 행동 강령인 「조선혁명선언」을 작성한 인물은 신채호이다.

오답분석

① 안창호는 상하이에서 김구, 조소앙 등과 임시 정부를 지지하기 위한 한국 독립당을 결성하였다(1930).

② 안창호는 흥사단 계열의 민족 운동 단체인 수양 동우회를 설립하였다(1926).

④ 안창호는 미국 샌프란시스코에서 흥사단을 결성하였다(1913).

---

04 조선 전기 | 6조 직계제 난이도 하 ●○○

자료분석

일이 모두 6조에 붙여짐 + 의정부의 관여 사항은 사형수를 논결하는 일뿐 → (가) 6조 직계제

정답설명

② 6조 직계제는 6조의 업무를 의정부를 거치지 않고 직접 왕에게 재가를 받도록 하는 제도로, 국왕 중심의 통치 체제를 강화하는 역할을 하였다.

오답분석

① 6조 직계제는 태종 때 처음으로 시행되었다. 이후 6조 직계제는 세종 때 의정부 서사제로 바뀌었다가, 세조 때 다시 시행되었다.

③ **탕평책**: 붕당 간 대립을 완화시키고자 한 제도는 조선 후기에 실시된 탕평책이다.

④ 사림이 정계에 진출한 것은 6조 직계제와 관련이 없다.

05 조선 전기 | 조선 시대의 통치 기록   난이도 중 ●●○

정답설명

④ 『승정원일기』는 인조 이전의 자료가 임진왜란과 이괄의 난으로 소실되어 인조 대부터 순종 대까지 280여 년간의 역사를 기록한 자료만 남아 있다.

오답분석

① 『실록』이 완성된 이후 편찬에 사용된 『사초』는 모두 세초를 통해 파기하였다.

② 역대 국왕의 언행을 본받아 국정 운영에 참고하기 위해 『국조보감』을 편찬한 것은 세조 때부터이다. 세조 때는 역대 왕의 언행 중 훌륭한 내용을 정리하여 후세의 귀감으로 삼고, 국정 운영에 참고하기 위해 태조부터 문종까지 4조의 보감을 처음으로 완성하였다.

③ 여러 관청의 『등록』을 모아 정기적으로 『시정기』를 편찬한 기관은 춘추관이다. 실록청은 국왕 사후에 『실록』 편찬을 위해 춘추관에 임시로 설치된 관청이다.

06 고대 | 고대사의 전개   난이도 상 ●●●

자료분석

(가) 나·제 동맹 체결(433) ~ 우산국 정벌(512)
(나) 우산국 정벌(512) ~ 대가야 정벌(562)
(다) 대가야 정벌(562) ~ 비담·염종의 난(647)
(라) 비담·염종의 난(647) ~ 기벌포 전투(676)

정답설명

② (나) 시기인 517년에 신라 법흥왕이 처음으로 병부를 설치하였다.

오답분석

① (가) 이전: 고구려가 한반도에서 낙랑군을 축출한 것은 미천왕 대인 313년으로, (가) 시기 이전이다.

③ (나) 시기: 백제 왕(성왕)이 관산성 전투에서 신라의 공격을 받아 죽은 것은 신라 진흥왕 대인 554년으로, (나) 시기이다.

④ (다) 시기: 고구려가 살수에서 수나라 양제의 군대를 격파한 것은 영양왕 대인 612년으로, (다) 시기이다.

07 조선 후기 | 조선 후기의 문화 동향   난이도 중 ●●○

자료분석

이항인들이 시사를 조직 → 조선 후기의 문화 동향

정답설명

② 조선 후기 영조 때 김수장이 역대 시조 문학을 집대성하여 작가별로 분류한 『해동가요』를 편찬하였다. 『해동가요』는 『청구영언』, 『가곡원류』와 더불어 3대 시조집으로 불린다.

오답분석

①, ③ 조선 전기: 무위사 극락전, 해인사 장경판전이 건립되고, 소박한 무늬와 자유로운 양식의 분청사기가 유행한 것은 조선 전기이다.

④ 고려 시대: 동동, 대동강, 오관산 등의 향악이 창작되어 유행한 것은 고려 시대이다.

08 근대 | 갑신정변   난이도 하 ●○○

자료분석

청군이 궁으로 들어옴 + 김옥균·박영효·서재필 → 갑신정변

정답설명

④ 갑신정변은 청과 일본은 양국 군대가 조선에서 철수하고, 조선 파병 시 상대방 국가에 미리 통보한다는 내용의 톈진 조약을 체결하게되는 배경이 되었다.

오답분석

① 동학 농민 운동: 보국안민과 제폭구민을 기치로 내걸고 봉기한 사건은 동학 농민 운동이다.

② 차관 도입을 위한 수신사 파견의 계기가 된 것과 갑신정변은 관련이 없다. 갑신정변이 일어나기 이전에 급진 개화파인 김옥균은 개화 정책을 추진하기 위해 일본으로부터 차관을 도입하려고 시도하였으나 실패하였다.

③ 임오군란: 구식 군인들이 신식 군대인 별기군과의 차별 대우에 불만을 품고 일으킨 사건은 임오군란이다.

09 일제 강점기 | 1920년대의 무장 독립 투쟁   난이도 중 ●●○

정답설명

④ 순서대로 나열하면 ⓒ 봉오동 전투(1920) → ② 자유시 참변(1921) → ⓒ 3부 결성(1923~1925. 3.) → ⊙ 미쓰야 협정(1925. 6.)이 된다.

ⓒ 봉오동 전투: 홍범도가 이끄는 대한 독립군을 비롯한 최진동의 군무 도독부군, 안무의 국민회군의 연합군이 봉오동에서 일본군에 대승을 거두었다(1920).

② 자유시 참변: 일제의 탄압을 피해 대한 독립 군단을 결성하고 러시아의 자유시로 이동한 만주 지역의 독립군들은 러시아 적색군에 의해 무장 해제 당하였고 이에 반발하다가 수많은 독립군이 희생된 자유시 참변이 일어났다(1921).

ⓒ 3부 결성: 자유시 참변 이후 만주로 돌아온 독립군들은 참의부(1923)·정의부(1924)·신민부(1925. 3.)를 결성하여 조직을 정비하였다.

⊙ 미쓰야 협정: 일본군은 무장 독립군 세력을 탄압하기 위해 만주의 군벌인 장쮀린과 독립군 탄압에 대한 협정인 미쓰야 협정을 맺었다(1925. 6.).

10 고려 시대 | 『삼국유사』   난이도 중 ●●○

자료분석

삼국의 시조가 모두 신이한 데서 나옴 + 기이 → 『삼국유사』

정답설명

④ 『삼국유사』는 일연이 불교사를 중심으로 고대의 민간 설화나 전래 기록을 수록한 사서이다.

오답분석

① 『삼국유사』는 정통 의식과 대의명분을 강조하지 않았다. 한편, 고려 시대에 성리학적 유교 사관을 반영하여 정통 의식과 대의명분을 강조한 대표적인 역사서로는 이제현의 『사략』 등이 있다.

② 『동국통감』: 고조선부터 고려 말까지의 역사를 정리한 사서로는 조선 성종

때 서거정 등이 편찬한 『동국통감』이 있다.

③ 『본조편년강목』: 문덕 대왕(태조 왕건의 증조부)부터 고종까지의 고려사를 성리학적인 역사 서술 방식에 따라 강목체로 서술한 역사서는 고려 충숙왕 때 민지가 편찬한 『본조편년강목』이다.

---

11 고대 | 사택지적비   난이도 중 ●●○

자료분석

사택지적 + 보배로운 탑을 세움 → 사택지적비

정답설명

② 사택지적비는 백제의 귀족인 사택지적이 사람이 늙어가는 것을 탄식하여 불교에 귀의하고 사찰을 건립한 내용을 담은 4·6 변려체의 수려한 문장이 구양순체로 쓰여있다.

오답분석

① 광개토 대왕릉비: 고구려의 독자적인 천하관을 알 수 있는 금석문은 광개토 대왕릉비이다.

③ 임신서기석: 신라의 청년들이 유교 경전을 공부했음을 알 수 있는 금석문은 임신서기석이다.

④ 무령왕릉 지석: 토지신에게 무덤으로 쓸 땅을 매입했다는 내용이 있는 금석문은 무령왕릉 지석이다.

---

12 조선 전기 | 명종 재위 기간의 사실   난이도 중 ●●○

자료분석

을묘년 왜변 + 임꺽정 → 명종 재위 기간의 사실

정답설명

① 김효원을 중심으로 한 동인과 심의겸을 중심으로 한 서인의 붕당이 형성된 것은 조선 선조 때이다.

오답분석

모두 명종 재위 기간에 있었던 사실이다.

② 명종 때에는 명종의 모후인 문정 왕후의 불교 후원으로 선교 양종이 다시 설치되고, 승과 제도가 일시적으로 부활하였다.

③ 명종 때 정미약조를 체결하여 사량진 왜변 이후 단절되었던 일본과의 통교를 엄격한 통제 하에 재개하였다.

④ 양재역 벽서 사건은 과천 양재역에 문정 왕후와 윤원형을 비판하는 벽서가 붙은 사건으로, 이를 통해 윤원형 세력은 반대파 인물을 숙청하고 조정을 장악하게 되었다.

---

13 현대 | 모스크바 3국 외상 회의   난이도 하 ●○○

자료분석

남조선 미군 사령부 대표들과 북조선 소련군 사령부 대표들로써 공동 위원회를 조직함 → 미·소 공동 위원회 → 모스크바 3국 외상 회의

정답설명

③ 모스크바 3국 외상 회의에서는 미국, 영국, 중국, 소련에 의한 최대 5개년의 한반도 신탁 통치가 협의되었다.

오답분석

① 유엔 총회: 유엔 감시 하에 남북한 총선거를 실시하기로 결정한 것은 유엔 총회이다. 2차례에 걸친 미·소 공동 위원회가 결렬된 후 미국은 한반도 문제를 유엔에 이관하였고, 1947년 11월에 열린 유엔 총회에서 인구 비례에 의해 남북한 총선거를 실시하기로 결정하였다.

② 미·소 공동 위원회: 한반도의 임시 정부 수립을 위한 협의 대상 선정 문제로 갈등한 것은 미·소 공동 위원회이다.

④ 카이로 회담: '적당한 시기(in due course)'에 한국을 독립시킬 것을 결의한 것은 카이로 회담이다.

---

14 고대 | 금관가야 복속과 외사정 설치 사이의 사실   난이도 중 ●●○

자료분석

(가) 금관국(금관가야)의 왕이 항복 → 법흥왕(532)
(나) 처음으로 외사정을 둠 → 문무왕(673)

정답설명

② 옳은 것을 모두 고르면 ㉠, ㉢이다.

㉠ 진평왕은 608년에 원광에게 수나라에 고구려 원정을 청하는 글인 '걸사표'를 짓게 하였다.

㉢ 진덕 여왕은 650년에 오언태평송을 지어 당 황제인 고종에게 보냈다.

오답분석

모두 (나) 이후에 있었던 사실이다.

㉡ 수도 경주에 서시(西市)와 남시(南市)를 추가로 설치(695)한 것은 효소왕 때이다.

㉣ 한자명의 사용을 적극 주도하는 한화(漢化) 정책을 추진하였으며, 지방의 9개주와 군현의 명칭을 중국식 한자 이름으로 바꾼 것은 경덕왕 때이다.

---

15 고려 시대 | 만적의 난   난이도 중 ●●○

자료분석

장군과 재상이 어찌 타고난 씨가 따로 있겠는가 → 만적의 난 → (가) 만적

정답설명

③ 만적은 최충헌의 사노비로, 개경에서 공·사 노비를 모아 신분 해방과 정권 탈취를 목표로 반란을 모의하였으나 사전에 발각되어 실패하였다.

오답분석

① 만적의 난은 이의민 집권기가 아니라 최충헌 집권기에 발생하였다.

② 김사미·효심의 난, 이비·패좌의 난: 신라 부흥을 표방하며 봉기한 것은 운문과 초전에서 일어난 김사미·효심의 난과 경주에서 일어난 이비·패좌의 난이다.

④ 망이·망소이의 난: 명학소가 충순현으로 승격되는 계기가 된 것은 망이·망소이의 난이다. 망이·망소이가 공주 명학소에서 난을 일으키자, 고려 정부는 이들을 회유하기 위해 명학소를 충순현으로 승격시켰다.

16 일제 강점기 | 신간회   난이도 중 ●●○

자료분석

광주에 일어난 일본 학생의 충돌 사건에 긴급 조사 지시 → (가) 신간회

정답설명

① 신간회는 치안 유지법에 의해 강제로 해산된 것이 아니라 사회주의자들이 이탈하면서 해소되었다.

오답분석

② 신간회는 정치·경제적 각성 촉구, 민족의 단결, 기회주의 배격을 기본 강령으로 내세웠으며, 일제와 타협하여 자치권과 참정권을 획득하자고 주장한 자치 운동을 배격하였다.

③ 신간회는 단결권·파업권, 단체 계약권의 확립 등 노동권과 최저 임금제, 조선 민족을 억압하는 모든 법령의 철폐 등을 요구하였다.

④ 신간회는 일제 강점기 국내에서 조직된 최대의 민족 운동 단체로 140여 개소의 지회를 두고, 약 4만 명의 회원을 확보하였다.

17 근대 | 헐버트   난이도 중 ●●○

자료분석

『사민필지』 저술 + 을사늑약의 부당함을 알리는 밀서를 가지고 미국 방문 → 헐버트

정답설명

① 헐버트는 1886년에 조선에 내한하여 육영 공원에서 학생들에게 외국어를 가르쳤다.

오답분석

② **알렌**: 최초의 서양식 병원인 광혜원을 설립한 인물은 알렌이다.

③ **묄렌도르프**: 우리나라 최초의 서양인 고문은 묄렌도르프이다. 독일인인 묄렌도르프는 임오군란 이후 청에 의해 조선의 외교 고문으로 파견되었다.

④ **매켄지**: 영국 데일리 메일의 기자로서 「자유를 위한 한국인의 투쟁」을 기고한 인물은 매켄지이다.

18 근대 | 대한 제국의 정책   난이도 하 ●○○

자료분석

대한국 + 전제 정치 → 대한국 국제(1899) → 대한 제국

정답설명

③ 궁내부를 설치하여 왕실 업무를 담당하도록 하였으며 정부 사무는 의정부에서 담당하게 하여 왕실과 정부 사무를 분리한 것은 제1차 갑오개혁 때이다.

오답분석

① 대한 제국은 양잠 전습소와 잠업 시험장을 설립하여 양잠 기술을 발전시켰다.

② 대한 제국 시기에 고종은 청 황제와 대등한 위치에서 한·청 통상 조약을 체결하였다.

④ 대한 제국은 국가 재정을 확보하기 위하여 양전 사업을 실시하고, 토지의 소유권을 명시한 문서인 지계를 발급하였다.

19 현대 | 반민족 행위 처벌법   난이도 하 ●○○

자료분석

한·일 합병에 적극 협력한 자의 재산과 유산 몰수 → 반민족 행위 처벌법

정답설명

② 반민족 행위 처벌법에 따라 반민족 행위 특별 조사 위원회와 특별 재판부가 구성되었다.

오답분석

① 반민족 행위 처벌법은 국민들의 대중적 지지를 받았다.

③ 반민족 행위 처벌법은 1948년 9월에 제정된 것으로, 농지 개혁법이 제정(1949. 6.)되기 이전에 제정되었다.

④ 친일 반민족 행위 진상 규명 위원회는 친일 반민족 행위의 진상을 규명하기 위해 노무현 정부 시기에 설치된 것으로, 반민족 행위 처벌법과는 관련이 없다.

20 시대 통합 | 우리나라 유네스코 세계 문화유산   난이도 중 ●●○

정답설명

④ 옳은 것을 모두 고르면 ©, @이다.

© 김해 대성동 고분군은 금관가야의 여러 고분들이 모여 있는 대표적인 문화유산으로, 이곳에서는 철제 갑옷과 금동솥 등이 출토되었다. 대성동 고분군은 2023년에 고령 지산동 고분군, 함안 말이산 고분군 등과 함께 유네스코 세계 문화유산으로 등재되었다.

@ 종묘는 조선 시대 역대의 왕과 왕비 및 추존된 왕과 왕비의 신주를 모신 사당으로, 1995년에 유네스코 세계 문화유산으로 등재되었다.

오답분석

㉠ 소수 서원이 우리나라 최초의 서원인 것은 맞지만, 명종 때가 아닌 중종 때 세워졌다. 한편 소수 서원의 원래 이름은 백운동 서원이었으나, 명종 때 이황의 건의로 사액되어 소수 서원이라는 이름을 받게 되었다.

㉡ 중국 남조의 영향을 받은 전축분인 6호분과 무령왕릉이 있는 곳은 백제 역사 지구 중 공주 지구에 속한 송산리 고분군이다.

🖋️ 이것도 알면 합격!

유네스코 세계 문화유산

종묘	조선의 왕과 왕비의 신주를 모시고 제사를 지내는 사당
수원 화성	정조가 건설하려던 이상 도시로 군사·상업적 기능 보유
남한 산성	병자호란 때 인조가 피난한 산성
백제 역사 유적 지구	공주 지구(웅진성·송산리 고분군), 부여 지구(관북리 유적과 부소산성·정림사지·나성·능산리 고분군), 익산 지구(미륵사지)
한국의 서원	영주 소수 서원, 안동 도산 서원 등 9곳의 서원
가야 고분군	고령 지산동 고분군, 김해 대성동 고분군, 함안 말이산 고분군 등 7곳의 가야 고분군

정답

p.62

01	① 근대	11	③ 일제 강점기
02	① 일제 강점기	12	② 현대
03	② 고대	13	③ 고대
04	② 조선 후기	14	② 일제 강점기
05	④ 현대	15	② 근대
06	② 고려 시대	16	③ 조선 전기
07	② 조선 후기	17	③ 조선 전기
08	① 고대	18	② 고려 시대
09	③ 조선 전기	19	③ 근대
10	④ 고려 시대	20	④ 선사 시대

취약시대 분석표

영역	세부 유형	문항 수
전근대	선사 시대	/1
	고대	/3
	고려 시대	/3
	조선 전기	/3
	조선 후기	/2
근현대	근대	/3
	일제 강점기	/3
	현대	/2
통합	시대 통합	/0
총계		/20

* 취약시대 분석표를 이용해 1개라도 틀린 문제가 있는 시대는 그 시대의 문제만 골라 해설을 다시 한번 꼼꼼히 학습하세요

---

01 근대 | 헌의 6조
난이도 하 ●○○

자료분석

관민 + 황제권을 공고히 할 것 + 재정은 탁지부에서 전관 → 헌의 6조

정답설명

① 헌의 6조에는 '칙임관을 임명할 때는 황제가 정부의 과반수 동의를 받아서 할 것'이라는 조항이 있는데, 이는 입헌 군주제를 강조하는 내용으로, 이를 통해 군주권에 일정한 제한을 두고자 하였다는 것을 알 수 있다.

오답분석

② 신분 제도의 폐지와 조혼 금지 등의 악습 혁파를 주장한 것은 제1차 갑오개혁의 내용으로, 헌의 6조의 내용과는 관련이 없다.

③ 헌의 6조는 실현되지 못한 채 폐지되었기 때문에 대한국 국제가 제정되는 데 영향을 주지 못하였다.

④ 홍범 14조: '나라의 우수한 젊은이들을 파견하여 외국의 문물을 익히도록 할 것'이라는 조항은 제2차 갑오개혁 때 발표된 홍범 14조의 내용이다.

---

02 일제 강점기 | 조선학 운동
난이도 중 ●●○

자료분석

식민주의적 조선 연구 + 조선인에 의한 조선 연구 → ㉠ 조선학 운동

정답설명

① 조선 광문회는 1910년에 최남선의 주도로 설립된 단체로 실학자들의 저서 및 고전을 정리·간행하였으나, 조선학 운동과는 관련이 없다.

오답분석

② 안재홍은 조선학 운동을 전개하며 민족 문화의 확립을 위해 문화 운동을 전개할 것을 주장하였다.

③ 조선학 운동은 다산 정약용 서거 99주년 기념 사업 추진을 계기로 전개되었다.

④ 조선학 운동은 동아일보와 조선일보 등 언론 기관의 적극적 지원 속에 본격화되었다.

---

03 고대 | 지증왕
난이도 하 ●○○

자료분석

'신라'를 나라 이름으로 삼음 + '신라국왕'이라는 칭호 → 지증왕

정답설명

② 지증왕은 노동력 확보를 위해 순장을 금지하였으며, 농업 생산력 증대를 위해 우경을 장려하였다.

오답분석

① 진흥왕: 국가 재정을 담당하는 재정 기관인 품주를 설치한 왕은 진흥왕이다.

③ 진흥왕: 신라 최대 규모의 사찰인 황룡사를 건립한 왕은 진흥왕이다.

④ 법흥왕: 처음으로 '건원'이라는 독자적인 연호를 사용한 왕은 법흥왕이다.

---

04 조선 후기 | 천주교
난이도 하 ●○○

자료분석

신주를 태워 버리고 재를 마당에 묻음 + 사설(邪說)을 혹신함 → (가) 천주 → 천주교

정답설명

② 인간 평등을 강조한 인내천 사상을 내세운 것은 동학이다.

오답분석

①, ④ 순조가 즉위한 직후 정권을 잡은 노론 벽파는 남인 시파를 제거하기 위해 천주교를 탄압하였다(1801, 신유박해). 이후 노론 시파인 안동 김씨의 세

도 정치가 시작되면서 천주교에 대한 탄압이 완화되어 천주교가 활발히 전파되었으나, 헌종 때 노론 벽파인 풍양 조씨가 권력을 잡으며 천주교에 대한 탄압이 다시 강화되었다.

③ 천주교는 남인 계열의 실학자들에 의해 신앙으로 받아들여졌다.

🖊 이것도 알면 합격!

조선 후기 천주교의 탄압

신해박해 (정조, 1791)	진산 사건(윤지충, 권상연 등이 윤지충의 모친상에서 신주를 불태운 사건)으로 윤지충과 권상연을 사형시킴
신유박해 (순조, 1801)	• 원인: 노론 벽파가 남인 시파를 탄압하기 위해 천주교 박해 • 경과 및 결과: 많은 천주교 신자들이 처형당함
기해박해 (헌종, 1839)	신자 색출을 위해 오가작통법 시행, 척사윤음(천주교에 대한 강력한 처벌) 반포, 많은 신도와 신부들을 처형
병오박해 (헌종, 1846)	우리나라 최초의 신부인 김대건이 서양 선교사들의 조선 입국을 돕던 중 발각되어 체포 후 처형됨
병인박해 (고종, 1866)	프랑스 선교사와 천주교 신자를 처형한 사건으로, 병인양요의 원인이 됨

---

05 현대 | 한·일 기본 조약 　　난이도 중 ●●○

자료분석

대한민국과 일본국 + 양국 관계의 정상화 → 한·일 기본 조약(한·일 협정)

정답설명

④ 한·일 기본 조약을 체결할 때 어업에 관한 협정, 재일 교포의 법적 지위 및 대우에 관한 협정 등 4개의 부속 협정도 함께 체결되었다.

오답분석

① 굴욕적인 대일 외교에 반대한 6·3 시위는 한·일 기본 조약(1965)이 체결되기 이전인 1964년에 전개되었다.

② 한·일 기본 조약은 일본군 위안부나 강제 동원 희생자 등 개인의 피해에 대한 배상 문제를 다루지 못하였다.

③ 한·일 기본 조약은 일본의 침략 사실 인정과 식민 지배에 대한 사과를 명문화하지 않았다.

---

06 고려 시대 | 고려 시대의 경제 상황 　　난이도 중 ●●○

정답설명

② 밭 이랑과 이랑 사이의 고랑에 거름을 뿌린 후 파종하는 방식인 견종법이 보급되어 수확량이 증가한 것은 조선 후기이다.

오답분석

① 고려 시대에는 사원과 소(所)에서 다양한 수공업 물품이 제작되었다.

③ 고려 시대에는 중농 정책의 일환으로 농민이 황무지를 개간하면 개간한 땅에 대해 일정 기간 소작료나 조세를 감면해 주었다.

④ 고려 시대에는 소를 이용한 깊이갈이가 일반화되고, 녹비법·퇴비법 등의 시비법이 발달하여 휴경지가 감소하였다.

---

07 조선 후기 | 유수원 　　난이도 중 ●●○

자료분석

상공업은 비루한 일이 아님 → 유수원

정답설명

② 유수원은 『우서』에서 토지 제도의 개혁보다는 농업의 상업적 경영과 기술 혁신을 통해 생산성을 높일 것을 주장했다.

오답분석

① 유형원: 『반계수록』에서 토지 측량법에 관해 기존의 결부법 대신에 경무법 사용을 주장한 인물은 유형원이다.

③ 홍대용: 『임하경륜』에서 성인 남자들에게 2결의 토지를 나누어 줄 것을 주장한 인물은 홍대용이다.

④ 서유구: 국가가 운영을 주도하는 국영 농장인 둔전을 설치하고 부농층에게 경영을 맡기자고 주장한 인물은 서유구이다.

---

08 고대 | 발해의 통치 제도 　　난이도 하 ●○○

자료분석

말갈인이 많고 토인(고구려인)이 적음 + 토인을 촌장으로 삼음 → 발해

정답설명

① 발해는 국립 교육 기관인 주자감을 설치하여 귀족 자제에게 유교 경전과 한 문학을 가르쳤다.

오답분석

② 발해 6부의 명칭은 당나라의 관제와 달리 유교적 명칭을 사용하였으며, 6부를 좌사정과 우사정으로 구분하는 등 운영에서도 독자성을 보였다.

③ 발해의 국정을 총괄한 정당성의 장관은 대내상이다. 대막리지는 고구려 연개소문이 집권하면서 신설된 고구려 말기의 최고 관직이다.

④ 고려: 송나라의 제도를 수용하여 중추원과 삼사를 설치한 것은 고려이다.

🖊 이것도 알면 합격!

발해의 중앙 관제

3성	정당성(국가 최고 회의 기구, 정책 결정), 선조성(정책 심의), 중대성(정책 수립)
6부	• 좌사정: 충부(문관 인사), 인부(조세·재정), 의부(의례·교육) • 우사정: 지부(국방·무관 인사), 예부(법률·형법), 신부(건설·토목)
기타	중정대(관리 감찰), 문적원(서적 관리), 주자감(국립 대학)

---

09 조선 전기 | 임진왜란의 전개 과정 　　난이도 중 ●●○

정답설명

③ 시기순으로 바르게 나열하면 ⓒ 임진왜란 발발(1592. 4.) → ㉠ 옥포 해전(1592. 5.) → ⓛ 행주 대첩(1593. 2.) → ㉣ 명량 해전(1597. 9.)가 된다.

ⓒ 임진왜란 발발: 왜군이 부산진에 침입해오자, 부산진 첨사 정발이 군민들과 함께 왜군을 맞아 싸우다가 전사하였다(1592. 4.).

㉠ 옥포 해전: 이순신이 이끄는 조선 수군이 옥포 앞바다에서 왜선을 격침시

키고 승리를 거두었다(1592. 5.).

ⓒ **행주 대첩**: 평양성 탈환 이후 서울을 되찾기 위하여 관군을 이끌고 북상하던 권율은 행주산성에서 왜군의 공격을 막아냈다(1593. 2.).

ⓔ **명량 해전**: 이순신이 13척의 배를 이끌고 명량에서 왜의 수군에 대승을 거두었다(1597. 9.).

---

10 고려 시대 | 예종의 업적 · 난이도 중 ●●○

자료분석

9성을 여진에 돌려 줌 → 동북 9성 반환(1109) → 예종

정답설명

④ 국학의 교육 과정을 유학부인 국자학·태학·사문학과 기술학부인 율학·산학·서학의 경사 6학으로 정비한 왕은 고려 인종이다.

오답분석

① 고려 예종은 개경의 북쪽에 도교 사원인 복원궁을 건립하고, 하늘에 나라의 안녕과 왕실의 평안을 기원하는 초제를 지냈다.

② 고려 예종은 백성의 질병을 고치기 위해 혜민국을 설치하였다.

③ 고려 예종은 관학 진흥을 위해 국자감에 장학 재단인 양현고를 설치하였다.

---

11 일제 강점기 | 국가 총동원법 제정 이후의 사실 · 난이도 중 ●●○

자료분석

국가 총동원상 + 징용하여 총동원 업무에 종사 → 국가 총동원법(1938)

정답설명

③ 국가 총동원법 제정 이후인 1941년에 국민학교령을 공포하여 소학교의 명칭을 '황국 신민의 학교'라는 뜻의 국민학교로 변경하였다.

오답분석

모두 국가 총동원법 제정 이전의 사실이다.

① 중·일 전쟁이 발발한 것은 1937년이다. 일본은 중·일 전쟁을 일으켜 중국 본토를 공격하고, 대륙 침략을 본격화하였다.

② 김기진, 이기영 등 신경향파 문인들에 의해 카프(KAPF)가 결성된 것은 1925년이다.

④ 최초의 서양식 극장인 원각사가 건립된 것은 1908년이다. 원각사에서는 '은세계', '치악산' 등의 작품을 공연하였다.

---

12 현대 | 미 군정의 정책 · 난이도 중 ●●○

자료분석

38도선 이남의 조선 영토와 인민에 대한 통치 → 맥아더 포고령 1호 → 미 군정

정답설명

② 미 군정은 일본인 소유의 토지 분배를 위해 신한 공사를 개편하여 중앙 토지 행정처를 발족하였다.

오답분석

① **박정희 정부**: 국민 교육 헌장을 제정한 것은 박정희 정부이다. 국민 교육 헌장은 우리 교육이 지향해야 할 이념과 목표를 제시한 것이다.

③ 사회주의 세력과 연합하여 각 지방에 인민 위원회를 구성한 것은 대한민국 정부가 수립되기 이전에 설립된 조선 건국 준비 위원회이다.

④ **이승만 정부**: 친일파 청산을 위해 반민족 행위 특별 조사 위원회를 조직한 것은 이승만 정부이다.

---

13 고대 | 최치원 · 난이도 하 ●○○

자료분석

현묘한 도 + 풍류 → 난랑비 서문 → 최치원

정답설명

③ 최치원은 당으로 건너가 빈공과에 급제하였으며, 귀국한 이후에는 현존하는 우리나라 최고(最古)의 개인 문집인 『계원필경』을 저술하였다.

오답분석

① **설총**: 이두를 정리하여 한학의 보급과 교육에 공헌한 인물은 설총이다.

② **강수**: 6두품 출신이며 「청방인문표」를 작성한 인물은 강수이다. 「청방인문표」는 당나라가 억류하고 있던 무열왕의 아들인 김인문을 보내줄 것을 청하는 글이다.

④ **최언위**: 낭원대사오진탑비명을 작성하였으며 왕건의 책사로 활약하며 고려에서 벼슬한 인물은 최언위이다.

---

14 일제 강점기 | 회사령 시행 시기 일제의 정책 · 난이도 중 ●●○

자료분석

회사의 설립은 조선 총독의 허가를 받아야 함 → 회사령(1911. 1.~1920. 3.)

정답설명

② 회사령이 시행되던 시기인 1911년 8월에 일제는 보통학교의 수업 연한을 4년으로 정한 제1차 조선 교육령을 공포하였다.

오답분석

모두 회사령 폐지 이후의 사실이다.

① 일제가 황국 신민 서사를 제정한 것은 1937년이다. 일제는 민족 말살 정책의 일환으로 일본 천황에게 충성을 다짐하는 내용의 황국 신민 서사를 제정하고, 강제로 암송하게 하였다.

③ 일제가 공출 장려 등을 목표로 친일 단체인 국민 정신 총동원 조선 연맹을 조직한 것은 1938년이다.

④ 일제가 일본 자본의 자유로운 한반도 진출을 위해 한국으로 들어오는 일본 상품에 대한 관세를 철폐한 것은 1923년이다.

15 근대 | 백산 봉기와 교정청 설치 사이의 사실 · 난이도 중 ●●○

자료분석

(가) 세상을 구하고 백성을 편안케 함 + 일본 오랑캐를 몰아냄 → 동학 농민군의 4대 격문 → 백산 봉기(1894. 3.)
(나) 교정청을 설치 + 폐정 몇 가지를 개혁 → 교정청 설치(1894. 6.)

정답설명

② 옳은 것을 모두 고르면 ㉡, ㉢이다.
㉡ (가)와 (나) 사이 시기에 동학 농민군은 황룡촌에서 중앙에서 파견된 홍계훈의 정부군에 승리하였다(1894. 4.).
㉢ (가)와 (나) 사이 시기에 조선 정부와 동학 농민군은 전주 화약을 체결하였다(1894. 5.).

오답분석

㉠ (가) 이전: 이용태가 안핵사로 고부에 파견된 것은 백산 봉기 이전인 1894년 2월이다.
㉣ (나) 이후: 북접 세력과 남접 세력이 논산에서 집결한 것은 교정청 설치 이후인 1894년 10월이다.

16 조선 전기 | 성종의 업적 · 난이도 중 ●●○

자료분석

길·흉·군·빈·가라고 말하는 5가지 → 『국조오례의』 → 성종

정답설명

③ 성종은 관리들이 농민으로부터 조세를 과다하게 수취하자 국가가 농민으로부터 직접 조를 거둔 후에 관리에게 나누어주는 관수 관급제를 시행하였다.

오답분석

①, ② 세종: 공법을 제정하여 조세 제도를 개편하고, 새로운 악보인 『정간보』를 창안한 왕은 세종이다.
④ 중종: 『신증동국여지승람』을 편찬한 왕은 중종이다. 중종은 성종 때 편찬된 『동국여지승람』을 증보하여 『신증동국여지승람』을 편찬하였다.

17 조선 전기 | 선조 재위 시기의 사실 · 난이도 중 ●●○

자료분석

이몽학이 군대를 이끌고 서울로 들어가겠다고 함 → 이몽학의 난 → 선조 재위 시기

정답설명

③ 선조 재위 시기에 여진족의 추장인 니탕개가 반란을 일으켰다. 니탕개는 조선에 귀화한 여진족의 추장으로, 경원성 근처에서 여진인들이 반란을 일으키자 이에 호응해 회령에서 난을 일으켰다.

오답분석

① 광해군: 허준이 『동의보감』을 완성한 것은 광해군 때이다. 허준은 선조 때 『동의보감』을 편찬하기 시작하여, 광해군 때 완성하였다.
② 숙종: 광대 출신의 장길산이 승려 세력과 함께 봉기한 것은 숙종 때이다.
④ 인조: 수도 외곽의 방어를 위하여 총융청이 설치된 것은 인조 때이다.

18 고려 시대 | 고려의 승려 · 난이도 중 ●●○

자료분석

(가) 백련사 결성 → 요세
(나) 성상융회 사상 표방 → 균여
(다) 정혜결사를 주도 → 지눌

정답설명

② 균여는 북악파를 중심으로 남악파를 통합하여 분열되어 있던 화엄 교단을 정리하였다.

오답분석

① 지눌: 선을 중심으로 교학을 포용하고자 한 승려는 지눌이다.
③ 제관: 『천태사교의』를 저술한 승려는 제관이다. 제관은 고려 광종 때의 승려로, 중국에 건너가 천태학을 부흥시키는 데 크게 기여하였다.
④ 중국 오월 지역에서 유행하던 법안종을 수용하고, 승려 혜거를 통해 선종을 정리하고자 한 인물은 광종이다.

19 근대 | 1895년에 볼 수 있는 모습 · 난이도 중 ●●○

자료분석

일본 병사가 건청궁으로 향함 + 왕후를 시해함 → 을미사변(1895)

정답설명

③ 을미사변이 발생한 해인 1895년에 을미개혁이 추진되어 '건양' 연호가 제정되었다.

오답분석

모두 1895년에 볼 수 없는 모습이다.

① 『혈의 누』는 1906년에 이인직이 만세보에 연재하였다. 『혈의 누』는 이인직이 저술한 근대의 대표적인 신소설이다.
② 관민 공동회는 1898년에 개최되었다. 관민 공동회는 독립 협회가 서울 종로에서 대소관민을 모아 개최한 집회로, 헌의 6조가 결의되었다.
④ 한성주보는 1886~1888년에 박문국에서 간행되었다. 한성주보는 국한문 혼용체를 사용하였으며, 우리나라 최초로 상업 광고를 게재하였다.

20 선사 시대 | 청동기 시대의 생활상 · 난이도 하 ●○○

정답설명

④ 슴베찌르개는 나무나 뼈에 꽂아서 창처럼 사용하였던 것으로, 주로 구석기 시대 후기에 널리 사용되었다.

오답분석

① 간돌검은 돌을 정교하게 갈아서 만든 석기로, 청동기 시대에 이용되었다.
② 청동기 시대에는 마을 주위에 방어를 위한 목책이나 환호를 조성하였다.
③ 청동기 시대에는 잉여 생산물의 분배 과정에서 사유 재산이 발생하고 빈부의 격차가 나타나면서 계급이 발생하였다.

▶ 정답

p.68

01	② 시대 통합	11	④ 고대
02	③ 고대	12	② 근대
03	② 근대	13	④ 고대
04	④ 시대 통합	14	④ 일제 강점기
05	④ 일제 강점기	15	③ 고려 시대
06	② 조선 후기	16	④ 일제 강점기
07	① 현대	17	② 고려 시대
08	③ 고려 시대	18	③ 현대
09	② 선사 시대	19	④ 조선 전기
10	① 고려 시대	20	① 현대

▶ 취약시대 분석표

영역	세부 유형	문항 수
전근대	선사 시대	/1
	고대	/3
	고려 시대	/4
	조선 전기	/1
	조선 후기	/1
근현대	근대	/2
	일제 강점기	/3
	현대	/3
통합	시대 통합	/2
총계		/20

* 취약시대 분석표를 이용해 1개라도 틀린 문제가 있는 시대는 그 시대의 문제만 골라 해설을 다시 한번 꼼꼼히 학습하세요

---

01 시대 통합 | 시대별 군사 제도
난이도 중 ●●○

정답설명

② 시기순으로 바르게 나열하면 ㉠ 백제의 지방군 → ㉢ 고려의 2군 6위 → ㉣ 조선 전기의 5위 → ㉡ 조선 후기의 속오군이다.

㉠ **백제의 지방군**: 백제의 지방군은 5방의 장관인 방령이 거느렸으며, 각각 700명~1,200명의 군사로 구성되었다.

㉢ **고려 시대의 2군 6위**: 고려의 중앙군인 2군 6위는 국왕의 친위 부대인 2군(응양군, 용호군)과 수도와 국경 방어 등의 역할을 수행하는 6위(좌우위·신호위·흥위위·금오위·천우위·감문위)로 구성되었다.

㉣ **조선 전기의 5위**: 조선 전기의 중앙군인 5위는 궁궐과 수도를 방어하였으며 정군을 중심으로 직업 군인인 갑사나 특수병으로 구성되어 있었다.

㉡ **조선 후기의 속오군**: 조선 후기의 속오군은 양반부터 노비까지 구성되었으며, 평상시에는 생업에 종사하다가 농한기에 군사 훈련을 받고, 적이 침입해오면 전투에 동원되는 군사 조직이었다.

---

02 고대 | 백제 무왕 재위 시기의 사실
난이도 중 ●●○

자료분석

사택적덕의 따님 → 백제 무왕

정답설명

③ 백제 무왕 때는 관륵이 일본에 건너가 천문, 지리 등에 대한 서적을 전하였다.

오답분석

① **문주왕**: 고구려 장수왕의 남하 정책에 밀려 한성에서 웅진으로 천도한 것은 문주왕 때이다.

② **개로왕**: 중국 북위에 사신을 보내 고구려를 공격해 줄 것을 요청한 것은 개로왕 때이다.

④ **근초고왕**: 남쪽의 마한 잔여 세력을 정복하고, 왕위의 부자 상속을 확립한 것은 근초고왕 때이다.

---

03 근대 | 최익현
난이도 중 ●●○

자료분석

거사 + 대마도로 압송 → 최익현

정답설명

② 최익현은 일본도 서양과 다를 바 없다는 왜양 일체론을 주장하며 개항 반대 운동을 전개하였다.

오답분석

① **박은식**: 『한국독립운동지혈사』를 저술한 인물은 박은식이다.

③ **이항로**: 『화서아언』을 통해 프랑스와의 통상에 반대한 인물은 이항로이다.

④ **홍범도**: 산포수들로 구성된 의병을 모아 함경도의 삼수·갑산·북청 등에서 활약한 인물은 홍범도이다.

---

04 시대 통합 | 조선 시대의 한양
난이도 중 ●●○

정답설명

④ 도성 축조 도감이 설치되고 한양 도성의 축조가 시작된 것은 태조 때이다.

오답분석

① 조선 시대의 한양에는 경복궁 앞으로 여러 관청이 모여있는 육조 거리가 형성되어 있었다.

② 조선 후기에 한양에서는 남대문에 칠패, 동대문에 이현 등의 시장이 형성되었다.

③ 조선 시대의 한양에는 경복궁을 중심으로 왼쪽(동쪽)에는 종묘를, 오른쪽(서쪽)에는 사직단을 배치하였다.

05 일제 강점기 | 6·10 만세 운동   난이도 중 ●●○

자료분석

인산 행렬 + 조선 독립 만세 + 기소된 학생은 경성 제국 대학 입학을 아니시킴 → 6·10 만세 운동

정답설명

④ 6·10 만세 운동(1926)의 준비 과정에서는 민족주의 계열인 천도교와 사회주의 계열의 단체가 연대하였고, 이는 이후 민족 유일당 운동이 전개되는 계기를 마련하였다.

오답분석

① 3·1 운동: 일본이 문화 통치를 실시하는 계기가 된 것은 3·1 운동이다. 3·1 운동에 놀란 일제는 기존의 무단 통치로는 한민족을 억압할 수 없다고 판단하여 문화 통치를 실시하였다.

② 3·1 운동: 대한민국 임시 정부가 수립되는 데 영향을 준 것은 3·1 운동이다.

③ 광주 학생 항일 운동: 전국으로 확대되어 이듬해까지 동맹 휴학 투쟁이 계속된 것은 광주 학생 항일 운동이다.

06 조선 후기 | 조선 후기의 경제 상황   난이도 하 ●○○

자료분석

연초 가게 + 책 읽는 사람(전기수) → 조선 후기의 상황

정답설명

② 밭농사에서 조, 보리, 콩을 돌려심는 2년 3작의 윤작법이 시작된 것은 고려 시대이다.

오답분석

① 조선 후기에는 일정한 액수를 지주에게 납부하는 도조법이 확산되었다.

③ 조선 후기에는 이앙법의 시행으로 농사에 필요한 노동력이 절감되어 광작이 확산되었다.

④ 조선 후기에는 동전의 발행량이 늘었음에도 지주나 상인들이 동전을 재산 축적 수단으로 이용하면서 전황이 발생하였다.

👆 이것도 알면 합격!

조선 후기의 농업 변화

광작 실시	이앙법의 확대(노동력 절감)로 광작이 성행함
견종법의 보급	밭 고랑에 씨를 뿌리는 견종법이 보급
작물의 다양화	• 상품 작물 재배: 면화, 채소, 담배, 인삼 등 • 구황 작물 재배: 고구마, 감자
지대 납부 방식	정률 지대인 타조법 대신 정액 지대인 도조법이 확대

07 현대 | 김대중 정부의 통일 정책   난이도 하 ●○○

자료분석

월드컵과 부산 아시안 게임이 개최됨 + 햇볕 정책 → 김대중 정부

정답설명

① 김대중 정부는 최초의 남북 정상 회담을 통해 6·15 남북 공동 선언을 발표하여 남측의 연합제 안과 북측의 낮은 단계의 연방제 안의 공통성을 인정하였다.

오답분석

② 박정희 정부: 최초의 남북 적십자 회담을 개최한 것은 박정희 정부이다. 남북 적십자 회담은 대한 적십자사가 이산가족 문제 해결을 위해 추진한 회담이다.

③ 박정희 정부: 6·23 평화 통일 외교 정책 선언을 발표한 것은 박정희 정부이다.

④ 김영삼 정부: 북한의 핵 문제 해결을 위해 한반도 에너지 개발 기구(KEDO)를 발족한 것은 김영삼 정부이다.

08 고려 시대 | 정방   난이도 중 ●●○

자료분석

최우 + 자신의 집에 두고 백관의 인사를 다룸 → 정방

정답설명

③ 정방은 공민왕의 개혁으로 일시 폐지되었다. 한편, 정방의 폐지는 공민왕 이전(충선왕, 충목왕 등)부터 여러 차례 시도되었으며, 공민왕에 의해 폐지된 이후에도 부활하였다가, 위화도 회군 이후 완전히 폐지되었다.

오답분석

① 도평의사사: 도당으로 불리기도 한 기구는 고려 후기의 국가 최고 기구인 도평의사사이다. 충렬왕은 국방 문제를 논의하던 회의 기구인 도병마사를 도평의사사(도당)로 개편하고 국정을 총괄하게 하였다.

② 중서문하성, 상서성: 원 간섭기에 첨의부로 격하된 기구는 중서문하성과 상서성이다. 원나라의 내정 간섭이 본격화되면서 충렬왕 때 중서문하성과 상서성이 통합되어 첨의부로 격하되었다.

④ 대간: 간쟁, 서경, 봉박의 업무를 담당한 것은 고려 시대의 대간이다.

09 선사 시대 | 구석기 시대 유적지   난이도 중 ●●○

자료분석

㉠ 광복 이후 남한에서 최초로 발견 + 구석기 시대 전기부터 후대까지의 지층 발견 → 공주 석장리 유적
㉡ 남한 지역에서 최초로 확인된 동굴 유적 + 털 코뿔이뼈 출토 → 제천 점말 동굴

정답설명

② ㉠은 공주 석장리 유적, ㉡은 제천 점말 동굴이다.

오답분석

• 단양 수양개 유적: 단양 수양개 유적은 구석기 시대의 유적지로, 주거 유적, 석기 제작지, 물고기 조각품 등이 발견되었다.

• 청원 두루봉 동굴: 청원 두루봉 동굴은 구석기 시대의 유적지로, 흥수 아이라 불리는 인골 화석이 발견되었다.

④ 박정양: 초대 주미 공사로 임명되어 미국에 파견된 인물은 박정양이다.

---

10 고려 시대 | **최충** 난이도 중 ●●○

자료분석

후진들을 모아 가르침 + 9재로 나누었음 → 최충

정답설명

① 최충은 사립 교육 기관인 문헌공도(9재 학당)를 설립하여 9경과 3사를 중심으로 교육하였다.

오답분석

② 김부식: 고려 인종의 명을 받아 기전체 역사서인 『삼국사기』를 편찬한 인물은 김부식이다.

③ 정몽주: 성리학에 대한 이해가 뛰어나 '동방이학(東方理學)의 조(祖)'라는 칭호로 불린 인물은 정몽주이다.

④ 최승로: 고려 태조부터 경종까지 5대 왕의 치적을 평가한 글을 작성하여 왕(성종)에게 올린 인물은 최승로이다.

---

11 고대 | **태학 설립과 평양 천도 사이의 사실** 난이도 중 ●●○

자료분석

태학 설립(372) → (가) → 평양 천도(427)

정답설명

④ (가) 시기에 고구려의 광개토 대왕이 비려(395)와 숙신(398)을 공격하여 만주 일대를 차지하였다.

오답분석

① (가) 이전: 고구려의 고국원왕이 백제군과 싸우다 평양성에서 전사한 것은 371년으로, (가) 시기 이전의 사실이다.

② (가) 이후: 고구려의 장수 온달이 신라에게 빼앗긴 한강 유역을 되찾기 위해 출전하였다가 아단성 전투에서 전사한 것은 영양왕 때인 590년으로, (가) 시기 이후의 사실이다.

③ (가) 이전: 고구려가 중국의 서안평을 점령하여 영토를 확장한 것은 미천왕 때인 311년으로, (가) 시기 이전의 사실이다.

---

12 근대 | **주시경** 난이도 중 ●●○

자료분석

국문 동식회를 조직 + 국문 연구소에서도 활동 → 주시경

정답설명

② 주시경은 한글에 대한 이론을 전문적으로 연구하여 국어 문법 서적인 『국어문법』, 『말의 소리』 등을 저술하였다.

오답분석

① 주시경은 조선어 연구회를 조직하지 않았다. 한편, 조선어 연구회를 조직한 인물은 임경재, 장지영 등이 있다.

③ 이광수: 동아일보에 「민족적 경륜」을 연재한 인물은 이광수이다. 이광수는 이 글을 통해 우리 민족이 일제의 지배 체제 안에서 정치적 실력을 양성하여 자치 운동을 벌여야 한다는 '타협적 민족주의'를 주장하였다.

---

13 고대 | **발해** 난이도 중 ●●○

자료분석

솔빈의 말 + 미타호의 붕어 → 발해

정답설명

④ 발해는 거란도, 영주도, 일본도, 조공도, 신라도 등을 통해 주변 국가와 교류하였다.

오답분석

① 백제: 지배층이 왕족인 부여씨와 8성의 귀족으로 구성된 나라는 백제이다.

② 신라: 한강 유역을 확보하고 당항성을 통해 중국과 직접적으로 교역한 나라는 신라이다.

③ 고려: 국자감을 설치하여 귀족 자제에게 유교 경전을 가르친 나라는 고려이다.

---

14 일제 강점기 | **일제의 문화 통치** 난이도 중 ●●○

정답설명

④ 일제가 경찰범 처벌 규칙을 제정한 것은 무단 통치 시기인 1912년의 사실이다.

오답분석

① 일제는 문화 통치 시기에 헌병 경찰제를 보통 경찰제로 전환하고, 1군(郡) 1경찰서, 1면(面) 1주재소 제도를 확립하였다.

② 일제는 문화 통치 시기에 동아일보, 조선일보 등 한글 신문의 창간을 허용하였다.

③ 일제는 문화 통치 시기에 도 평의회, 부·면 협의회를 만들어 지방 행정에 조선인 참여를 허용하였지만 실제로는 친일파 및 일부 자산가만 참여시켜 친일파 양성에 이용하였다.

---

15 고려 시대 | **현종 재위 시기의 사실** 난이도 중 ●●○

자료분석

성종 때 없앤 연등회를 다시 개최 → 현종(1009~1031)

정답설명

③ 강조가 군사를 이끌고 개경에 들어와 김치양 일파를 제거한 것은 목종 재위 시기의 사실이다(강조의 난, 1009). 강조는 군사를 이끌고 개경으로 들어와 김치양 일파를 제거하고, 목종을 폐위시킨 뒤 현종을 옹립하였다.

오답분석

모두 현종 재위 시기의 사실이다.

① 현종 때 강감찬은 고려군을 지휘하여 귀주에서 퇴각하던 거란군을 섬멸하였다(귀주 대첩, 1019).

② 현종 때 전국을 5도 양계로 나누고, 그 안에 3경 4도호부 8목을 두어 지방 제도를 완비하였다.

④ 현종 때 불력으로 거란의 침입을 물리치기 위해 초조대장경의 조판이 시작되었다.

16 일제 강점기 | 민족 혁명당 난이도 상 ●●●

자료분석

1930년대 + 독립운동 세력을 하나로 통합 → 민족 혁명당(1935)

정답설명

④ 옳은 설명을 모두 고르면 ©, @이다.
© 민족 혁명당 내에서 김원봉 등 의열단 계통의 인사들이 독주하자, 이에 불만을 품은 조소앙(한국 독립당) 등의 민족주의 계열 인사들이 민족 혁명당에서 탈퇴하였다.
@ 민족 혁명당은 1935년에 난징에서 조직된 중국 관내 최대 규모의 민족 유일당이었다.

오답분석

㉠ 조선 의용군은 1942년에 조직된 조선 독립 동맹의 산하 군사 조직이다.
㉡ 김구(한국 국민당), 조소앙(한국 독립당), 지청천(조선 혁명당) 등의 주도로 조직된 것은 충칭 임시 정부의 한국 독립당이다.

17 고려 시대 | 고려 시대의 문화 난이도 중 ●●○

정답설명

② 옳은 것을 모두 고르면 ㉠, ㉡, @이 된다.
㉠ 고려 시대에는 송에서 들여온 대성악이 궁중 음악인 아악으로 발전하였다.
㉡ 고려 전기에는 구양순체가 주류를 이루었으며, 고려 후기에는 송설체가 유행하였다.
@ 고려 시대에는 『파한집』(이인로)과 『백운소설』(이규보)과 같은 패관 문학이 유행하였다.

오답분석

© 조선 후기: 화엄사 각황전, 법주사 팔상전 등의 건축물이 만들어진 것은 조선 후기이다.

✍️ 이것도 알면 합격!

고려 시대의 패관 문학

『파한집』 (이인로)	역대 문인들의 시화에 얽힌 이야기와 평양·개성의 풍속 등을 수록
『보한집』 (최자)	이인로의 『파한집』을 보충한 수필체의 시화집
『백운소설』 (이규보)	떠도는 시화와 민간 구전 수록
『역옹패설』 (이제현)	각종 시문과 고사를 수집하여 엮은 책

18 현대 | 김규식 난이도 중 ●●○

자료분석

남조선 과도 입법 의원 의장 → 김규식

정답설명

③ 김규식은 제1차 세계 대전의 전후 처리를 위하여 1919년 1월에 열린 파리 강화 회의에 한국 대표로 파견되었다.

오답분석

① 김성수·송진우: 충칭 임시 정부를 지지하며 한국 민주당을 결성한 인물은 김성수·송진우이다.
② 여운형, 안재홍: 조선 건국 준비 위원회의 결성을 주도한 인물은 중도 좌파인 여운형과 중도 우파인 안재홍이다.
④ 이승만: 광복 이후 조직된 정치 단체인 독립 촉성 중앙 협의회의 회장으로 추대된 인물은 이승만이다.

19 조선 전기 | 훈련도감 난이도 중 ●●○

자료분석

조총을 쏘는 법과 창, 칼을 쓰는 기술 → (가) 훈련도감

정답설명

④ 훈련도감은 임진왜란 중에 유성룡의 건의에 따라 포수(조총)·사수(활)·살수(창·검)의 삼수병으로 조직된 부대이다.

오답분석

① 별기군은 1881년에 설치된 우리나라 최초의 신식 군대이다. 일본인 교관이 훈련시켜 왜별기(倭別技)라고도 불렸다.
② 잡색군은 조선 전기 때 국가에 위급한 상황이 발생하면 정규군 이외에 동원할 수 있는 일종의 예비군이다.
③ 장용영은 정조 때 왕권 강화를 위해 설치한 군영이다.

20 현대 | 8차 개헌과 9차 개헌 사이의 사실 난이도 중 ●●○

자료분석

제8차 개헌(1980) → (가) → 제9차 개헌(1987. 10.)

정답설명

① 국가 재건 최고 회의가 조직된 것은 1961년으로, (가) 시기 이전의 사실이다.

오답분석

모두 (가) 시기의 사실이다.
② 1987년 1월에 학생 운동을 전개하던 서울대 학생 박종철이 경찰 조사를 받던 중 고문과 폭행으로 사망하는 사건이 발생하였다.
③ 1982년에 전두환 정부가 시행한 3S 정책의 일환으로 프로 야구가 출범하였다.
④ 1983년에 미얀마의 아웅산 묘소에서 전두환 대통령을 암살하기 위한 폭탄 테러 사건이 발생하였다.

▶ 정답

p.74

01	④ 고려 시대	11	④ 근대
02	④ 일제 강점기	12	③ 고대
03	② 현대	13	① 조선 전기
04	③ 조선 전기	14	② 고려 시대
05	① 일제 강점기	15	③ 근대
06	④ 고대	16	③ 고려 시대
07	③ 고려 시대	17	③ 현대
08	③ 조선 전기	18	③ 일제 강점기
09	④ 일제 강점기	19	④ 근대
10	② 조선 후기	20	③ 고대

▶ 취약시대 분석표

영역	세부 유형	문항 수
전근대	선사 시대	/0
	고대	/3
	고려 시대	/4
	조선 전기	/3
	조선 후기	/1
근현대	근대	/3
	일제 강점기	/4
	현대	/2
통합	시대 통합	/0
총계		/20

* 취약시대 분석표를 이용해 1개라도 틀린 문제가 있는 시대는 그 시대의 문제만 골라 해설을 다시 한번 꼼꼼히 학습하세요

---

01 고려 시대 | 충렬왕 대의 사실   난이도 중 ●●○

자료분석

홍자번 + 열여덟 조목 → 홍자번의 편민 18사 → 충렬왕

정답설명

④ 충렬왕 때 원은 일본 원정을 위해 고려에 정동행성을 설치하고, 원정에 필요한 군대와 물자를 요구하였다.

오답분석

① **충혜왕**: 권세가들이 탈점한 토지와 노비를 조사하기 위해 편민조례추변도감을 설치하여 개혁을 시도한 것은 충혜왕 때의 사실이다.

② **공민왕**: 원나라의 연호와 관제를 폐지한 것은 공민왕 때의 사실이다.

③ **고종**: 부족한 녹봉을 보충하고자 관료에게 녹과전을 지급하기 시작한 것은 고종 때이다. 이후, 원종 때도 녹과전이 지급되었다.

---

02 일제 강점기 | 조소앙   난이도 상 ●●●

자료분석

대한 민주의 자립을 선포 + 육탄혈전으로 독립을 완성함 → 대한 독립 선언서 → 조소앙

정답설명

④ 조소앙은 대한민국 임시 정부의 외무 부장을 지냈으며, 삼균주의를 주장하였다.

오답분석

① **김구**: 대한민국 임시 정부의 초대 경무국장을 역임한 인물은 김구이다.

② **이회영, 이동녕 등**: 신흥 강습소를 만들어 민족 교육과 독립군 양성을 위한 기관인 신흥 강습소를 설립한 인물은 이회영, 이동녕 등이다.

③ **남자현**: 하얼빈에서 국제 연맹 조사단에게 혈서를 보내 우리의 독립을 호소한 인물은 남자현이다.

---

03 현대 | 시기별 언론 정책   난이도 상 ●●●

정답설명

② 동아일보 백지 광고 사태는 1974년에 발생하였다. 동아일보가 유신 체제에 비판적인 기사·사설 등을 보도하자, 박정희 정부의 압력으로 동아일보에 광고를 내기로 한 회사들이 무더기로 계약을 해지하는 백지 광고 사태가 발생하였다.

오답분석

① 1959년에 이승만 정부는 정부에 비판적인 경향신문을 폐간하였다.

③ 1972년에 박정희 정부는 모든 언론인에게 정부가 발행하는 보도증(프레스 카드)을 소지하도록 하는 프레스 카드제를 시행하였다.

④ 1980년에 신군부 세력은 신문·방송·통신 등의 언론 기관을 통폐합하고, 언론 기본법을 제정하여 언론에 대한 통제를 강화하였다.

---

04 조선 전기 | 서얼   난이도 중 ●●○

자료분석

경대부의 아들 + 외가가 하찮아서 벼슬길이 막힘 → (가) 서얼

정답설명

③ 양반의 자녀 중 첩에게서 태어난 서얼은 중인과 같은 신분적 처우를 받았으므로 중서(中庶)라고도 불렸다.

오답분석

① **노비**: 재산으로 취급되어 매매나 상속의 대상이 된 신분은 천민 중 노비이다.

② **기술직 중인**: 신분 상승 운동에도 불구하고 청요직에 진출할 수 없었던 신분은 기술직 중인이다.

④ **신량역천**: 법제상 양인에 속하였으나 사람들이 기피하는 천한 역을 담당하여 천대받았던 신분은 신량역천이다.

05 　일제 강점기 | 의열단　　　　　난이도 중 ●●○

자료분석

왜적의 관·사설 기관을 파괴 + 동척 회사, 식산 은행 → 나석주 → ⊙ 의열단

정답설명

① 3대 조선 총독 사이토 마코토에게 폭탄을 투척하는 의거를 일으킨 단체는 노인 동맹단이다. 노인 동맹단 소속의 강우규는 서울에서 사이토 조선 총독에게 폭탄을 투척하였으나, 암살에 실패하였다.

오답분석

② 의열단은 3·1 운동 이후 김원봉, 윤세주 등이 만주 길림에서 조직한 단체로, 개인의 폭력 투쟁을 통한 독립 쟁취를 주장하였다.

③ 의열단은 개별 투쟁의 한계를 인식하고, 조직적인 무장 투쟁을 위해 김원봉을 비롯한 일부 구성원을 황푸 군관 학교에 입학하여 군사 훈련을 받도록 하였다.

④ 의열단의 소속 단원인 김익상, 오성륜 등은 중국 상하이의 황포탄에서 일본 육군 대장 다나카를 저격하였으나, 실패하였다.

🖋 **이것도 알면 합격!**

의열단의 의열 투쟁

박재혁	1920	부산 경찰서에 폭탄 투척
김익상	1921	조선 총독부에 폭탄 투척
김상옥	1923	종로 경찰서에 폭탄 투척
김지섭	1924	도쿄 궁성 앞 이중교에 폭탄 투척
나석주	1926	동양 척식 주식회사와 조선식산은행에 폭탄 투척

06 　고대 | 옥저 정벌과 불교 수용 사이의 사실　　　난이도 중 ●●○

자료분석

(가) 동옥저 정벌 → 태조왕(56)
(나) 순도 + 불상과 경문 → 소수림왕의 불교 수용(372)

정답설명

④ 고구려는 (가), (나) 사이인 342년 고국원왕 때 전연 모용황의 침입을 받아 궁궐이 불타고, 남녀 5만 명이 전연에 포로로 끌려갔다.

오답분석

① (가) 이전: 고구려가 수도를 졸본에서 중국 지린에 위치한 국내성으로 옮긴 것은 유리왕(기원전 19년∼18년) 때로, (가) 이전의 사실이다.

② (나) 이후: 고구려가 부여를 복속하고 최대 영토를 확보한 것은 문자왕 (491∼519) 때로, (나) 이후의 사실이다.

③ (나) 이후: 태학박사 이문진이 왕명을 받아 역사서인 『신집』 5권을 편찬한 것은 영양왕(590∼618) 때로, (나) 이후의 사실이다.

07 　고려 시대 | 초조대장경　　　　　난이도 중 ●●○

자료분석

거란의 군주가 정벌하러 옴 + 왕이 큰 바람을 담아 새김 → 초조대장경

정답설명

③ 초조대장경은 대구 부인사에서 보관하던 중 몽골의 2차 침입으로 소실되었다.

오답분석

① 속장경: 교장도감에서 간행한 것은 속장경이다. 속장경은 초조대장경을 보완하기 위해 교장도감에서 의천의 주도로 간행되었다.

②, ④ 팔만대장경: 현재 합천 해인사에 보관되어 있으며, 재조대장경이라고도 불리는 것은 팔만대장경이다.

08 　조선 전기 | 사화의 전개　　　　　난이도 중 ●●○

자료분석

갑자사화(1504) → (가) → 기묘사화(1519)

정답설명

③ (가) 시기인 1506년에 훈구 세력에 의해 폭정을 일삼던 연산군이 폐위되고, 왕의 이복 동생인 중종이 왕위에 오른 중종반정이 일어났다.

오답분석

① (가) 이후: 사림이 이조 전랑직과 척신 정치의 청산을 두고 동인과 서인으로 분화된 것은 선조 때인 1575년으로, (가) 시기 이후의 사실이다.

② (가) 이후: 명종의 외척인 윤원형 일파(소윤)가 전왕인 인종의 외척인 윤임 일파(대윤)를 역적으로 몰아 대거 숙청한 을사사화가 일어난 것은 명종 때인 1545년으로, (가) 시기 이후의 사실이다.

④ (가) 이전: 훈구 세력이 김종직의 「조의제문」이 「사초」에 기록된 것을 문제 삼아 김일손 등의 사림을 축출한 무오사화가 일어난 것은 연산군 때인 1498년으로, (가) 시기 이전의 사실이다.

09 　일제 강점기 | 대한 광복회　　　　난이도 중 ●●○

자료분석

세금을 압수하여 무장을 준비 + 행형부 → 대한 광복회

정답설명

④ 대한 광복회는 의병 계열과 애국 계몽 운동 계열의 비밀 결사가 통합하여 결성된 조직으로, 군대식 조직을 갖추고 군자금을 모아 만주에 무관 학교를 세우려고 하였으며, 친일파 처단 활동을 하였다.

오답분석

①, ③ 독립 의군부: 고종의 비밀 지령을 받아 조직되었으며, 왕정의 복고를 목적으로 하는 복벽주의를 표방한 단체는 독립 의군부이다.

② 을사늑약에 찬성한 5적(이완용, 이근택, 박제순, 이지용, 권중현)을 처단하기 위해 5적 암살단을 조직한 것은 나철, 오기호 등으로 대한 광복회와는 관련이 없다.

10 조선 후기 | 광해군 재위 시기의 사실　　난이도 중 ●●○

자료분석

품 안의 어린 자식(영창대군)을 빼앗아 죽임 + 나(인목대비)를 유폐함 → (가) 광해군

정답설명

② 광해군 때 재정 수입의 확보를 위해 토지와 호구를 조사하고, 임진왜란으로 소실된 호적과 양안(토지 대장)을 정비하였다.

오답분석

① 세종: 계해약조를 체결한 것은 세종 때이다. 세종 때 계해약조를 체결하여 무역 규모를 세견선 50척, 세사미두 200석으로 제한하였다.

③ 숙종: 세종 때 설치된 이후 폐지되었던 폐사군의 일부(자성군)를 복설한 것은 숙종 때이다.

④ 숙종: 대동법이 전국으로 확대된 것은 숙종 때이다. 한편, 광해군 때는 경기도에 한해 대동법이 처음으로 시행되었다.

11 근대 | 근대사의 흐름　　난이도 중 ●●○

자료분석

(가) 운요호 사건(1875) ~ 『조선책략』 유입(1880)
(나) 『조선책략』 유입(1880) ~ 임오군란(1882)
(다) 임오군란(1882) ~ 갑신정변(1884)
(라) 갑신정변(1884) ~ 전주 화약 체결(1894)

정답설명

④ (라) 시기인 1889년에 함경도 관찰사 조병식은 방곡령을 선포하였다. 그러나 일본은 '방곡령을 시행하기 1개월 전에 통고해야 한다'는 조·일 통상 장정 개정(1883)의 규정을 구실로 이를 철회시켰다.

오답분석

① (라) 이후: 고딕 양식 건축물인 명동 성당이 건립된 것은 (라) 시기 이후인 1898년의 일이다.

② (가) 시기: 조·일 수호 조규 부록이 체결되어 개항장 내에서 일본 화폐의 통용이 허용된 것은 (가) 시기인 1876년의 일이다.

③ (라) 시기: 노비 세습제가 철폐된 것은 (라) 시기인 1886년의 일이다.

12 고대 | 통일 신라의 지방 행정 제도　　난이도 하 ●○○

정답설명

③ 통일 신라의 군과 현에는 태수, 현령 등의 지방관이 파견되었다. 한편, 촌주가 다스린 곳은 군·현 아래 말단 행정 구역인 촌이다.

오답분석

① 통일 신라는 전국을 9개의 주로 편성하면서, 옛 고구려와 백제 지역에 각각 3주를 두었다.

② 통일 신라의 5소경은 영토의 동남쪽에 치우친 수도의 편향성을 보완하기 위해 군사·행정상의 요충지에 설치되었다.

④ 통일 신라의 상수리 제도는 고려의 기인 제도와 조선의 경저리로 계승되었다.

13 조선 전기 | 조선 시대의 과거 제도　　난이도 중 ●●○

정답설명

① 조선 시대 소과의 복시에서는 각 도의 인구 비율을 고려하지 않고 성적순으로 합격자를 선발하였다. 소과의 초시에서는 각 도의 인구 비율에 따라 합격자 수를 배분하여 약 700명 가량을 선발하고, 2차 시험인 복시에서는 성적 순으로 100명을 선발하였다.

오답분석

② 조선 시대의 문과는 정기 시험인 식년시를 3년마다 시행하였으며, 비정기 시험으로 알성시, 증광시, 춘당대시 등이 있었다.

③ 조선 시대의 무과는 주로 서얼과 중간 계층이 응시하였으며, 최종 선발 인원은 28명이었다.

④ 문과(대과)의 복시에서는 성적 순으로 최종 합격자인 33명을 선발하였다. 이후 최종 합격한 33인은 다시 국왕이 직접 주관하는 전시를 통해 지역과 상관없이 성적에 따라 순위(갑과·을과·병과)가 결정되었다.

14 고려 시대 | 경정 전시과와 과전법　　난이도 중 ●●○

자료분석

(가) 문종 + 전시과를 다시 고쳐 정함 → 경정 전시과
(나) 공양왕 + 과전 → 과전법

정답설명

② 옳은 것을 모두 고르면 ㉠, ㉣이다.

㉠ 경정 전시과에서는 향리·탐라의 왕족 등 무산계 수여자에게 지급되는 무산계 전시, 승과에 합격하여 승계를 부여받은 승려나 지리업(풍수업) 종사자에게 지급된 별사전 등의 별정 전시과가 정비되었다.

㉣ 과전법은 경기 지역에 한하여 전·현직 관리에게 토지의 수조권을 지급하였다.

오답분석

㉡ 시정 전시과: 광종 때 제정된 4색 공복을 기준으로 관품과 인품을 모두 고려하여 전지와 시지를 지급한 것은 경종 때 시행된 시정 전시과이다.

㉢ 전시과: 전지와 시지를 지급하여 수취의 권리를 행사하게 한 것은 전시과이다. 과전법 체제 하에서는 전지만 지급되었다.

15 근대 | 독립 협회　　난이도 중 ●●○

자료분석

만민 공동회 → (가) 독립 협회

정답설명

③ 독립 협회는 고종의 재가를 받아 중추원 관제를 반포하여, 중추원 개편을 통한 의회 설립을 추진하였다.

오답분석

모두 독립 협회와는 관련이 없는 설명이다.

① 독립 협회는 해외 독립 운동 기지 건설을 추진하지 않았다. 한편, 해외에 독립 운동 기지 건설을 추진한 대표적인 단체로는 신민회 등이 있다.

② 장교 양성을 위해 무관 학교를 설치한 것은 대한 제국의 광무 개혁을 통해서이다.

④ 일본에 진 빚을 갚자는 국채 보상 운동을 주도한 것은 서상돈 등이다.

---

16 고려 시대 | 별무반   난이도 중 ●●○

자료분석

숙종 + 동여진을 방어하고자 조직함 → 별무반

정답설명

③ 별무반은 여진족에게 대처하기 위해 윤관의 건의에 따라 고려 숙종 때 조직한 군대로, 신기군(기병), 신보군(보병), 항마군(승병)으로 구성되었다.

오답분석

① 광군: 광군사의 통제를 받았던 부대는 고려 정종(3대) 때 설치된 광군이다.

② 별무반은 군인전을 지급받는 상비군이 아닌 여진을 정벌하기 위해 조직된 임시 군사 조직으로, 군인전을 지급받지 못하였다.

④ 삼별초, 도방: 최씨 무신 정권의 군사적 기반이 된 부대는 삼별초와 도방이다.

---

17 현대 | 헌법이 적용된 시기에 일어난 사건   난이도 중 ●●○

자료분석

(가) 초대 대통령에 대한 중임 제한 규정 폐지 → 2차 개헌(1954 ~ 1960)
(나) 대통령을 통일 주체 국민회의에서 선출 → 7차 개헌(1972 ~ 1980)
(다) 대통령 직선제 도입 + 임기 5년 → 9차 개헌(1987 ~)
(라) 대통령의 임기 7년 + 간선제 + 선거인단 → 8차 개헌(1980 ~ 1987)

정답설명

③ 9차 개헌 적용 시기인 1991년에 남과 북은 '남북 사이의 화해와 불가침 및 교류 협력에 관한 합의서'(남북 기본 합의서)를 체결하였다.

오답분석

① 남북 대표로 민족 통일 협의회를 구성하여 통일 헌법을 제정하고, 민주적 절차와 평화적 방법으로 통일 국회와 통일 정부를 구성할 것을 제안한 민족 화합 민주 통일 방안은 8차 개헌 적용 시기인 1982년에 발표되었다.

② 경의선 철도의 기공식은 9차 개헌 적용 시기인 2000년에 개최되었다.

④ 서해 평화 협력 특별 지대 설치 등을 합의한 10·4 남북 공동 선언은 9차 개헌 적용 시기인 2007년에 발표되었다.

---

18 일제 강점기 | 조선 사상범 예방 구금령 제정 이후의 사실 난이도 상 ●●●

자료분석

조선 사상범 보호 관찰령 + 예방 구금 → 조선 사상범 예방 구금령(1941)

정답설명

③ 조선일보와 동아일보가 강제 폐간된 것은 조선 사상범 예방 구금령이 제정되기 이전인 1940년이다.

오답분석

모두 조선 사상범 예방 구금령이 제정된 이후의 사실이다.

① 일제가 조선어 학회를 독립운동 단체로 간주하여 회원들을 체포한 조선어 학회 사건이 발생한 것은 1942년이다.

② 일제가 병력 동원을 위해 징병제를 실시한 것은 1944년이다.

④ 일제가 침략 전쟁을 수행하는 데 필요한 전쟁 물자를 마련하기 위해 조선 식량 관리령을 공포한 것은 1943년이다.

---

19 근대 | 영선사   난이도 하 ●○○

자료분석

청의 톈진 + 기기창을 설립함 → (가) 영선사

정답설명

④ 청에 파견된 영선사는 재정 부족과 임오군란의 발발 등으로 파견된 지 1년 만에 귀국하였다.

오답분석

① 2차 수신사: 귀국할 때 청의 외교관인 황준헌이 저술한 『조선책략』을 가지고 돌아온 사절단은 일본에 파견된 2차 수신사이다.

② 보빙사: 공사 파견에 대한 답례로 파견된 사절단은 보빙사이다. 조·미 수호 통상 조약 이후 미국에서 조선에 공사를 파견하자, 조선은 이에 대한 답례로 민영익 등을 미국에 보빙사로 파견하였다.

③ 조사 시찰단: 일본의 산업 시설을 시찰하기 위해 암행어사 형식으로 비밀리에 파견된 사절단은 조사 시찰단이다.

---

20 고대 | 고대 국가의 문화   난이도 하 ●○○

정답설명

③ 굴식 돌방무덤으로 돌 사자상이 출토된 것은 발해의 정혜 공주 묘이다.

오답분석

① 벽면에 사신도가 그려진 고구려 강서대묘는 굴식 돌방무덤 양식으로 축조되었다.

② 백제의 초기 고분인 석촌동 고분은 계단식 돌무지무덤인데 이는 고구려 돌무지무덤의 영향을 받은 것이다.

④ 신라의 돌무지덧널무덤은 구조상 도굴이 어렵기 때문에 안에서 많은 부장품이 출토되었다. 대표적으로 천마총, 황남대총 등이 있다.

정답

p.80

01	④ 선사 시대	11	① 조선 후기
02	① 고려 시대	12	④ 시대 통합
03	③ 현대	13	① 고대
04	② 고려 시대	14	① 근대
05	④ 근대	15	④ 시대 통합
06	① 고대	16	③ 현대
07	③ 조선 후기	17	② 시대 통합
08	④ 고려 시대	18	③ 고대
09	② 조선 전기	19	④ 고려 시대
10	② 일제 강점기	20	③ 일제 강점기

취약시대 분석표

영역	세부 유형	문항 수
전근대	선사 시대	/1
	고대	/3
	고려 시대	/4
	조선 전기	/1
	조선 후기	/2
근현대	근대	/2
	일제 강점기	/2
	현대	/2
통합	시대 통합	/3
총계		/20

* 취약시대 분석표를 이용해 1개라도 틀린 문제가 있는 시대는 그 시대의 문제만 골라 해설을 다시 한번 꼼꼼히 학습하세요

---

01 선사 시대 | 고조선
난이도 중 ●●○

자료분석

백성에게 금하는 법 8조 → 고조선

정답설명

④ 고조선은 중국 한나라 무제의 공격으로 왕검성이 함락되면서 멸망하였다.

오답분석

① 고조선은 기원전 3세기경에 부왕, 준왕과 같은 강력한 왕이 등장하여 왕위를 세습하였으며, 왕 아래에 상, 대부, 장군 등의 중앙 관직을 두었다.
② 고조선이 언급된 현존하는 가장 오래된 중국 문헌은 춘추 시대에 편찬된 『관자』이다.
③ 고조선은 요령 지방을 중심으로 성장하여 점차 인접한 군장 사회를 통합하면서 한반도까지 발전하였다.

---

02 고려 시대 | 관음포 대첩 이후의 사실
난이도 중 ●●○

자료분석

정지 + 화포를 쏘아 적선을 불태움 → 관음포 대첩(1383)

정답설명

① 관음포 대첩 이후인 1389년에 박위가 전선 100여 척을 이끌고 왜구의 소굴인 대마도(쓰시마 섬)를 정벌하였다.

오답분석

모두 관음포 대첩 이전의 사실이다.
② 배중손이 삼별초를 이끌고 진도 용장성에서 몽골에 항전한 것은 원종 때인 1270~1271년의 사실이다.
③ 최무선이 진포에서 화포를 이용하여 왜구를 격퇴(진포 대첩)한 것은 우왕 때인 1380년의 사실이다.

---

④ 동북면 병마사 유인우가 쌍성총관부가 설치되었던 철령 이북 지역을 무력으로 수복한 것은 공민왕 때로 1356년의 사실이다.

🖋 이것도 알면 합격!

고려 말 왜구의 침입과 격퇴

홍산 대첩 (우왕, 1376)	최영이 부여의 홍산에서 왜구 격퇴
황산 대첩 (우왕, 1380)	이성계가 지리산 부근의 황산에서 왜구 격퇴
진포 대첩 (우왕, 1380)	최무선이 진포에서 화포를 이용하여 왜선을 불태움
관음포 대첩 (우왕, 1383)	정지가 남해의 관음포에서 왜구를 물리침
쓰시마 섬 정벌 (창왕, 1389)	박위가 왜구의 소굴인 쓰시마 섬(대마도)을 정벌

---

03 현대 | 여운형
난이도 중 ●●○

자료분석

엔도 정무총감을 만나 다섯 가지 요구 사항을 제시함 → 여운형

정답설명

③ 여운형은 좌·우 합작 위원회를 조직하는 등 좌·우 합작을 주도하다가 극우 세력에 의해 1947년에 암살당하였다.

오답분석

① 김규식: 김구와 함께 남한만의 단독 선거에 반대하여 남북 협상에 참석한 인물은 김규식이다.
② 안재홍: 만민공생(모든 사람이 서로 도우며 함께 사는 것)의 신민주주의를 표방한 인물은 안재홍이다.
④ 이동휘: 러시아의 하바로프스크에서 한국 최초의 사회주의 정당인 한인 사회당을 결성한 인물은 이동휘이다.

04 고려 시대 | 경대승 집권기의 사실   난이도 중 ●●○

자료분석

정중부 → ⊙ 경대승(1179~1183) → 이의민

정답설명

② 경대승 집권기에 사병 집단인 도방이 처음으로 설치되었다. 도방은 경대승이 사망하면서 사실상 해체되었으나, 이후 최충헌에 의해 다시 설치되었다.

오답분석

① **최우**: 몽골 사신인 저고여가 국경 지대에서 피살된 것은 최우 집권기의 사실이다. 저고여 피살 사건을 계기로 몽골은 고려에 침입하게 되었다.

③ **이의민**: 김사미와 효심이 각각 운문과 초전에서 신라 부흥을 표방하며 봉기한 것은 이의민 집권기의 사실이다.

④ **최우**: 문신들이 머무르는 숙위 기구인 서방을 설치한 것은 최우 집권기의 사실이다.

05 근대 | 정미의병   난이도 중 ●●○

자료분석

일본 제국주의자들은 인류의 적 + 이인영 → 정미의병

정답설명

④ 정미의병은 고종의 강제 퇴위와 군대 해산에 반발하여 일어났으며, 해산된 군인들이 의병에 합류하면서 전투력이 강화되었다.

오답분석

① **을미의병**: 명성황후 시해 사건(을미사변)과 단발령 실시에 반발하여 일어난 것은 을미의병이다.

②, ③ **을사의병**: 전 참판 민종식이 홍주성을 점령하였고, 최익현과 임병찬이 태인·순창 등에서 활약한 것은 을사의병이다.

06 고대 | 장수왕   난이도 중 ●●○

자료분석

연나라왕 풍홍이 요동에 당도함 + 풍홍과 그의 자손을 죽임 → 장수왕

정답설명

① 장수왕 때는 왕권의 강화와 적극적인 남하 정책을 추진하기 위해 도읍을 국내성에서 평양성으로 옮겼다.

오답분석

② **고국천왕**: 을파소를 등용하고, 봄에 곡식을 빌려 주고 가을에 돌려받는 진휼 제도인 진대법을 시행한 것은 고국천왕 때이다.

③ **동천왕**: 관구검이 이끄는 위나라 군대의 침략을 받은 것은 동천왕 때이다.

④ **고국천왕**: 고구려의 왕위 계승이 형제 상속에서 부자 상속으로 바뀐 것은 고국천왕 때이다.

07 조선 후기 | 조선 후기의 역사서   난이도 중 ●●○

정답설명

③ 안정복이 단군 조선부터 고려 말까지의 역사를 강목체로 정리한 역사서는 『동사강목』이다. 한편, 『열조통기』는 안정복이 조선 태조부터 영조까지의 역사를 편년체로 기록한 역사서이다.

오답분석

① 『발해고』에서는 유득공이 남북국이라는 용어를 처음 사용하였다. 유득공은 통일 신라와 발해가 공존한 시기를 남북국 시대로 설정하여 발해를 우리 역사에 포함시켰다.

② 『해동역사』는 한치윤이 중국 및 일본의 자료를 참고하여 편찬하였다. 한치윤은 500여 종의 중국 및 일본 자료를 참고하여 고조선부터 고려 말까지의 역사를 기전체로 정리한 『해동역사』를 편찬하였다.

④ 『연려실기술』은 이긍익이 조선 시대의 정치와 문화를 야사 중심으로 정리한 역사서이다. 이긍익은 400여 종의 야사를 참고하여 조선 시대의 정치와 문화를 실증적·객관적으로 서술한 『연려실기술』을 편찬하였다.

08 고려 시대 | 고려의 지방 행정 제도   난이도 하 ●○○

정답설명

④ 옳은 것을 모두 고르면 ©, ⓔ이다.

© 고려 시대에는 수령이 파견된 주현보다 수령이 파견되지 않은 속현의 수가 더 많았다.

ⓔ 고려 시대에는 조세와 공물의 징수 등 지방 행정의 실무는 향리가 담당하였다. 고려 시대 향리들은 지방관이 파견되지 않은 속군이나 속현 등의 행정 실무를 담당하며 실질적인 지배권을 행사하였다.

오답분석

⊙ **조선**: 지방 행정 말단 조직으로 면·리·통을 두었던 나라는 조선이다. 한편, 고려에는 지방의 말단 행정 구역으로 촌이 있었다.

© **조선**: 전국을 8도로 나누고 그 아래 부·목·군·현을 두었던 나라는 조선이다. 한편, 고려는 전국을 5도와 양계로 나누고 그 아래 4도호부와 8목을 두었다.

09 조선 전기 | 조식   난이도 중 ●●○

자료분석

경의(敬義) + 남명 선생 → 조식

정답설명

② 조식은 『무진봉사』에서 서리망국론을 제시하여 공물의 대납과 방납, 그리고 이와 관련된 서리의 폐단을 강력하게 비판하였다.

오답분석

① **이이**: 성리학 초심자들을 가르치기 위한 아동 수신서인 『격몽요결』을 저술한 인물은 이이이다.

③ **이황**: 기(氣)보다는 이(理)를 중시하였고, 예안 향약을 만든 인물은 이황이다.

④ **기대승**: 『주자대전』의 중요 부분을 발췌하여 『주자문록』을 편찬한 인물은 기대승이다.

있는 조신 후기의 건축물인 미륵전이 있다.

③ 안동 봉정사 극락전은 12세기~13세기에 지어진 것으로 추정하며, 현존하는 가장 오래된 목조 건축물이다.

10 일제 강점기 | 조선 민족 전선 연맹과 한국 국민당 난이도 상 ●●●

자료분석

(가) 조선 혁명은 민족 혁명 + 계급 전선도 아니고 인민 전선도 아님 → 조선 민족 전선 연맹

(나) 5당 통일이 형성(민족 혁명당) + 임시 정부를 옹호하는 단체가 필요 → 한국 국민당

정답설명

② 조선 민족 전선 연맹은 중·일 전쟁 발발 이후 민족 혁명당이 통합에 찬성하는 단체들과 연합하여 조직한 단체이다.

오답분석

① 한국광복군은 대한민국 임시 정부의 산하 군대였다.

③ 삼균주의를 바탕으로 한 건국 강령을 채택한 것은 대한민국 임시 정부의 주도로 재창당된 한국 독립당이다.

④ 한국 국민당은 김구를 중심으로 결성된 것이 맞으나, 조선 민족 전선 연맹에는 김구 등 우파 민족주의자들이 참여하지 않았다.

11 조선 후기 | 균역법 난이도 중 ●●●

자료분석

1필로 줄이는 것 + 세입 감소분을 보충할 방법 → 균역법 실시에 따른 재정 보충책

정답설명

① 공명첩을 발급하고 납속책을 시행하는 것은 임진왜란 이후 국가 재정을 보충하기 위해 시행된 정책으로, 균역법의 시행으로 인한 재정 부족분을 보충하기 위한 정책은 아니였다.

오답분석

모두 균역법의 실시에 따른 재정 보충책에 해당한다.

② 균역법 실시 이후 지주에게서 토지 1결마다 미곡 2두를 부과하는 결작을 시행하였다.

③ 균역법 실시 이후 각 아문이나 궁방에서 받아들이던 어세·염세·선세를 균역청에서 관할하게 하여 국가 재정으로 귀속시켰다.

④ 균역법 실시 이후 일부 부유한 상민에게 선무군관이라는 칭호를 주고, 군포를 징수하였다.

12 시대 통합 | 전국의 주요 사찰 난이도 중 ●●○

정답설명

④ 김제 금산사는 2018년 유네스코 세계 문화유산에 등재되지 않았다. 2018년에 유네스코 세계 문화유산에 등재된 '산사, 한국의 산지 승원'에는 양산 통도사, 영주 부석사, 안동 봉정사, 보은 법주사, 공주 마곡사, 순천 선암사, 해남 대흥사의 7개의 사찰이 포함되어 있다.

오답분석

① 영주 부석사는 통일 신라의 승려인 의상이 창건하였다고 전해지며, 주심포 양식 건축물인 부석사 무량수전이 있다.

② 김제 금산사에는 다층 건물이나 내부가 하나로 통하는 통층 구조로 되어

13 고대 | 삼국 시대의 대외 관계 난이도 중 ●●○

정답설명

① 순서대로 나열하면 ② 나·제 동맹 체결(433) → © 신라의 금관가야 병합(532) → © 백제의 한강 하류 지역 수복(551) → ③ 신라의 마운령비 건립(568)이 된다.

② **나·제 동맹 체결**: 고구려 장수왕의 남진 정책에 대항하기 위해 백제 비유왕과 신라 눌지 마립간은 나·제 동맹을 체결하였다(433).

© **신라의 금관가야 병합**: 신라 법흥왕 때 금관가야의 마지막 왕인 김구해가 항복하면서 금관가야가 신라에 병합되었다(532).

© **백제의 한강 하류 지역 수복**: 백제 성왕은 신라의 진흥왕과 연합하여 고구려로부터 일시적으로 한강 하류 지역을 수복하였다(551). 그러나 이후 진흥왕이 성왕을 배신하고 백제가 차지하였던 한강 하류 지역을 탈취하면서 나·제 동맹이 결렬되었다.

③ **신라의 마운령비 건립**: 신라 진흥왕은 고구려의 영토였던 함경도 지역까지 진출하여 마운령비를 건립하였다(568).

14 근대 | 흥선 대원군 난이도 중 ●●○

자료분석

만동묘와 폐단이 큰 서원 철폐 → 흥선 대원군

정답설명

① 제1차 갑오개혁 당시 군국기무처의 총재를 역임한 인물은 김홍집이다.

오답분석

② 흥선 대원군은 양전 사업을 실시하여 은결을 색출하고, 양반에게도 군포를 징수하는 호포제를 실시하였다.

③ 흥선 대원군은 왕실의 위엄을 회복하기 위하여 임진왜란 때 불타버린 경복궁을 중건하였다.

④ 흥선 대원군은 통치 규범을 정비하기 위하여 『대전회통』과 『육전조례』 등의 법전을 편찬하였다.

15 시대 통합 | 충주 난이도 중 ●●○

자료분석

국원소경 + 중원경 → 충주

정답설명

④ 충주에서는 임진왜란 당시 신립이 탄금대에서 배수의 진을 치고 왜군에 싸우다가 전사하였다.

오답분석

① **개성**: 최충헌의 사노비인 만적이 노비를 모아서 신분 해방과 정권 탈취를 목표로 반란을 모의한 곳은 개성이다.

② **평양**: 고구려가 멸망한 뒤 당나라에 의해 안동 도호부가 설치된 곳은 평양이다.

③ **인천**: 서울과 연결된 철도가 우리나라 최초로 부설된 곳은 인천이다.

16　현대 | **5·18 민주화 운동 이후에 전개된 사실**　난이도 중 ●●○

자료분석

시민군 → 5·18 민주화 운동(1980)

정답설명

③ 5·18 민주화 운동 이후인 1991년에 3당 합당으로 거대 여당인 민주 자유당이 창당되었다.

오답분석

모두 5·18 민주화 운동 이전에 전개된 사실이다.

① 브라운 각서가 체결된 것은 1966년이다. 브라운 각서는 한국군의 베트남 추가 파병의 대가로 미국으로부터 한국군의 현대화를 위한 장비와 기술 원조 등을 제공받기로 합의한 문서이다.

② 장준하를 발행인으로 하는 잡지 『사상계』가 창간된 것은 1953년이다.

④ 천주교 정의 구현 전국 사제단이 조직된 것은 1974년이다. 천주교 정의 구현 전국 사제단은 천주교 사제들이 민주화와 사회 정의 등을 위해 결성한 단체이다.

17　시대 통합 | **『조선왕조실록』**　난이도 하 ●○○

자료분석

예로부터 사관이 쓴 기록이 역사서(『춘추』, 『상서』)가 됨 → 『조선왕조실록』

정답설명

② 『조선왕조실록』은 기록의 공정함을 위해 왕과 신하들이 자유롭게 열람하지 못하도록 하였다.

오답분석

① 『조선왕조실록』은 사관이 왕의 말과 행동을 모두 기록한 『사초』와 각 관청의 업무 기록인 『등록』 등의 자료를 토대로 편찬되었다.

③ 조선 전기에는 춘추관과 충주·전주·성주의 사고에서 『조선왕조실록』을 보관하였다.

④ 『조선왕조실록』은 국정 운영뿐만 아니라, 자연 재해와 천문 현상까지 기록하였다.

18　고대 | **경순왕 대의 사실**　난이도 상 ●●●

자료분석

견훤에 의해 왕위에 오름 → 경순왕(927~935)

정답설명

③ 경순왕 대인 930년에는 고려군이 고창 전투에서 후백제군을 크게 격파하고 후삼국의 주도권을 장악하였다.

오답분석

① **경애왕**: 발해가 거란에 의해 멸망한 것은 926년으로, 경애왕 때의 사실이다.

② **진성 여왕**: 원종과 애노가 사벌주(상주)에서 난을 일으킨 것은 889년으로, 진성 여왕 때의 사실이다.

④ **흥덕왕**: 사치 풍조를 없애기 위해 사치 금지 교서가 반포된 것은 834년으로, 흥덕왕 때의 사실이다.

19　고려 시대 | **원 간섭기의 모습**　난이도 중 ●●○

자료분석

제국대장공주 + 겁령구(원나라 공주의 시종) → 원 간섭기의 모습

정답설명

④ 강예재는 예종 때 성립된 관학 7재 중 하나로, 무학(武學)을 배우던 곳이었으나 인종 때인 1133년에 폐지되었다. 따라서 원 간섭기에는 볼 수 없는 모습이다.

오답분석

모두 원 간섭기에 볼 수 있는 모습이다.

① 원 간섭기에는 변발과 호복 등의 몽골풍이 유행하였다.

② 원 간섭기에는 관제 격하가 이루어져 중추원이 밀직사로 격하되었다.

③ 원 간섭기에는 원으로 보낼 공녀를 징발하기 위해 결혼도감이 설치되었다.

20　일제 강점기 | **치안 유지법 제정 이후의 사실**　난이도 중 ●●○

자료분석

국체를 변혁 또는 사유 재산제를 부인할 목적으로 결사를 조직할 경우 처벌 → 치안 유지법(1925)

정답설명

③ 치안 유지법이 제정된 이후인 1939년에 일제는 국민 징용령을 시행하여 주요 군수 공장과 광산, 비행장 공사 등에 한국인을 강제로 동원하였다.

오답분석

모두 치안 유지법이 제정되기 이전의 사실이다.

① 서당 규칙이 발표된 것은 1918년이다. 일제는 서당 규칙을 통해 서당 설립을 신고제에서 허가제로 바꾸었다.

② 사립 학교령이 공포된 것은 1908년이다. 일제는 사립 학교령을 공포하여 사립 학교의 설립과 운영을 통제하였다.

④ 조선식산은행이 설립된 것은 1918년이다. 일제는 식민지 조선의 개발과 수탈에 필요한 자금을 동원하고 배분하기 위해 6개의 농공은행을 통합하여 조선식산은행을 설립하였다.

정답

p.86

01	④ 선사 시대	11	③ 현대
02	④ 시대 통합	12	③ 조선 후기
03	③ 근대	13	② 근대
04	② 조선 후기	14	③ 고대
05	① 조선 전기	15	② 고려 시대
06	③ 일제 강점기	16	③ 일제 강점기
07	④ 시대 통합	17	② 고대
08	① 고려 시대	18	③ 고려 시대
09	④ 일제 강점기	19	② 근대
10	② 현대	20	③ 근대

취약시대 분석표

영역	세부 유형	문항 수
전근대	선사 시대	/1
	고대	/2
	고려 시대	/3
	조선 전기	/1
	조선 후기	/2
근현대	근대	/4
	일제 강점기	/3
	현대	/2
통합	시대 통합	/2
총계		/20

* 취약시대 분석표를 이용해 1개라도 틀린 문제가 있는 시대는 그 시대의 문제만 골라 해설을 다시 한번 꼼꼼히 학습하세요

---

01 선사 시대 | 고구려와 옥저

난이도 중 ●●○

자료분석

(가) 큰 산과 깊은 골짜기가 많음 + 노략질하기 좋아함 → 고구려
(나) 사람이 죽으면 시체는 가매장 + 뼈만 추려 곽 속에 안치 → 옥저

정답설명

④ 제사장인 천군과 신성 지역인 소도가 존재하였던 나라는 삼한이다.

오답분석

① 고구려에는 왕 아래에 상가, 고추가 등의 대가들이 있었다.

② 옥저에는 혼인 풍속으로 남자 집에서 여자 아이를 데려다가 키운 뒤 장성하면 여자 집에 예물을 치르고 혼인시키는 민며느리제가 있었다.

③ 고구려는 집집마다 작은 창고인 부경을 두어 다른 나라로부터 빼앗아 온 식량을 보관하였다.

---

02 시대 통합 | 조선 시대의 지도와 지리서

난이도 중 ●●○

정답설명

④ 『세종실록지리지』와 『팔도지리지』를 참고하여 완성한 지리서는 『신찬팔도지리지』가 아닌 『동국여지승람』이다. 한편, 『신찬팔도지리지』는 세종 때 변계량, 맹사성 등이 편찬한 조선 왕조 최초의 지리서이다.

오답분석

① 조선방역지도는 각 군현을 도별로 색을 다르게 하였고, 만주와 대마도를 우리 영토로 표기하였다.

② 대동여지도는 철종 때 김정호가 제작한 지도로, 거리를 알 수 있도록 10리마다 눈금을 표시하였으며 산맥, 하천, 도로망 등을 정밀하게 표시하였다.

③ 『택리지』는 이중환이 우리나라 각 지역의 자연환경과 물산, 풍속, 인심 등 인문 지리적 특성을 분석하여 제시한 인문 지리서이다.

---

03 근대 | 찬양회

난이도 중 ●●○

자료분석

문명 개화한 나라들을 보면 남녀 평등권이 있음 + 학문과 지식이 사나이 못지않음 → 여권통문 → 찬양회

정답설명

③ 찬양회는 서울 북촌의 양반 부인들이 중심이 되어 조직되었다. 찬양회는 우리나라 최초의 여성 단체로, 여성 계몽을 위한 연설회와 토론회 등을 개최하였다.

오답분석

① 조선 여성 동우회: 우리나라 최초의 사회주의 여성 단체는 1924년에 서울에서 조직된 조선 여성 동우회이다.

② 근우회: 신간회의 자매 단체로, 여성 계몽 운동과 여성 노동자의 권익 보호에 힘쓴 단체는 근우회이다.

④ 최초의 여성 전문 교육 기관인 이화 학당을 설립한 것은 선교사 스크랜튼이다. 한편, 찬양회는 여성 교육을 위해 사립 학교인 순성 여학교를 설립하였다.

---

04 조선 후기 | 정묘호란

난이도 중 ●●○

자료분석

(가) 적이 압록강을 건너 철산을 유린함 + 왕은 강화도로 옮김 → 정묘호란 발발
(나) 만주와 형제의 나라를 맺기로 맹세함 → 정묘화약 체결

정답설명

② (가), (나) 사이 시기에는 정봉수 등이 용골산성에서 후금군에 항전하였다. 정봉수는 정묘호란이 일어나자 의병을 규합하여 용골산성을 중심으로 후금군의 후방을 교란하고 후금군의 공격을 격퇴하였다.

오답분석
① (나) 이후: 김상용이 강화도에서 순절한 것은 (나) 시기 이후인 병자호란 때의 사실이다.
③ (가) 이전: 정문부가 길주에서 의병을 이끌고 활약한 것은 (가) 시기 이전인 임진왜란 때의 사실이다.
④ (나) 이후: 김준룡이 용인 광교산 일대에서 청군을 물리친 것은 (나) 시기 이후인 병자호란 때의 사실이다.

05　조선 전기 | 세조　난이도 중 ●●○

자료분석

성삼문 + 옛 임금을 복위 → 단종 복위 운동 → 세조

정답설명

① 언론 기관인 사간원을 독립시켜 대신들을 견제하게 한 왕은 태종이다.

오답분석
② 세조는 간경도감을 설치하여 불교 경전을 한글로 번역하고 간행·보급하였다.
③ 세조는 화살촉 모양의 팔방통보를 주조하여 국가 재정을 확보하고자 하였으나, 실제로 유통되지는 못하였다.
④ 세조는 현직 관리에게만 토지의 수조권을 지급하는 직전법을 시행하였다.

06　일제 강점기 | 이상설　난이도 중 ●●○

자료분석

헤이그 특사로 파견 + 권업회를 조직 → 이상설

정답설명

③ 이상설은 권업회가 블라디보스토크에서 조직한 대한 광복군 정부의 정통령을 역임하였다.

오답분석
① 박용만, 이승만 등: 미주 지역의 여러 독립 운동 단체를 통합한 대한인 국민회를 조직한 인물은 박용만, 이승만 등이다.
② 조선어 학회 사건은 이상설이 사망한 이후에 일어났다. 한편, 조선어 학회 사건으로 옥고를 치른 인물로는 이윤재, 최현배 등이 있다.
④ 이동녕: 대한민국 임시 의정원의 초대 의장으로 선출된 인물은 이동녕이다.

07　시대 통합 | 간도　난이도 중 ●●○

자료분석

토문강 아래 두만강 서쪽의 땅 + 청이 출입을 금지함 → (가) 간도

정답설명

④ 일본은 청나라와 1909년에 간도 협약을 체결하여 남만주의 안동과 봉천을 연결하는 철도 부설권(안봉선)을 얻는 대가로 간도 지역을 청의 영토로 귀속시켰다.

오답분석
① 멕시코: 무관 양성을 위해 숭무 학교가 설립된 곳은 멕시코이다.
② 상하이: 신규식과 박은식 등이 대동 보국단을 조직한 곳은 상하이이다.
③ 독도: 대한 제국이 칙령 제41호를 발표하여 영유권을 표명한 곳은 독도이다.

08　고려 시대 | 문종 재위 시기의 사실　난이도 중 ●●○

자료분석

구분전 지급 + 공음 전시법 제정 → 경정 전시과 → 고려 문종

정답설명

① 고려 문종 때는 북진 정책의 퇴조와 함께 풍수지리 사상에 근거한 한양 명당설이 대두하였고, 이에 한양을 남경(南京)으로 승격시켰다.

오답분석
② 고려 성종: 양경(개경, 서경)과 12목에 물가를 조절하는 기관인 상평창을 설치한 것은 고려 성종 때이다.
③ 고려 태조: 호족 세력을 견제하기 위해 사심관 제도와 기인 제도를 마련한 것은 고려 태조 왕건 때이다.
④ 고려 현종: 외적의 침입을 막기 위해 개경에 나성을 쌓아 도성 수비를 강화한 것은 고려 현종 때이다.

09　일제 강점기 | 대동 단결 선언 발표 이후의 사실　난이도 상 ●●●

자료분석

황제권 소멸의 때가 즉 민권 발생의 때 → 대동 단결 선언(1917)

정답설명

④ 단군 신앙을 기반으로 나철과 오기호가 대종교를 창시한 것은 대동 단결 선언 발표 이전인 1909년의 사실이다.

오답분석

모두 대동 단결 선언 발표 이후의 사실이다.
① 1923년에 방정환을 중심으로 조직된 천도교 소년회에서 어린이날을 제정하였다.
② 1919년에 민족 대표들은 태화관에서 독립 선언서(기미 독립 선언서)를 낭독하였다.
③ 1927년에 전국적인 농민 운동 단체인 조선 농민 총동맹이 조직되었다.

10　현대 | 6·25 전쟁의 전개 과정　난이도 중 ●●○

정답설명

② 순서대로 나열하면 ⓒ 애치슨 선언 발표(1950. 1.) → ㉣ 낙동강 전선 형성(1950. 8.) → ㉠ 흥남 철수(1950. 12.) → ㉤ 휴전 협상 시작(1951. 7.) → ⓔ 한·미 상호 방위 조약 체결(1953. 10.)이 된다.
ⓒ 애치슨 선언 발표: 미국 국무 장관 애치슨이 미국의 태평양 극동 방위선에서 한국과 대만을 제외한다는 애치슨 선언을 발표하였다(1950. 1.).
㉣ 낙동강 전선 형성: 6·25 전쟁이 발발하고 3일 만에 북한군에게 서울이 함

락되자, 대한민국 정부는 부산을 임시 수도로 정하고 낙동강 일대에 최후 방어선을 구축하였다(1950. 8.).

㉠ **흥남 철수**: 중국군의 참전(1950. 10.)으로 국군과 유엔군이 남쪽으로 밀려나 퇴로가 차단되는 위기가 발생하자 대규모 해상 철수 작전인 흥남 철수가 이루어졌다(1950. 12.).

㉣ **휴전 협상 시작**: 전쟁이 38도선 부근에서 교착 상태에 빠지자, 전쟁이 확대 될 것을 우려한 소련이 휴전을 제의하면서 휴전 협상이 시작되었다(1951. 7.).

㉢ **한·미 상호 방위 조약 체결**: 휴전 협정이 체결된 이후 북한의 재침 방지와 한국 문제에 대한 미국의 정식 개입을 보장하는 한·미 상호 방위 조약이 체결되었다(1953. 10.).

---

11 현대 | 농지 개혁법　　　　　　난이도 중 ●●○

자료분석

농지를 농민에게 분배 + 농지를 정부가 매수 → 농지 개혁법

정답설명

③ 남한의 농지 개혁은 북한의 토지 개혁에 영향을 받아 시행되었다.

오답분석

①, ② 농지 개혁법은 한 가구당 농지 소유를 3정보로 제한하여 지주가 그 이 상을 소유한 경우 해당 농지를 국가가 유상 매입하고, 이를 소작농에게 유 상 분배하도록 하였다.

④ 농지 개혁법에 따라 지주의 토지를 매입하는 대가로 정부는 지주에게 지가 증권을 발행하였다.

✎ 이것도 알면 합격!

남한의 농지 개혁과 북한의 토지 개혁

구분	남한	북한
대상	산림과 임야를 제외한 농지	모든 토지
원칙	유상 매입, 유상 분배	무상 몰수, 무상 분배
토지 상한	3정보	5정보
특징	1949년 6월 제정 (1950년 3월 시행)	1946년 3월 제정

---

12 조선 후기 | 조선 후기의 경제 상황　　　　난이도 중 ●●○

자료분석

서양목 + 연경을 왕래하는 상인의 물건 수입 → 조선 후기의 상황

정답설명

③ 옳은 것을 모두 고르면 ㉠, ㉢, ㉣이다.

㉠ 조선 후기에는 개성, 의주, 평양 등 지방 도시에서 활동하는 사상이 등장하 였다.

㉢ 조선 후기에는 고추와 담배 등의 상품 작물이 재배되었으며, 특정 상품들 을 독점 판매하여 막대한 이익을 남기는 도고 상업이 성행하였다.

㉣ 조선 후기에는 보부상들이 전국의 장시를 돌아다니며 물건을 판매하면서 하나의 유통망을 형성하였다.

㉡ 삼한통보는 고려 시대에 발행된 화폐이다. 한편, 조선 후기에는 상평통보가 발행되어 전국적으로 유통되었다.

---

13 근대 | 한성 조약　　　　　　난이도 중 ●●○

자료분석

일본 공사관을 신축 + 땅과 건물을 내줌 → 한성 조약

정답설명

② 갑신정변이 진압된 후 일본은 전권대사 이노우에와 군대를 한성에 파견하 여 조선의 전권대신 김홍집과 갑신정변의 사후 문제 처리를 위한 협상을 전 개하였고, 그 결과 한성 조약이 체결되었다.

오답분석

① **톈진 조약**: 조약 체결 결과 청·일 양국 군대가 조선에서 철수한 것은 톈진 조약이 체결된 결과이다.

③ 한성 조약에는 일본 공사의 정변 가담 책임 문제와 김옥균 등 일본 망명자 송환에 대한 조선 측의 요구가 전혀 반영되지 않았다.

④ **제물포 조약**: 일본에 사죄의 뜻을 전달할 수신사로 박영효가 파견된 것은 제물포 조약의 체결 결과이다.

---

14 고대 | 선덕 여왕　　　　　　난이도 중 ●●○

자료분석

당 태종이 보낸 모란 꽃에 향기가 없다고 말함 → 선덕 여왕

정답설명

③ 선덕 여왕 때는 '인평(仁平)'이라는 독자적인 연호가 사용되었다.

오답분석

① **진덕 여왕**: 김춘추를 당나라에 파견하여 군사 동맹을 체결한 것은 진덕 여 왕 때이다.

② **성덕왕**: 발해를 견제하기 위해 패강 일대에 수자리(국경을 지키는 일 또는 병사) 를 설치한 것은 성덕왕 때이다.

④ **진덕 여왕**: 중국식 관복을 착용하고, 아홀(牙笏)을 갖게 한 것은 진덕 여왕 때이다.

---

15 고려 시대 | 성리학의 전래 및 발전 과정　　난이도 중 ●●○

정답설명

② 원에 가서 성리학을 연구하여 이제현, 박충좌 등에게 전수한 인물은 백이 정이다. 한편, 김문정은 원에서 공자와 그 제자 70명의 화상, 문묘의 제기, 6경 등을 구해왔다.

오답분석

① 안향은 충렬왕 때 원에서 『주자전서』를 가지고 와 성리학을 소개하였다.

③ 원나라 수도 연경에 설치된 만권당에서 이제현 등의 고려 학자들과 원의 학 자들이 교류하였다.

④ 공민왕 때 성균관 대사성에 임명된 이색은 정몽주, 정도전 등을 가르쳐 성리학이 확산되는 데 영향을 미쳤다.

16   일제 강점기 | 일제 강점기의 독립운동 단체   난이도 중 ●●○

자료분석

(가) 유인석, 이범윤, 홍범도 등이 조직한 무장 독립 운동 단체 → 13도 의군
(나) 여운형 + 좌·우익 세력을 모아 비밀리에 조직 → 조선 건국 동맹

정답설명

③ (가)는 13도 의군 (나)는 조선 건국 동맹이다.

(가) 13도 의군은 연해주에서 유인석, 이범윤, 홍범도 등이 조직한 무장 독립 운동 단체로, 계몽 운동 계열의 안창호 등과 공동 전선을 모색하였다.
(나) 조선 건국 동맹은 1944년에 여운형이 일제의 패망을 예상하고 국내 좌·우익 세력을 모아 비밀리에 조직한 단체이다.

오답분석

- 대조선 국민 군단: 하와이에서 박용만이 조직한 단체로, 독립 전쟁을 준비하며 군사 훈련을 실시하였다.
- 조선 독립 동맹: 화북 지역 사회주의자와 조선 의용대 화북 지대가 연합한 화북 조선 청년 연합회가 김두봉을 위원장으로 하여 확대·개편된 단체이다.

17   고대 | 고대 문화의 일본 전파   난이도 중 ●●○

정답설명

② 옳은 것을 모두 고르면 ㉠, ㉢이다.

㉠ 일본 다카마쓰 고분 벽화는 고구려 수산리 고분의 벽화와 비슷하며, 이를 통해 고구려 문화가 일본에 영향을 미쳤음을 알 수 있다.
㉢ 신라는 일본에 조선술과 제방을 만드는 축제술을 전파하였다.

오답분석

㉡ 왕인: 일본에 『천자문』과 『논어』를 전파한 인물은 백제의 왕인이다. 한편, 노리사치계는 백제 성왕 때 일본에 불경과 불상을 전달하였다.
㉣ 일본 호류사 금당의 벽화를 제작한 담징은 고구려의 승려이다.

18   고려 시대 | 경천사지 10층 석탑   난이도 하 ●○○

자료분석

파고다 공원에 있는 탑(원각사지 10층 석탑)과 같은 형식 → 경천사지 10층 석탑

정답설명

③ 경천사지 10층 석탑은 고려 충목왕 때 당시 유행하던 티벳 불교(라마교)의 영향을 받아 대리석으로 제작된 석탑이다. 한편, 경천사지 10층 석탑은 조선 세조 때 제작된 원각사지 10층 석탑에 영향을 주었으며, 1909년경 일본으로 반출되었으나 현재는 반환되어 국립 중앙 박물관에 전시되어 있다.

오답분석

① 미륵사지 석탑: 미륵사지 석탑은 백제 무왕 때 건립된 석탑으로, 목탑 양식으로 제작되었다.
② 현화사 7층 석탑: 현화사 7층 석탑은 고려 현종 때 건립된 석탑으로, 신라 양식의 영향을 받아 제작되었다.
④ 월정사 8각 9층 석탑: 월정사 8각 9층 석탑은 고려 전기에 건립된 석탑으로, 송의 영향을 받아 제작되었다.

19   근대 | 동학 농민군이 주장한 내용   난이도 하 ●○○

자료분석

안으로는 탐학한 관리의 머리를 베고 밖으로는 횡포한 강적의 무리를 쫓아 내고자 함 → 백산 봉기 격문 → 동학 농민군

정답설명

② 동학 농민군이 제시한 폐정 개혁안 12개조 중 제12조에는 '토지는 평균으로 분작하게 할 것'이라는 내용이 있다.

오답분석

① '모든 재정은 호조에서 관할할 것'은 갑신정변 때 급진 개화파가 제시한 14개조 혁신 정강의 내용이다.
③ 동학 농민군이 지벌을 타파할 것을 주장한 것은 맞으나, 과거제 폐지를 주장하지는 않았다. 한편, 과거제의 폐지는 제1차 갑오개혁의 내용이다.
④ '외국과의 이권에 관한 조약은 각 대신과 중추원 의장이 합동 날인하여 시행할 것'은 관민 공동회에서 결의한 헌의 6조의 내용이다.

✏️ **이것도 알면 합격!**

폐정 개혁 12개조의 내용

반봉건	• 탐관오리 처벌, 횡포한 부호 엄징, 불량한 유림과 양반 징벌 • 노비 문서 소각, 7종 천인의 대우 개선, 청상 과부의 재가 허용 • 토지 균등 분배, 잡세 폐지, 공·사채 폐지
반외세	왜와 내통하는 자 엄징

20   근대 | 러·일 전쟁 시기(1904. 2.~1905. 9.)의 사실 난이도 상 ●●●

정답설명

③ 대한매일신보는 베델과 양기탁에 의해 1904년 7월에 창간되어 1910년에 일제에 의해 총독부 기관지인 매일신보로 강제 개편된 신문으로, 대한매일신보를 읽고 있는 청년의 모습은 러·일 전쟁 시기에 볼 수 있다.

오답분석

① 러·일 전쟁 이후: 원각사에서 연극 은세계가 공연된 것은 1908년으로 러·일 전쟁 이후에 볼 수 있는 모습이다.
② 러·일 전쟁 이전: 경인선 철도 개통식이 열린 것은 1899년으로, 러·일 전쟁 이전에 볼 수 있는 모습이다.
④ 러·일 전쟁 이후: 일제가 사립 학교령을 제정하여 사립 학교의 설립과 운영을 통제한 것은 1908년으로, 러·일 전쟁 이후에 볼 수 있는 모습이다.

정답

p.92

01	① 선사 시대	11	② 고려 시대
02	④ 고려 시대	12	① 조선 전기
03	③ 고대	13	② 고려 시대
04	② 고려 시대	14	③ 조선 후기
05	④ 시대 통합	15	② 시대 통합
06	② 조선 후기	16	① 고대
07	① 근대	17	② 근대
08	③ 시대 통합	18	① 일제 강점기
09	④ 시대 통합	19	③ 현대
10	② 고대	20	④ 근대

취약시대 분석표

영역	세부 유형	문항 수
전근대	선사 시대	/1
	고대	/3
	고려 시대	/4
	조선 전기	/1
	조선 후기	/2
근현대	근대	/3
	일제 강점기	/1
	현대	/1
통합	시대 통합	/4
총계		/20

* 취약시대 분석표를 이용해 1개라도 틀린 문제가 있는 시대는 그 시대의 문제만 골라 해설을 다시 한번 꼼꼼히 학습하세요

---

01 선사 시대 | 선사 시대의 생활상과 문화 난이도 중 ●●○

정답설명

① 바르게 나열하면 ㉠ 샤머니즘, ㉡ 미송리식 토기, ㉢ 창원 다호리 유적이다.

오답분석

- 토테미즘: 토테미즘은 자기 부족의 기원을 특정한 동식물과 연결시켜 그것을 숭배하는 신앙이다.
- 송국리식 토기: 송국리식 토기는 부여 송국리 유적에서 출토된 토기로, 고조선의 특징적인 유물이 아니다.
- 양양 오산리 유적: 양양 오산리 유적은 신석기 시대 유적지로 덧무늬 토기, 토제 인면상 등이 출토되었다.

---

02 고려 시대 | 고려 시대의 사회 모습 난이도 중 ●●○

자료분석

수절하지 못함 + 솔성재 → 고려 시대의 사회 모습

정답설명

④ 고려 시대에는 아들이 없더라도 양자를 들이지 않고 딸이 제사를 지냈다. 아들이 없는 경우 양자를 들여 제사를 지내는 것이 일반화된 것은 조선 후기의 일이다.

오답분석

① 고려 시대에는 결혼할 때 부인이 데려온 노비에 대한 소유권은 부인의 것이었다. 또한, 노비 외에도 친정에서 가져온 재산은 여성이 관리할 수 있었다.
② 고려 시대에는 태어난 순서대로 호적에 기재하여 남녀 차별을 하지 않았다.
③ 고려 시대에는 공을 세운 사람의 부모뿐만 아니라 장인, 장모도 함께 상을 받았다.

---

03 고대 | 통일 신라의 토지 제도 난이도 중 ●●○

자료분석

(가) 신문왕 + 차등을 둠 → 관료전
(나) 신문왕 + 혁파 + 매년 조(租)를 내림 → 녹읍
(다) 성덕왕 + 백성에게 지급 → 정전

정답설명

③ 옳은 것을 모두 고르면 ㉡, ㉢이다.

㉡ 소성왕 때 국학의 학생에게 녹읍을 지급하게 하였다는 기록을 통해 국학의 학생에게도 녹읍이 지급되었음을 알 수 있다.
㉢ 성덕왕 때 지급된 정전은 '모든 토지는 왕의 소유'라는 왕토 사상을 바탕으로 지급되었다.

오답분석

㉠ 녹읍: 신문왕 때 폐지되었다가 경덕왕 때 다시 부활한 토지 제도는 녹읍이다.
㉣ 조세와 노동력의 수취가 가능한 토지는 (나) 녹읍에만 해당된다. (가) 관료전은 조세만 수취가 가능하였다.

---

04 고려 시대 | 인종 재위 기간의 사실 난이도 중 ●●○

자료분석

왕이 서경으로 행차 + 연호를 세우고 황제로 칭하기를 청함 → 고려 인종

정답설명

② 고려 인종은 이자겸의 난을 진압한 후 실추된 왕권을 회복하고 민생을 안정시키기 위해 15개조 유신령을 발표하였다.

오답분석

① 고려 예종: 왕실 도서관 겸 학문 연구소인 청연각과 보문각을 설립하여 유학을 진흥시킨 것은 고려 예종 때이다.

③ **고려 예종**: 우봉과 파평 등의 지역에 지방관인 감무관을 파견하기 시작한 것은 고려 예종 때이다.

④ **고려 숙종**: 남경 명당설이 대두되면서 김위제의 건의로 남경의 창건을 관장하는 관청인 남경개창도감을 설치한 것은 고려 숙종 때이다.

05　시대 통합 | 제주도　　난이도 하 ●○○

자료분석

원의 세조가 목장을 설치함 + 왕(충렬왕)이 돌려주기를 청함 → (가) 제주도

정답설명

④ 제주도에서는 좌익 세력들이 남한 단독 정부 수립과 5·10 총선거 실시에 반대하며 무장 봉기한 4·3 사건이 일어났다. 이 과정에서 제주도의 무고한 시민들이 다수 희생되었다.

오답분석

① **강화도**: 우리나라 최초의 근대적 조약인 조·일 수호 조규(강화도 조약)가 체결된 지역은 강화도이다.

② **울릉도**: 지증왕 때 이사부에 의해 신라에 복속된 지역은 울릉도이다.

③ **부산(동래)**: 조선 후기에 내상이 근거지로 삼고 대일 무역을 전개한 지역은 부산(동래)이다.

06　조선 후기 | 영조의 정책　　난이도 중 ●●○

자료분석

조신들이 서로 공격함 + 탕평의 정신으로 수용 → 영조

정답설명

② 영조는 붕당의 기반을 제거하기 위해 산림의 존재를 부정하고 서원의 수를 대폭 줄였다.

오답분석

① **정조**: 호조의 사례를 모아 『탁지지』를 편찬한 왕은 정조이다.

③ **효종**: 북벌을 단행하기 위해 남한산성을 복구하고 어영청의 규모를 확대한 왕은 효종이다.

④ **정조**: 37세 이하의 당하관 중에서 유능한 관료의 재교육을 위해 초계문신 제도를 시행한 왕은 정조이다.

07　근대 | 한·일 신협약 이후에 전개된 사실　　난이도 하 ●○○

자료분석

한국 정부의 법령 및 중요한 행정상의 처분은 미리 통감의 승인을 거침 → 한·일 신협약(1907. 7. 24.)

정답설명

① 일본이 1909년에 기유각서를 체결하여 한국의 사법권을 빼앗고, 감옥 사무를 장악하였다.

오답분석

모두 한·일 신협약이 체결되기 이전의 사실들이다.

② 일본이 1907년 7월 20일에 헤이그 특사 파견을 빌미로 고종을 강제 퇴위시켰다.

③ 일본은 1904년에 제1차 한·일 협약을 체결하여 한국 정부에 외국인 고문을 고용하도록 강제하였고, 이 협약에 따라 일본인 메가타가 재정 고문으로, 미국인 스티븐스가 외교 고문으로 부임하였다.

④ 일본은 1905년에 미국과 가쓰라·태프트 밀약을 체결하여 한국에 대한 지배권을 인정받았으며, 미국의 필리핀 지배권을 인정해주었다.

08　시대 통합 | 『의궤』　　난이도 하 ●○○

자료분석

조선 시대 + 국가적으로 실시한 행사의 주요 장면을 그림과 글로 기록 → 『의궤』

정답설명

③ 『의궤』는 보관 목적의 분상용 이외에도 왕이 열람할 수 있도록 어람용 『의궤』가 따로 제작되었다.

오답분석

①, ② **『조선왕조실록』**: 초초·중초·정초의 3단계 과정을 거쳐 편찬되었으며, 임진왜란 때 전주 사고본만 남기고 모두 소실된 것은 『조선왕조실록』이다. 한편, 『의궤』는 조선 초기부터 편찬되었으나 임진왜란으로 모두 소실되었고, 현재는 임진왜란 이후에 제작된 『의궤』만 남아있다.

④ **『경국대전』**: 유교적 통치 규범을 성문화하기 위해 편찬한 것은 『경국대전』이다.

09　시대 통합 | 덕수궁　　난이도 중 ●●○

자료분석

아관 파천 이후에 대한 제국의 법궁 역할을 함 + 석조전 → (가) 덕수궁

정답설명

④ 덕수궁 내에 있는 중명전에서 일제에 의해 강압적으로 을사늑약이 체결되었다. 일제는 덕수궁 중명전에서 고종의 동의 없이 강압적으로 을사늑약을 체결하여 대한 제국의 외교권을 박탈하였다.

오답분석

① **경희궁**: 도성 내 서쪽에 있어 서궐로도 불린 궁궐은 경희궁이다. 경희궁은 광해군 때에 건립된 궁으로, 도성 내에서 서쪽에 위치하고 있어 서궐이라는 이름으로도 불린다.

② **창덕궁**: 유네스코 세계 문화유산으로 지정된 궁궐은 창덕궁이다. 창덕궁은 태종 때에 건립된 궁으로, 1997년에 유네스코 세계 문화유산으로 지정되었다.

③ **경복궁**: 일제가 조선 총독부 청사를 세운 궁궐은 경복궁이다. 일제는 경복궁의 정전인 근정전 앞에 조선 총독부 청사를 세워 경복궁을 훼손하였다. 한편, 조선 총독부 청사는 광복 이후 미 군정 청사, 정부 청사, 국립 중앙 박물관 등으로 활용되다가, 김영삼 정부 때 역사 바로 세우기 운동의 일환으로 철거되었다.

10 고대 | 문무왕 재위 시기의 사실   난이도 중 ●●○

자료분석

서쪽을 정벌하고 북쪽을 토벌(삼국 통일) + 화장 → 문무왕(661~681)

정답설명

② 문무왕 재위 시기인 665년에는 당나라의 중재로 신라가 백제 왕자이자 당시 웅진 도독이었던 부여 융과 공주(웅진) 취리산에서 회맹을 맺었다(취리산 회맹).

오답분석

① **신문왕**: 아버지인 문무왕의 유지를 이어 감은사와 감은사지 3층 석탑을 완성한 것은 신문왕 때이다.

③, ④ **무열왕**: 나·당 연합군의 공격으로 백제가 멸망하였으며, 관리의 비리를 감찰하는 기관으로 사정부를 설치한 것은 무열왕 때이다.

11 고려 시대 | 이제현   난이도 중 ●●○

자료분석

입성책동 반대 상소 + 『사략』 편찬 → 이제현

정답설명

② 이제현은 시문집인 『익재난고』와 시화 문학서인 『역옹패설』 등을 저술하였다.

오답분석

① **안향**: 충렬왕에게 양현고의 부실을 보강하기 위한 섬학전의 설치를 건의한 인물은 안향이다.

③ **정도전**: 『경제문감』에서 조선 왕조의 정치 조직과 행정안을 제시하고, 재상 중심의 정치를 주장한 인물은 정도전이다.

④ **최충**: 사립 교육 기관인 문헌공도(9재 학당)를 설립하여 9경과 3사를 중심으로 교육한 인물은 최충이다.

12 조선 전기 | 승정원   난이도 하 ●○○

자료분석

왕명을 출납 + 은대 학사 → (가) 승정원

정답설명

① 승정원은 국왕의 비서 기관으로서 왕명 출납을 담당하였으며, 정원, 후원, 은대, 대언사라고 불렸다.

오답분석

② **승문원**: 승문원은 외교 문서를 작성하고, 외교 문서에 쓰이는 문체인 이문의 교육을 담당하였다.

③ **성균관**: 성균관은 조선 시대 최고 교육 기관으로 유학 교육을 담당하였다.

④ **홍문관**: 홍문관은 궁중의 서적과 문서를 관리하고, 국왕의 자문에 응하는 일을 담당하였다.

13 고려 시대 | 최충헌   난이도 중 ●●○

자료분석

적신 이의민을 죽임 → (가) 최충헌

정답설명

② 최충헌은 국정을 총괄하는 정치 기구인 교정도감을 설치하였으며, 스스로 교정별감의 자리에 올라 권력을 장악하였다.

오답분석

① **정중부, 이의방, 이고 등**: 의종을 폐위하고 명종을 옹립한 인물은 무신 정변을 일으킨 정중부, 이의방, 이고 등이다.

③ **최우**: 몽골과의 전쟁 중에 부처님의 힘으로 국난을 극복하고자 재조대장경의 조판을 주도한 인물은 최우이다.

④ **최우**: 자신의 집에 정방을 두어 관리의 인사권을 장악한 인물은 최우이다.

14 조선 후기 | 호락 논쟁   난이도 중 ●●○

정답설명

③ 인물성이론을 주장한 호론의 사상은 이후 위정척사 사상으로 계승되었다. 북학, 이용후생 사상 등으로 이어진 것은 인물성동론을 주장한 낙론의 사상이다.

오답분석

① 호락 논쟁은 인간과 사물의 본성 문제를 두고 노론 내부에서 전개된 사상 논쟁이다.

② 이간과 김창협, 이재 등을 중심으로 형성된 낙론(서울 중심의 노론)은 인간의 본성과 사물의 본성이 같다는 '인물성동론'을 주장하였다.

④ 충청도 노론인 호론의 주장(인물성이론)은 인간의 본성으로 대변되는 중화와 사물의 본성에 해당되는 청(오랑캐)을 엄격하게 구분하여 조선을 중화로, 청을 오랑캐로 보는 명분론으로 이어졌다.

이것도 알면 합격!

호락 논쟁

구분	호론	낙론
이론	인물성이론	인물성동론
주장	인성과 물성은 다름	인성과 물성은 같음
중심 인물	권상하, 한원진, 윤봉구	이간, 이재, 김창협
지역	호서 – 충청도 지역	낙하 – 서울, 경기 지역
계승	북벌론, 위정척사 사상	북학론, 개화 사상

15 시대 통합 | 조선 시대의 대외 관계   난이도 중 ●●○

정답설명

② 조천사는 조선 전기 명나라에 파견된 사신의 명칭이다. 청나라에는 연행사가 파견되어 선진 문물을 수용하였다.

오답분석

① 조선은 일본에서 주로 구리, 황, 향료(후추) 등을 수입하였다.

③ 조선은 한양 인근에 북평관을 설치하고 여진에게 조공 무역을 허용하였다.

④ 조선은 류큐에 불경, 유교 경전, 범종, 부채 등을 전해주어 류큐의 문화 발전에 기여하였다.

③ 일제는 1932년부터 남면북양 정책을 실시하여 남부 지방에서는 강제로 면화를 재배하도록 하고, 북부 지방에서는 양을 기르도록 하였다.

④ 일제는 1940년부터 군량의 확보를 위해 중단되었던 산미 증식 계획을 재개하였다.

16 고대 | 발해 무왕 난이도 중 ●●○

자료분석

대무예 → 발해 무왕

정답설명

① 당나라가 흑수말갈과 연합하여 발해를 압박하자 발해 무왕은 장문휴의 수군으로 하여금 당의 산둥 지방을 공격하게 하였다.

오답분석

② 발해 문왕: 발해의 왕이 당나라로부터 '발해 국왕'으로 책봉된 것은 발해 문왕 때이다.

③ 발해 성왕: 발해가 수도를 동경 용원부에서 상경 용천부로 옮긴 것은 발해 성왕 때이다.

④ 발해 선왕: 5경·15부·62주의 지방 행정 제도가 완비된 것은 발해 선왕 때이다.

17 근대 | 박영효의 「건백서」가 발표된 시기 난이도 상 ●●●

자료분석

일본에 머물고 있는 박영효(갑신정변 이후) + 신분이 천할지라도(신분제 철폐 이전) → 박영효의 「건백서」(1888)
(가) 운요호 사건(1875) ~ 갑신정변(1884)
(나) 갑신정변(1884) ~ 아관 파천(1896)
(다) 아관 파천(1896) ~ 을사늑약(1905)
(라) 을사늑약(1905) ~ 국권 피탈(1910)

정답설명

② 갑신정변 이후 일본에 망명해 있던 박영효는 (나) 시기인 1888년에 일본에서 고종에게 「건백서」를 올렸다. 「건백서」는 국정 전반에 관한 13만여 자에 달하는 개혁 상소로, 봉건적인 신분 제도의 철폐, 근대적인 법치 국가 확립에 의한 조선의 자주 독립과 부국강병을 주장하였다.

18 일제 강점기 | 만주 사변 이후 일제가 시행한 정책 난이도 중 ●●○

자료분석

철도를 스스로 파괴하고 중국의 소행이라고 트집잡음 + 만주국을 성립시킴 → 만주 사변(1931)

정답설명

① 일제가 연초의 재배, 제조, 판매의 모든 부문을 통제하는 내용의 조선 연초 전매령을 공포한 것은 1921년이다.

오답분석

모두 만주 사변 이후 일제가 시행한 정책이다.

② 일제는 1934년에 소작 문제를 해결할 목적으로 조선 농지령을 공포하였다.

19 현대 | 3·1 민주 구국 선언 난이도 중 ●●○

자료분석

3·1절 쉰일곱 돌을 맞으면서 + 선언을 국내외에 선포 → 3·1 민주 구국 선언(1976)

정답설명

③ 3·1 민주 구국 선언은 윤보선, 김대중, 문익환 등의 재야 인사들이 명동 성당에 모여 발표하였다.

오답분석

① 신민당 총재였던 김영삼이 국회에서 제명된 것은 1979년으로, 3·1 민주 구국 선언 이후의 일이다.

② 서울 시내 대학 교수들이 이승만 대통령의 퇴진을 요구한 것은 4·19 혁명 당시 시국 선언문으로, 3·1 민주 구국 선언과는 관련이 없다.

④ 개헌 청원 백만인 서명 운동이 전개된 것은 1973년으로, 3·1 민주 구국 선언 이전의 일이다.

20 근대 | 제2차 갑오개혁 난이도 하 ●○○

자료분석

14개 조목의 대법(홍범 14조) → 제2차 갑오개혁

정답설명

④ 옳은 것을 모두 고르면 ©, @이다.
© 제2차 갑오개혁 때 재판소가 설치되어 사법권이 행정권에서 독립하였다.
@ 제2차 갑오개혁 때 고종은 교원 양성을 위한 한성 사범 학교를 설립하고 외국어 학교 관제를 공포하였다.

오답분석

⊙, © 제1차 갑오개혁: 과부의 재가를 허용하고 은본위제 화폐 개혁을 실시한 것은 제1차 갑오개혁 때이다.

🖌 이것도 알면 합격!

제2차 갑오개혁

정치	의정부와 80아문 체제를 내각과 7부로 개편, 지방 체제 개편(8도 → 23부 337군), 훈련대·시위대 설치, 지방관 권한 축소
경제	탁지부 산하에 관세사·징세서 설치
사회	신식 재판소 설립(지방·순회·고등 재판소, 사법권의 독립), 교육 입국 조서 반포로 한성 사범 학교 설립, 외국어 학교 관제 공포

정답

p.98

01	② 선사 시대	11	④ 현대
02	② 현대	12	① 일제 강점기
03	① 근대	13	④ 고려 시대
04	④ 일제 강점기	14	④ 조선 전기
05	③ 시대 통합	15	② 고대
06	④ 고대	16	④ 고려 시대
07	③ 조선 후기	17	② 시대 통합
08	② 근대	18	③ 일제 강점기
09	② 고대	19	③ 근대
10	④ 고려 시대	20	② 고려 시대

취약시대 분석표

영역	세부 유형	문항 수
전근대	선사 시대	/1
	고대	/3
	고려 시대	/4
	조선 전기	/1
	조선 후기	/1
근현대	근대	/3
	일제 강점기	/3
	현대	/2
통합	시대 통합	/2
총계		/20

* 취약시대 분석표를 이용해 1개라도 틀린 문제가 있는 시대는 그 시대의 문제만 골라 해설을 다시 한번 꼼꼼히 학습하세요

---

01 선사 시대 | 덕천 승리산 유적
난이도 중 ●●○

자료분석

한반도 최초로 인골 화석 발견 → 덕천 승리산 유적

정답설명

② 덕천 승리산 유적은 선사 시대의 동굴 유적으로, 한반도 최초로 구석기 시대의 인골 화석(승리산인)이 발견된 곳이다.

오답분석

① 예천 삼강리 유적: 예천 삼강리 유적은 구석기 시대 유적지로, 전기 구석기 시대와 중기 구석기 시대에 제작된 것으로 추정되는 몸돌·격지·찍개 등이 출토되었다.

③ 상원 검은모루 동굴 유적: 평남 상원 검은모루 동굴 유적은 전기 구석기 시대 유적지로, 동물 화석을 비롯하여 주먹 도끼와 외날찍개 등의 도구가 발견되었다.

④ 단양 상시리 바위 그늘 유적: 단양 상시리 바위 그늘 유적은 구석기 시대의 유적으로, 남한 지역에서 최초로 인골 화석(상시리인)이 발견되었다.

02 현대 | 정읍 발언
난이도 중 ●●○

자료분석

남방만이라도 임시 정부, 위원회 같은 것을 조직 → 이승만의 정읍 발언 (1946. 6.)

정답설명

② 정읍 발언은 (나) 시기에 발표되었다. 제1차 미·소 공동 위원회(1946. 3.)가 결렬되어 무기한 휴회에 들어가자 이승만은 정읍 발언을 발표하여 남한만의 단독 정부 수립을 주장하였다(1946. 6.).

03 근대 | 한성순보
난이도 중 ●●○

자료분석

박문국 + 국내의 일까지 기재 → (가) 한성순보

정답설명

① 한성순보는 1883년에 창간된 우리나라 최초의 근대 신문으로, 박문국에서 순한문체로 10일에 한 번씩 간행되었다.

오답분석

② 독립신문: 서재필 등의 주도로 창간되었으며, 한글판과 영문판으로 발행된 신문은 독립신문이다. 독립신문은 우리나라 최초의 민간 신문으로, 개화 자강의 필요성을 대중에게 알리고 국내의 사정을 외국에 알리는 역할을 하였다.

③ 황성신문: 국한문 혼용체의 신문으로 장지연의 '시일야방성대곡'을 게재한 신문은 황성신문이다.

④ 만세보: 천도교 측에서 발행한 신문으로, 일진회 등의 매국 행위를 비판하였던 신문은 만세보이다.

04 일제 강점기 | 이승만 탄핵 이후의 사실
난이도 하 ●○○

자료분석

대통령 이승만은 미국에 있어서 실무를 보지 않음 + 의정원 회의를 열고 탄핵함 → 이승만 탄핵(1925)

정답설명

④ 독립운동 전선의 통일과 독립운동의 방향 전환을 위해 상하이에서 국민 대표 회의가 개최된 것은 이승만 탄핵 이전인 1923년이다.

오답분석

모두 이승만 탄핵 이후의 사실이다.

① 1941년에 대한민국 임시 정부가 대일 선전 포고문을 발표하였다. 태평양 전

쟁이 일어나자 대한민국 임시 정부는 대일 선전 포고문을 발표하고 연합군의 일원으로 참전하였다.
② 1927년에 대한민국 임시 정부가 제3차 개헌을 통해 국무위원제를 채택하였다.
③ 1935년에 김구가 대한민국 임시 정부의 여당으로 한국 국민당을 조직하여 정당 정치를 운영하였다.

05 시대 통합 | 고려와 조선 시대의 조운 제도   난이도 상 ●●●

정답설명
③ 조선 시대에 관리들의 녹봉을 담당하던 관청은 광흥창이다. 조선 시대에는 서울에 전국에서 거둔 세곡을 보관하던 국영 창고인 경창이 있었는데, 그 종류에는 왕실의 경비를 담당하는 풍저창, 관리의 녹봉을 담당하는 광흥창, 군량미를 담당하는 군자감 등이 있었다.

오답분석
① 고려 시대에는 13조창제를 기본으로 조운 제도가 운영되었으며, 징수한 조세를 각 군현의 창고인 조창까지 옮긴 다음 조운을 통해서 개경의 좌·우창으로 운반하였다.
② 고려 후기에는 잦은 왜구의 침입으로 선박을 통한 조운 제도의 원활한 운영이 어려워졌다. 이로 인해 우왕 때 육로를 통한 조세 운송을 모색하기도 하였으나 큰 성과를 거두지 못하였다.
④ 조선 후기에는 조운량이 증가하여 주교사나, 훈련도감 소속의 배를 이용하여 세곡을 운반하기도 하였다. 주교사는 정조 때 설치된 기관으로, 배다리 설치 등의 선박 교통과 충청·전라 지역의 조운에 관한 사무를 관할하였다.

06 고대 | 원광   난이도 중 ●●○

자료분석
세속의 5계(세속오계) → (가) 원광

정답설명
④ 원광은 진평왕의 명으로 수나라에 군사를 청하는 글인 걸사표를 지어 바쳤다.

오답분석
① 도선: 중국에서 풍수지리설을 들여온 인물은 도선이다.
② 의상: 화엄 사상을 바탕으로 관음 신앙을 중시한 인물은 의상이다.
③ 진표: 미륵 신앙을 전파하여 불교의 대중화에 힘쓴 대표적인 인물은 진표이다.

07 조선 후기 | 일성록   난이도 중 ●●○

자료분석
세손이 되고 보위에 오를 때까지의 행동과 말을 기록함 → 『일성록』

정답설명
③ 『일성록』은 신하들의 업무 처리를 위해 왕의 허락 하에 인출·열람이 허용되기도 하였다. 한편, 『일성록』은 그 내용과 형식의 독창성, 역사적 중요성

을 인정받아 2011년에 유네스코 세계 기록유산으로 등재되었다.

오답분석
① 『비변사등록』: 『비국등록』이라 불렸던 것은 비변사의 활동을 기록한 『비변사등록』이다.
② 『승정원일기』: 승정원의 주서가 왕의 언행과 업무 등을 일지 형식으로 기록한 것은 『승정원일기』이다.
④ 『조선왕조실록』: 내용의 유출을 막고 분쟁을 방지하기 위해 편찬 이후에 초고 등을 세초(사초나 초고들을 파기하던 제도)한 것은 『조선왕조실록』이다.

08 근대 | 유길준   난이도 중 ●●○

자료분석
조선이 아시아의 중립국이 된다면 → 한반도 중립화론 → 유길준

정답설명
② 1884년에 우편 사무를 관장하기 위해 우정총국이 설립되자 초대 우정국 총판에 임명된 인물은 홍영식이다.

오답분석
① 유길준은 우리나라 최초의 국어 문법서인 『조선문전』을 저술하였다.
③ 유길준은 보빙사의 일원으로 민영익의 수행원이 되어 미국에 건너가 유학 생활을 하였다.
④ 유길준은 1870년대 초에 박규수의 문하에서 김옥균, 홍영식, 박영효, 서광범 등과 함께 개화 사상을 배웠다.

09 고대 | 문주왕   난이도 하 ●○○

자료분석
개로왕이 죽어서 왕위에 오름 → (가) 문주왕

정답설명
② 문주왕은 고구려 장수왕의 공격으로 수도 한성이 함락되고 아버지인 개로왕이 전사하자 뒤이어 즉위한 후, 웅진(공주)으로 천도하였다.

오답분석
① 동성왕: 탐라(제주도)를 복속시킨 왕은 동성왕이다.
③ 고이왕: 목지국을 정복하고 한강 유역을 완전히 장악한 왕은 고이왕이다.
④ 성왕: 고구려에 빼앗긴 한강 유역을 수복한 왕은 성왕이다. 성왕은 신라 진흥왕과 동맹을 맺고 고구려에 빼앗긴 한강 유역을 일시적으로 수복하였으나, 진흥왕의 배신으로 한강 유역을 빼앗겼다.

10 고려 시대 | 사심관 제도와 기인 제도   난이도 중 ●●○

자료분석
(가) 신라왕 김부가 항복 + 김부를 임명 → 사심관 제도
(나) 향리의 자제를 개경에 볼모로 삼음 → 기인 제도

정답설명

④ 사심관 제도와 기인 제도는 고려 태조 때 지방 호족 세력을 통제·감시할 목적으로 시행된 제도이다.

오답분석

① 사심관 제도는 퇴직한 관료가 아닌 중앙에 거주하는 현직 관료를 출신 지역의 사심관으로 임명하였던 제도이다.

② **사심관 제도**: 부호장 이하의 향리 인사와 풍속 교정 등을 담당하고 관할 지역에 문제가 발생하면 연대 책임을 지게 한 것은 사심관 제도이다.

③ **기인 제도**: 신라의 상수리 제도를 계승하였으며, 지방 행정의 고문 역할을 담당하게 한 것은 기인 제도이다.

📝 **이것도 알면 합격!**

사심관 제도와 기인 제도

사심관 제도	• 중앙의 현직 관료를 자기 출신지의 사심관으로 삼음 • 호장 추천권과 부호장 이하의 향리 임명권, 풍속 교정, 공무 조달의 의무 부여 • 문제가 생길 시 연대 책임을 지게 함
기인 제도	• 통일 신라의 상수리 제도를 계승 • 지방 향리의 자제를 수도에 데려와 기인으로 삼고 출신 지방의 행정에 고문 역할을 하게 하여 지방 세력을 견제

11 현대 | 제헌 국회　난이도 중 ●●○

자료분석

의원의 임기는 국회 개회일로부터 2년으로 함 → 제헌 국회

정답설명

④ 소작료가 총 수확량의 3분의 1을 초과하지 못하도록 하는 최고 소작료 결정의 건을 공포한 것은 미 군정이다.

오답분석

① 제헌 국회는 여수·순천 10·19 사건을 계기로 국가의 안전을 위태롭게 하는 반국가 활동을 규제함으로써 국가의 안전과 국민의 생존 및 자유를 확보하기 위하여 국가 보안법을 제정하였다.

② 제헌 국회는 일제가 남긴 토지, 공장 등의 귀속 재산을 처리하기 위해 귀속 재산 처리법을 제정하였다.

③ 제헌 국회는 반민족 행위자를 처벌하여 일제의 잔재를 청산하고, 사회 정의를 확립하기 위해 반민족 행위 처벌법을 제정하였다.

12 일제 강점기 | 민족 말살 통치 시기의 사회·문화　난이도 중 ●●○

자료분석

남면북양 정책 → 민족 말살 통치 시기(1931~1945)

정답설명

① 『신여성』, 『별건곤』 등의 대중 잡지들이 창간된 것은 문화 통치 시기인 1920년대이다. 『신여성』(1923), 『별건곤』(1926) 등의 대중 잡지들은 새로운 패션이나 화장법을 소개하여 유행을 이끌었다.

오답분석

② 민족 말살 통치 시기인 1933년에 극예술 연구회에서 유치진의 『토막』을 상영하였다.

③ 민족 말살 통치 시기인 1936년 베를린 올림픽 때 손기정 선수는 마라톤 대회에서 우승하여 금메달을 획득하였다.

④ 민족 말살 통치 시기인 1930년대에는 일본의 주류 대중 음악인 엔카가 민요와 결합되어 새로운 음악인 트로트 양식이 정립되었다.

13 고려 시대 | 성종의 정책　난이도 중 ●●○

자료분석

천예들이 윗사람을 능욕 + 본 주인을 모함 + 전대에 판결한 것을 캐고 따짐 → 노비환천법 → 고려 성종

정답설명

④ 고려 성종은 문신 월과법을 시행하여 중앙과 지방의 문신들에게 시(詩)와 부(賦)를 지어 바치게 하였다.

오답분석

① **정종**: 거란의 침입에 대비하기 위하여 광군을 조직한 왕은 고려 정종(3대)이다.

② **광종**: 백관의 공복을 자색, 단색, 비색, 녹색으로 제정하여 관료의 위계 질서를 확립한 왕은 고려 광종이다.

③ **태조 왕건**: 임금에 대한 관리들의 도리와 예의를 강조하기 위해 『정계』, 『계백료서』 등을 지어 관리가 지켜야 할 규범을 제시한 왕은 태조 왕건이다.

14 조선 전기 | 서인과 동인　난이도 중 ●●○

자료분석

(가) 의겸의 무리에 가까움 → 서인
(나) 효원의 무리에 가까움 → 동인

정답설명

④ 동인은 건저 문제(세자 책봉 문제)로 선조의 미움을 받아 탄핵된 서인 정철의 처벌 문제 등을 두고 강경파인 북인과 온건파인 남인으로 나뉘었다.

오답분석

① **북인**: 광해군의 대외 정책인 중립 외교 정책을 지지하였던 붕당은 북인이다.

② **서인**: 경신환국을 통해 남인을 몰아내고 정국을 주도한 붕당은 서인이다.

③ **남인**: 예송 논쟁에서 신권보다 왕권을 강조한 붕당은 남인이다.

15 고대 | 선종　난이도 중 ●●○

자료분석

승려 도의 + 경전 외우는 데만 마음이 쏠리는 것에 대한 비판 → 선종

정답설명

② 신라 왕실도 선종을 포섭하고자 노력하였으며, 선종 중 하나인 홍척의 실상 산파는 왕실과 밀접한 관계를 맺기도 하였다.

오답분석

① 선종은 가지산파를 포함한 9산 선문을 형성하였다.

③ 선종은 개인적인 정신 세계를 중시하고, 실천 수행을 통해 마음속에 내재된 깨달음을 얻고자 하는 경향이 강하였다.

④ 선종은 승려의 사리를 모신 승탑과 탑비(승려의 생애를 기록한 비)가 유행하는데 영향을 주었으며, 대표적인 승탑으로 쌍봉사 철감선사탑이 있다.

---

16 고려 시대 | 고려 시대의 경제 모습 난이도 하 ●○○

자료분석

예성항 + 벽란정 → 고려 시대

정답설명

④ 고려 시대에는 개경과 서경, 동경 등 대도시에 주점, 다점, 서적점 등의 관영 상점이 운영되었다.

오답분석

① 조선 전기: 평시서가 설치되어 시전의 상행위를 감독하였던 것은 조선 전기부터이다. 한편, 고려 시대에 시전의 상행위를 감독하였던 기구는 경시서이며, 경시서는 조선 세조 때 평시서로 개편되었다.

② 통일 신라: 수도에 시장인 서시와 남시가 설치된 것은 통일 신라 시기이다.

③ 조선 후기: 감자, 고구마 등의 구황 작물을 재배한 것은 조선 후기이다.

---

17 시대 통합 | 조선 시대의 과학 기술 난이도 중 ●●○

정답설명

② 옳은 것을 모두 고르면 ⊙, ⓒ이다.

⊙ 세종 때는 천체 관측 기구인 혼의, 간의, 혼천의 등이 제작되었다.

ⓒ 정조 때는 우리나라의 사정에 맞는 역법서인 『천세력』을 간행하였다. 『천세력』에는 앞으로 다가올 긴 기간의 달력이 미리 계산되어 수록되어있었다.

오답분석

ⓛ 계절의 변화와 1년의 길이를 측정하는 기구인 규표를 제작한 것은 세종 때이다.

ⓔ 우리나라 최초로 종두법을 소개한 것은 정약용이 저술한 『마과회통』이다. 한편, 이제마는 『동의수세보원』에서 사람의 체질을 네 종류로 구분하여 치료하는 사상 의학에 관한 이론과 치료법들을 소개하였다.

---

18 일제 강점기 | 도쿄에서 전개된 민족 운동 난이도 중 ●●○

자료분석

이봉창 + 일황을 응징 → 이봉창 의거 → 도쿄

정답설명

③ 도쿄에서는 1919년에 조선 청년 독립단이 2·8 독립 선언서를 발표하였다.

오답분석

① 북간도: 한인 자치 단체인 간민회가 조직된 곳은 북간도이다. 간민회는 김약연 등이 조직한 한국인 자치 단체로, 문화 계몽 운동과 민족 자치 운동을

벌였다.

② 연해주: 유인석, 이상설 등이 성명회를 조직한 곳은 연해주이다. 성명회는 한·일 합방의 부당성을 각국 정부에 호소하였다.

④ 상하이: 윤봉길이 폭탄을 투척하여 일본군 장성과 고관을 처단한 곳은 중국 상하이이다. 윤봉길은 1932년에 중국 상하이 홍커우 공원에서 열린 일왕 생일 축하 겸 전승 기념식장에 폭탄을 투척하여 일본군 장성과 고관을 처단하였다.

---

19 근대 | 1880년대 개화 정책 난이도 하 ●○○

정답설명

③ 미국과 합작하여 한성 전기 회사를 설립한 것은 대한 제국 정부 수립 이후인 1898년이다.

오답분석

① 고종은 1881년에 기존의 5군영을 통합하여 무위영과 장어영의 2영으로 개편하였다.

② 고종은 1883년에 서울에 조폐 기관인 전환국을 설치하였다. 전환국에서는 당오전, 백동화 등의 화폐가 주조되었다.

④ 고종은 1880년에 개화 정책의 핵심 기구로 통리기무아문을 설치하고, 그 밑에 군사, 통상, 재정 등의 업무를 담당하기 위한 12사를 두었다.

---

20 고려 시대 | 몽골 침입 시기의 사실 난이도 중 ●●○

자료분석

살리타의 군대를 보냄 + 너희(고려)가 저고여를 살해함 → (가) 몽골

정답설명

② 개경이 함락되고 국왕이 복주로 피난한 것은 홍건적의 2차 침입 때이다. 홍건적의 2차 침입으로 수도 개경이 함락되고 공민왕은 복주(안동)로 피난하였으나, 정세운, 이방실, 이성계 등이 홍건적을 격퇴하였다.

오답분석

① 몽골의 1차 침입 때 박서가 귀주에서 항전하여 몽골군을 격퇴하였다.

③ 고려 정부는 몽골에 항쟁하기 위해 산성·해도 입보 정책을 펼쳐 주민을 섬이나 가까운 산성으로 피난시켰다.

④ 몽골의 6차 침입 때 충주 다인철소 주민들이 항전하여 몽골군을 격퇴하였다.

🔔 이것도 알면 합격!

대표적인 대몽 항쟁

2차 침입 (1232)	• 최우가 대몽 항쟁을 위해 강화도로 천도 • 승려 김윤후가 처인성에서 몽골 장수 살리타 사살
5차 침입 (1253)	승려 김윤후가 충주 전투에서 몽골군 격퇴
6차 침입 (1254)	충주 다인철소 주민들이 몽골에 대항

정답
p.104

01	① 현대	11	③ 고려 시대
02	② 고려 시대	12	② 조선 후기
03	③ 일제 강점기	13	④ 고려 시대
04	② 고대	14	② 근대
05	④ 근대	15	③ 고려 시대
06	③ 조선 전기	16	③ 시대 통합
07	② 시대 통합	17	④ 고대
08	① 현대	18	① 근대
09	② 고대	19	③ 고려 시대
10	④ 조선 전기	20	③ 일제 강점기

취약시대 분석표

영역	세부 유형	문항 수
전근대	선사 시대	/0
	고대	/3
	고려 시대	/5
	조선 전기	/2
	조선 후기	/1
근현대	근대	/3
	일제 강점기	/2
	현대	/2
통합	시대 통합	/2
총계		/20

* 취약시대 분석표를 이용해 1개라도 틀린 문제가 있는 시대는 그 시대의 문제만 골라 해설을 다시 한번 꼼꼼히 학습하세요

---

01 현대 | 조봉암
난이도 상 ●●●

자료분석
제3대 정·부통령 선거에서 혁신 노선을 내세움 + 유효표의 30%를 차지 → (가) 조봉암

정답설명
① 조봉암은 평화 통일론을 주장하며, 진보당 창당을 주도하였다.

오답분석
② 이후락: 7·4 남북 공동 성명의 합의를 위해 평양으로 파견된 인물은 이후락이다.
③ 김종필: 일본 외상인 오히라 마사요시와 함께 비밀 각서를 작성한 인물은 김종필이다.
④ 장면: 제2공화국의 국무총리로 선출되어 경제 개발과 남북 관계 개선을 추진한 인물은 장면이다.

---

02 고려 시대 | 고려의 중앙 통치 기구
난이도 중 ●●○

정답설명
② 옳은 것을 모두 고르면 ㉠, ㉣이다.
㉠ 중서문하성은 고려의 최고 관서로, 장관인 문하시중을 중심으로 국정을 총괄하였다.
㉣ 상서성은 상서도성과 상서6부를 두고 중서문하성에서 결정된 국정의 집행을 담당하였다.

오답분석
㉡ 어사대: 관리를 규찰하고 탄핵하는 언관의 역할을 담당한 기구는 어사대이다. 삼사는 화폐와 곡식의 출납을 담당한 회계 기구였다.
㉢ 중서문하성: 2품 이상의 재신과 3품 이하의 낭사로 구성된 기구는 중서문하성이다. 한편, 중추원은 군사 기밀을 관장하는 추밀과 왕명의 출납을 담당하는 승선으로 구성되었다.

---

03 일제 강점기 | 신흥 강습소(신흥 무관 학교)
난이도 중 ●●○

자료분석
이회영 등이 설립 + 강습소라고 함 → 신흥 강습소(신흥 무관 학교)

정답설명
③ 신흥 강습소(신흥 무관 학교)는 군사 교육과 함께 우리나라의 국어, 국사, 지리 등의 교육을 실시하였다.

오답분석
① 신흥 강습소(신흥 무관 학교)는 이회영, 이동녕 등에 의해 남만주(서간도) 지역에서 설립되었다.
② 신흥 강습소가 신흥 중학교로 이름을 바꾼 것은 3·1 운동 이전인 1913년이다. 3·1 운동(1919) 이후 신흥 중학교는 신흥 무관 학교로 이름을 바꾸었다.
④ 신흥 무관 학교는 미쓰야 협정(1925) 이전인 1920년에 폐교되었다.

---

04 고대 | 황룡사 9층 목탑
난이도 하 ●○○

자료분석
신라 제27대 여왕(선덕 여왕) + 제9층 → 황룡사 9층 목탑

정답설명
② 황룡사 9층 목탑은 자장의 건의로 세워졌으며, 고려 시대 때 몽골의 침입으로 소실되었다.

오답분석
① 분황사 모전 석탑: 석재를 벽돌 모양으로 다듬어 쌓은 탑은 분황사 모전 석탑이다.
③ 불국사 3층 석탑(석가탑): 보수 과정에서 세계에서 가장 오래된 목판 인쇄물인 『무구정광대다라니경』이 출토된 것은 불국사 3층 석탑(석가탑)이다.
④ 화엄사 4사자 3층 석탑: 네 마리의 사자가 탑을 이고 있는 형태를 한 신라 중대의 석탑은 구례 화엄사 4사자 3층 석탑이다.

이후 판문점으로 이동하여 진행되었다.

④ **원산**: 일제 강점기 최대 규모의 노동자 총파업이 전개된 곳은 원산이다. 원산에서는 1929년에 라이징 선 석유 회사의 일본인 감독이 한국인 노동자를 폭행한 것을 계기로 원산 노동자 총파업이 전개되었다.

05 근대 | 아관 파천 이후의 사실 난이도 하 ●○○

자료분석

조선의 국왕이 세자와 함께 러시아 공사관으로 피신하기로 함 → 아관 파천(1896. 2.)

정답설명

④ 옳은 것을 모두 고르면 ©, @이다.
© 아관 파천 이후인 1898년에 독립 협회가 개최한 관민 공동회에서 국정 개혁안인 헌의 6조를 결의하였다.
@ 아관 파천 이후인 1897년에 고종은 경운궁으로 환궁하고, 환구단에서 황제 즉위식을 거행하였다.

오답분석

모두 아관 파천 이전에 일어난 사실이다.
㉠ 제1차 갑오개혁을 추진한 개혁 기구인 군국기무처가 설치된 것은 1894년이다.
㉡ 고종이 교육의 중요성을 강조하며 교육 입국 조서를 반포한 것은 1895년이다.

06 조선 전기 | 김종직 난이도 중 ●●○

자료분석

초 회왕의 손자인 심(의제)이 서초 패왕(항우)에게 피살됨 + 글을 지어 조문함 → 「조의제문」 → 김종직

정답설명

③ 김종직은 고려 말 정몽주, 길재의 학풍을 이은 사림의 대표적인 인물이다.

오답분석

① **조광조**: 일종의 천거제인 현량과의 실시를 주장한 인물은 조광조이다.
② **정도전, 남은 등**: 제1차 왕자의 난 때 죽임을 당한 인물은 정도전, 남은 등이다.
④ **송시열**: 효종에게 「기축봉사」를 올려 명에 대한 의리를 강조하고, 북벌론을 주장한 인물은 송시열이다.

07 시대 통합 | 개성 난이도 중 ●●○

자료분석

태조 이래 역대로 지켜 온 것이 무릇 200여 년 → (가) 개성

정답설명

② 개성에는 제1차 남북 정상 회담 이후 남북 경제 협력 사업의 일환으로 개성 공단이 세워져 남북 간 경제 교류의 중심이 되었다.

오답분석

① **철원**: 궁예가 후고구려의 국호를 마진으로 바꾸고 도읍으로 삼은 곳은 철원이다.
③ **파주**: 유엔군과 북한군, 중국군이 정전 협정을 체결한 곳은 판문점으로 파주에 위치해있다. 정전 회담은 소련의 제의로 개성에서 처음 시작되었으나

08 현대 | 카이로 선언 난이도 하 ●○○

자료분석

적당한 시기에 한국을 자주 독립 → 카이로 선언

정답설명

① 카이로 선언은 미·영·중 대표가 카이로 회담에서 발표한 것으로, 한국의 독립을 약속한 최초의 선언이다.

오답분석

② 연합국이 일본에 무조건 항복을 요구한 것은 포츠담 선언이다. 포츠담 선언은 미국의 트루먼, 영국의 처칠, 중국의 장제스가 1945년 7월에 일본의 무조건 항복과 한국의 독립을 재확인한 선언으로, 이후 소련의 스탈린도 선언에 참여하였다.
③ 소련이 일본과의 전쟁에 참전할 것을 결의하고, 한반도를 20~30년간 신탁 통치할 것을 논의한 것은 얄타 회담이다.
④ 미국, 영국, 소련의 외무장관이 모여 회담을 한 후에 발표된 것은 모스크바 3국 외상 회의 결정서이다.

🚩 이것도 알면 합격!

열강의 한반도 문제 논의

카이로 회담 (1943. 11.)	미국(루스벨트), 영국(처칠), 중국(장제스)이 최초로 한국의 독립을 약속
얄타 회담 (1945. 2.)	미국(루스벨트), 영국(처칠), 소련(스탈린)이 소련의 대일전 참전을 결정, 한국의 신탁 통치 문제 언급
포츠담 선언 (1945. 7.)	미국(트루먼), 영국(처칠 → 애틀리), 중국(장제스), 소련(스탈린)이 카이로 회담의 결정 사항(한국의 독립)을 재확인

09 고대 | 고구려 난이도 중 ●●○

자료분석

대대로는 국사를 총괄 → (가) 고구려

정답설명

② 고구려는 지방의 5부에 욕살을 파견하였고, 그 밑의 성에는 처려근지를 파견하였다.

오답분석

① **백제**: 수도를 5부(상, 하, 전, 후, 중부), 지방을 5방(동, 서, 남, 북, 중방)으로 정비한 나라는 백제이다.
③ **신라**: 지방의 군사적, 행정적 요충지에 소경이라는 특수 행정 구역을 설치한 나라는 신라이다.
④ **발해**: 중앙군으로 10위를 두어 왕궁과 수도의 경비를 맡긴 나라는 발해이다.

10 조선 전기 | 세종 재위 시기의 사실   난이도 하 ●○○

자료분석
최초의 한글 서적인 『용비어천가』 + 여민락 → 세종

정답설명
④ 세종 때 밀랍 대신 식자판을 조립하는 방법을 창안하여 종전보다 두 배 정도로 인쇄 능률을 향상시켰다.

오답분석
① 태조: 고구려의 천문도를 바탕으로 별자리를 그린 천상열차분야지도가 제작된 것은 태조 때이다.
② 세조: 토지를 측량하는 기구인 인지의와 규형 등을 만들어 지도 제작 등에 활용한 것은 세조 때이다.
③ 문종: 고조선에서 고려 말까지의 우리나라 전쟁사를 체계적으로 정리한 『동국병감』을 편찬한 것은 문종 때이다.

11 고려 시대 | 『제왕운기』   난이도 중 ●●○

자료분석
중국은 반고로부터 금까지 + 동국은 단군으로부터 본조까지 + 시를 지음 → (가) 『제왕운기』

정답설명
③ 옳은 것을 모두 고르면 ㉡, ㉣이다.
㉡ 『제왕운기』에서는 예맥과 옥저 등을 모두 단군의 후손으로 서술하여 우리 민족이 단군을 시조로 하는 단일 민족임을 강조하였다.
㉣ 『제왕운기』는 원 간섭기인 충렬왕 때 이승휴가 편찬하였으며, 우리 역사를 중국사와 대등하게 파악하였다.

오답분석
㉠ 『동사강목』: 독자적인 정통론에 입각하여 마한, 신라를 정통 국가로 서술한 것은 『동사강목』이다.
㉢ 『동국통감』: 국왕, 훈신, 사림이 공존하며, 서로 합의를 통해 단군 조선부터 고려 말 까지의 전 시대를 통사(通史) 체계로 구성한 것은 조선 성종 때 편찬된 『동국통감』이다.

12 조선 후기 | 기사환국 이후의 사실   난이도 중 ●●○

자료분석
송시열 + 원자의 명호를 정한 것이 너무 이르다고 함 → 기사환국(1689)

정답설명
② 정여립 모반 사건으로 많은 동인들이 피해를 입은 것은 기사환국 이전인 1589년의 사실이다.

오답분석
모두 기사환국 이후의 사실이다.
① 숙종 때 인현 왕후가 복위되고 당시 중전이었던 장씨가 희빈으로 강등되면서 서인이 다시 집권하고 남인이 몰락하였다(갑술환국, 1694).

③ 영조 때 사도세자의 죽음(임오화변, 1762) 이후 노론 안에서 사도세자의 죽음에 대한 입장 차이가 발생하였으며, 이에 노론이 시파와 벽파로 분열되었다.
④ 나주 괘서 사건은 영조 때 소론 일파가 노론을 제거하기 위해 일으킨 역모 사건으로, 소론 일파인 윤지 등이 거사를 일으키기 전 괘서를 붙였는데 이것이 발각되어 연루된 소론 인물들이 대거 처형당하였다(1755).

13 고려 시대 | 충선왕   난이도 중 ●●○

자료분석
어머니는 제국대장공주 + 부자 사이에 허물이 진실로 많음 → 충선왕

정답설명
④ 충선왕은 왕명 출납을 담당하는 사림원을 설치하고, 이곳에 신진 관료들을 등용하여 정치 개혁을 추진하였다.

오답분석
① 공민왕: 왕권을 강화하고 신변 호위 및 인재를 양성할 목적으로 자제위를 설치한 왕은 공민왕이다.
② 충렬왕: 경사교수도감을 설치하여 7품 이하의 관리들에게 경학과 사학을 가르치게 한 왕은 충렬왕이다.
③ 공민왕: 기철 등의 부원 세력을 제거하여 반원 자주 정책을 펼친 왕은 공민왕이다.

14 근대 | 전주 화약과 2차 봉기 사이의 사실   난이도 중 ●●○

자료분석
(가) 정부와 화약을 체결하고 해산함 → 전주 화약(1894. 5.)
(나) 다시 거병을 결심한 전봉준이 대도소를 설치함 → 동학 농민군의 제2차 봉기(1894. 9.)

정답설명
② (가), (나) 사이 시기인 1894년 6월에 일본군이 경복궁을 기습적으로 점령한 후, 풍도 앞바다의 청국 군함을 공격하면서 청·일 전쟁을 일으켰다.

오답분석
① (가) 이전: 동학 농민군이 황토현 전투에서 관군을 상대로 승리한 것은 1894년 4월로, (가) 시기 이전의 사실이다.
③ (나) 이후: 전봉준이 이끄는 남접과 손병희가 이끄는 북접이 논산에 집결한 것은 1894년 10월로, (나) 시기 이후의 사실이다.
④ (나) 이후: 동학 농민군이 공주 우금치 전투에서 우세한 화력을 앞세운 일본군과 관군에 패배한 것은 1894년 11월로, (나) 시기 이후의 사실이다.

15 고려 시대 | 숙종 재위 시기의 사실   난이도 중 ●●○

자료분석
주전도감 + 활구 → 고려 숙종

정답설명

③ 고려 숙종 때는 윤관의 건의에 따라 여진을 정벌하기 위해 신기군(기병), 신보군(보병), 항마군(승병)으로 구성된 별무반을 조직하였다.

오답분석

① 고려 현종: 개성부를 경중(京中) 5부와 경기로 분리하여 경기 지역을 정비한 것은 고려 현종 때이다.

② 고려 광종: 주현공부법을 제정하여 국가 재정을 확보하고자 한 것은 고려 광종 때이다.

④ 고려 성종: 호장과 부호장 등의 향리 직제를 마련하여 지방 세력을 통제하고자 한 것은 고려 성종 때이다.

---

16 시대 통합 | 조선 시대의 미술   난이도 중 ●●○

정답설명

③ 바르게 연결하면 ㉠ 이상좌, ㉡ 몽유도원도, ㉢ 신윤복이다.

오답분석

• 강세황: 강세황은 원근법을 도입하는 등 서양화 기법을 반영하여 사물을 실감나게 표현하였으며, 대표적인 작품으로 영통동구도가 있다.

• 고사관수도: 고사관수도는 강희안이 깎아지른 듯한 절벽을 배경으로 바위 위에 양팔을 모아 턱을 괸 채 수면을 바라보며 명상에 잠겨 있는 선비의 유유자적한 모습을 묘사한 그림이다.

• 김홍도: 김홍도는 밭갈이, 서당, 씨름도 등 자신의 일에 몰두하는 사람들의 모습을 소탈하고 익살스러운 필치로 묘사하였다.

📖 **이것도 알면 합격!**

조선 후기의 미술

진경 산수화	• 우리의 자연을 사실적으로 표현 • 대표 작품: 정선의 '인왕제색도', '금강전도'
풍속화	• 당시 사람들의 생활 모습을 생동감 있게 표현 • 대표 화가: 김홍도, 신윤복, 김득신
민화	민중의 미적 감각과 소박한 정서를 표현

---

17 고대 | 연개소문   난이도 중 ●●○

자료분석

왕을 시해하고 왕의 동생의 아들 장을 왕으로 세움 + 막리지 → (가) 연개소문

정답설명

④ 연개소문은 당의 침략에 대비하기 위하여 축조한 천리장성 공사의 감독을 맡았다.

오답분석

① 안승: 신라에 의해 보덕국왕으로 책봉된 인물은 안승이다.

② 양만춘: 요하 하류의 안시성에서 고구려 군·민과 협력하여 당나라 군대에게 승리하였다고 전해지는 인물은 양만춘이다.

③ 영양왕: 요서 지방을 선제 공격하여 수나라를 견제한 인물은 영양왕이다.

---

18 근대 | 근대 교육 기관   난이도 하 ●○○

정답설명

① 개신교 선교사 스크랜턴(M.F. Scranton)이 설립한 여성 교육 기관은 이화 학당이다. 한편, 배재 학당은 선교사 아펜젤러가 설립한 학교이다.

오답분석

② 육영 공원은 우리나라 최초의 근대식 관립 학교로, 좌원(左院)과 우원(右院)의 두 반으로 편성되었다.

③ 동문학은 우리나라 최초의 관립 외국어 교육 기관으로 통역관을 양성하였다.

④ 원산 학사는 우리나라 최초의 근대적 사립 학교로 덕원(원산) 주민들과 개화파 인사들의 합자로 설립되었다.

---

19 고려 시대 | 무신 집권 시기의 사실   난이도 중 ●●○

자료분석

(가) 무신 정변(1170) ~ 이의민 집권(1183)
(나) 이의민 집권(1183) ~ 최충헌 집권(1196)
(다) 최충헌 집권(1196) ~ 최우 집권(1219)
(라) 최우 집권(1219) ~ 개경 환도(1270)

정답설명

③ (다) 시기인 1217년에 서경에서 최광수가 고구려 부흥을 목표로 반란을 일으켰다.

오답분석

① (라) 시기: 백제의 부흥을 표방하며 담양에서 이연년 형제가 반란을 일으킨 것은 1237년으로, (라) 시기의 사실이다.

② (가) 시기: 망이·망소이가 과도한 세금 납부와 신분적 차별에 반발하여 공주 명학소에서 봉기한 것은 1176년으로, (가) 시기의 사실이다.

④ (가) 시기: 동북면 병마사 김보당이 의종의 복위를 내세우며 집권 무신을 타도하기 위해 난을 일으킨 것은 1173년으로, (가) 시기의 사실이다.

---

20 일제 강점기 | 조선 형평사   난이도 하 ●○○

자료분석

공평 + 계급을 타파하고 모욕적인 칭호를 폐지 → 조선 형평사

정답설명

③ 조선 형평사는 1923년에, 조선 노동 총동맹은 1927년에 창립되었다.

오답분석

①, ②, ④ 조선 형평사는 진주에서 이학찬을 중심으로 조직되어 백정들의 사회적 차별 철폐를 요구하는 형평 운동을 전개하였다. 조선 형평사는 사회주의와 연계하여 파업과 소작 쟁의에 참여하였으며, 1930년대에 일제의 탄압이 심화되자 대동사로 개칭하며 친일 단체로 변모하였다.

MEMO

MEMO

해커스공무원 **단기 합격생**이 말하는
공무원 합격의 비밀!

해커스공무원과 함께라면
다음 합격의 주인공은 바로 여러분입니다.

대학교 재학 중,
7개월 만에 국가직 합격!

김*석 합격생

영어 단어 암기를 하프모의고사로!

하프모의고사의 도움을 많이 얻었습니다. 모의고사의
5일 치 단어를 일주일에 한 번씩 외웠고, 영어 단어
100개씩은 하루에 외우려고 노력했습니다.

가산점 없이
6개월 만에 지방직 합격!

김*영 합격생

국어 고득점 비법은 기출과 오답노트!

이론 강의를 두 달간 들으면서 **이론을 제대로 잡고 바로
기출문제로 들어갔습니다.** 문제를 풀어보고 기출강의를
들으며 **틀렸던 부분을 필기하며 머리에 새겼습니다.**

직렬 관련학과 전공,
6개월 만에 서울시 합격!

최*숙 합격생

한국사 공부법은 기출문제 통한 복습!

한국사는 휘발성이 큰 과목이기 때문에 **반복 복습이
중요하다고 생각했습니다.** 선생님의 강의를 듣고 나서
바로 **내용에 해당되는 기출문제를 풀면서 복습**
했습니다.

공무원 교육 1위* 해커스공무원
모바일 자동 채점 + 성적 분석 서비스

한눈에 보는 서비스 사용법

Step 1.

교재 구입 후 시간 내 문제 풀어보고
교재 내 수록되어 있는 QR코드 인식!

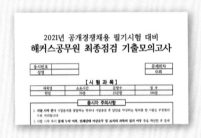

Step 2.

모바일로 접속 후 '지금 채점하기'
버튼 클릭!

Step 3.

OMR 카드에 적어놓은 답안과 똑같이
모바일 채점 페이지에 입력하기!

Step 4.

채점 후 내 석차, 문제별 점수, 회차별
성적 추이 확인해보기!

✅ 모바일로 채점하고 **실시간 나의 위치 확인하기**

✅ 문제별 정답률을 통해 **틀린 문제의 난이도 체크**

✅ 회차별 점수 그래프로 **한 눈에 내 점수 확인하기**

* [공무원 교육 1위 해커스공무원] 한경비즈니스 선정 2020 한국소비자만족지수 교육(공무원) 부문 1위

해커스공무원 gosi.Hackers.com

바로 이용하기 ▶